Sven Wohlgemuth

Privatsphäre durch die Delegation von Rechten

VIEWEG+TEUBNER RESEARCH

Sven Wohlgemuth

Privatsphäre durch die Delegation von Rechten

Mit einem Geleitwort von Prof. Dr. Günter Müller

VIEWEG+TEUBNER RESEARCH

Bibliografische Information der Deutschen Nationalbibliothek
Die Deutsche Nationalbibliothek verzeichnet diese Publikation in der
Deutschen Nationalbibliografie; detaillierte bibliografische Daten sind im Internet über
<http://dnb.d-nb.de> abrufbar.

Dissertation der Albert-Ludwigs-Universität Freiburg im Breisgau, 2008

1. Auflage 2009

Alle Rechte vorbehalten
© Vieweg+Teubner | GWV Fachverlage GmbH, Wiesbaden 2009

Lektorat: Christel A. Roß

Vieweg+Teubner ist Teil der Fachverlagsgruppe Springer Science+Business Media.
www.viewegteubner.de

Das Werk einschließlich aller seiner Teile ist urheberrechtlich geschützt. Jede Verwertung außerhalb der engen Grenzen des Urheberrechtsgesetzes ist ohne Zustimmung des Verlags unzulässig und strafbar. Das gilt insbesondere für Vervielfältigungen, Übersetzungen, Mikroverfilmungen und die Einspeicherung und Verarbeitung in elektronischen Systemen.

Die Wiedergabe von Gebrauchsnamen, Handelsnamen, Warenbezeichnungen usw. in diesem Werk berechtigt auch ohne besondere Kennzeichnung nicht zu der Annahme, dass solche Namen im Sinne der Warenzeichen- und Markenschutz-Gesetzgebung als frei zu betrachten wären und daher von jedermann benutzt werden dürften.

Umschlaggestaltung: KünkelLopka Medienentwicklung, Heidelberg
Gedruckt auf säurefreiem und chlorfrei gebleichtem Papier.
Printed in Germany

ISBN 978-3-8348-0721-2

Geleitwort

Die Landschaft für personalisierte Dienstleistungen in der Internetökonomie befindet sich im Wandel. Aufgrund technologischer Neuheiten der Vernetzung und der dadurch erreichbaren Kostenersparnis werden personalisierte Dienstleistungen auf mehrere Dienstleister aufgeteilt. Neue Dienste entstehen. Die Bonusprogramme des Customer Relationship Management (CRM), die JobCard und die elektronische Gesundheitskarte sind dafür Beispiele. Es stellt sich die Frage, wie Nutzer ihre Privatsphäre und damit ihre informationelle Selbstbestimmung schützen können, wenn ihre persönlichen Daten von den Diensten nicht nur erhoben, sondern auch weitergegeben werden müssen. Gegenwärtig übertragen Nutzer ihre informationelle Selbstbestimmung an diese Dienste, indem sie generell zu deren Datenschutzerklärung einwilligen müssen, möchten sie deren Dienstleistung in Anspruch nehmen. Die Informatik bietet zahlreiche Lösungen zum Schutz der Privatsphäre an. Allerdings beziehen sie sich auf die Erhebung persönlicher Daten und nicht auf deren Nutzung. Um die personalisierten Dienstleistungen zu nutzen und gleichzeitig die informationelle Selbstbestimmung zu bewahren, müssen die informatischen Sicherheitssysteme dem Nutzer auch die Durchsetzung der Regeln zur Nutzung persönlicher Daten ermöglichen. Hierzu leistet die vorliegende Arbeit einen originellen Beitrag, indem sie statt der direkten Datenweitergabe die kontrollierte Delegation von Rechten vorschlägt.

Der Autor stellt zwei neuartige Protokolle zur kontrollierten Delegation von Rechten vor, die eine kontrollierte Weitergabe persönlicher Daten nach den vereinbarten Regeln ermöglichen und eine Erweiterung der Zugriffskontrolle des Identitätsmanagement um Konzepte der Nutzungskontrolle darstellen. Er zeigt am Beispiel des CRM das Problem der Verkettbarkeit der Transaktionen eines Nutzers und folglich der indirekten Datenweitergabe bzw. des Kontrollverlustes über den Zugriff auf persönliche Daten, wenn heutige Sicherheitssysteme zur Delegation von Rechten bzw. zum Schutz der Privatsphäre bei der Nutzung der neuen Dienste eingesetzt werden. Ihr Einsatz verlangt nach einer vertrauenswürdigen dritten Partei. Die Arbeit baut auf existierenden Public-Key Infrastrukturen auf und zeigt damit einen neuen Anwendungsbereich für anonymisierte Credentials, die prinzipiell diese dritte Partei vermeiden können. Anhand einer Implementierung der Protokolle zeigt der Autor deren Machbarkeit und Schutzwirkung. Die Problemstellung darf für sich in Anspruch nehmen zugleich praktisch relevant und wissenschaftlich anspruchsvoll zu sein. Daher wünsche ich der Arbeit die verdiente Aufnahme in Wissenschaft und Industrie.

Prof. Dr. Günter Müller

Vorwort

Die vorliegende Arbeit wurde im Sommersemester 2008 von der Fakultät für Angewandte Wissenschaften der Abert-Ludwigs-Universität Freiburg als Dissertation angenommen. Sie bildet den Abschluss meiner Promotion am Institut für Informatik und Gesellschaft. An dieser Stelle möchte ich mich bei allen bedanken, die zum Gelingen dieser Arbeit beigetragen haben.

An erster Stelle gilt mein herzlichster Dank meinem akademischen Lehrer und Doktorvater Prof. Dr. Günter Müller. Die gewährte akademische Freiheit und seine direkte und offene Art der konstruktiven Kritik haben das Gelingen dieser Arbeit wesentlich gefördert. Zudem möchte ich mich für sein Vertrauen und die damit verbundene Übertragung von verantwortungsvollen und vielfältigen Aufgaben bedanken. Die dabei gewonnen Erfahrungen reichen weit über die Promotion hinaus und haben sich jetzt als äusserst wertvoll erwiesen.

Bei Herrn Prof. Dr. Gerhard Schneider möchte ich mich für die Übernahme des Zweitgutachtens unter der engen zeitlichen Restriktion bedanken. Für die finanzielle Förderung meiner Arbeit im Rahmen des Schwerpunktprogramms *Sicherheit in der Informations- und Kommunikationstechnik* bzw. des Network of Excellence *Future of Identity in the Information Society (FIDIS)* danke ich der Deutschen Forschungsgemeinschaft und der Europäischen Kommission.

Von den Kolleginnen und Kollegen der Abteilung Telematik des Instituts für Informatik und Gesellschaft habe ich große Unterstützung erhalten. Dafür möchte ich mich bei Ihnen herzlich bedanken. Insbesondere die intensiven Diskussionen mit Frau Maike Gilliot, Herrn Dr. Stefan Sackmann, Herrn Dr. Jens Strüker, Herrn Dr. Adolf Hohl, Herrn Dr. Moritz Strasser und Herrn Sebastian Höhn waren sehr wertvoll. Frau Julia Bär danke ich für Ihre stete Hilfsbereitschaft und Prüfung meiner englischsprachigen Texte.

Einen großen Dank gebührt auch meinen Freunden Herrn Wolfgang Kimmig, Herrn Andreas Künze und Herrn Kai Pleger. Vor allem im letzten Jahr der Promotion gab mir die gemeinsame Zeit beim Tennisspiel die erforderliche Kraft.

Ein besonders großes und herzliches Dankeschön gebührt meiner Mutter, die mich während meiner gesamten Ausbildungszeit uneingeschränkt unterstützt hat. Ohne ihre Unterstützung wäre mein persönlicher und beruflicher Werdegang nicht möglich gewesen. Es ist mir daher eine große Freude, ihr diese Arbeit zu widmen.

Sven Wohlgemuth

Inhaltsverzeichnis

1 Privatsphäre: Eine Frage des Vertrauens?   **1**
    1.1   Alles oder nichts 1
    1.2   Erweiterung des Vertrauensmodells 4
    1.3   Die Vorgehensweise 4

2 Delegation von Rechten am Beispiel CRM   **7**
    2.1   Rechtliche Anforderungen der informationellen Selbstbestimmung   7
    2.2   Einseitiges CRM 11
    2.3   Mehrseitiges CRM 22
    2.4   Ergebnis 28

3 Mehrseitigkeit von gegenwärtigen Sicherheitssystemen   **31**
    3.1   Delegationssysteme und CRM 31
    3.2   Transparenzsysteme und CRM 43
    3.3   Identitätsmanagementsysteme und CRM 47
    3.4   Ergebnis 73

4 DREISAM: Identitätsmanagementsystem mit der Delegation von Rechten   **79**
    4.1   Protokolle zur Delegation von Rechten und zu deren Widerruf .. 79
    4.2   Systementwurf 94
    4.3   Implementierung 124
    4.4   Ergebnis 127

5 Evaluation von DREISAM   **137**
    5.1   Angriffsfälle nach dem IT-Grundschutz 137
    5.2   Schutzwirkung von DREISAM 142
    5.3   Ergebnis 151

6 Potentiale von DREISAM   **155**
    6.1   Behördliche und medizinische Dienstleistungen 155
    6.2   Digital Rights Management 157

Anhang   **161**

A Public-Key Infrastruktur (PKI)   **163**

B Commitments (Festlegschema)   **165**

C Zero-Knowledge Beweissystem (ZKP)   **169**

Literaturverzeichnis   **179**

Sachverzeichnis   **189**

1 Privatsphäre: Eine Frage des Vertrauens?

Allein im deutschen Wirtschaftsraum erheben 65,2% der Unternehmen persönliche Daten ihrer Nutzer, und über die Hälfte dieser Unternehmen planen diese Erhebung auszuweiten [SS05]. Die Unternehmen erreichen damit eine personalisierte Ansprache (57,0%), die Individualisierung von Verkaufsgesprächen (53,8%) und die individuelle Anpassung ihrer Produkte bzw. Dienstleistungen (47,4%). Ferner vernetzen sich Unternehmen über das Internet, um Kosten zu senken und externe Dienstleistungen in die eigenen Geschäftsprozesse zu integrieren. Damit entstehen neue technische Datendienste, welche die erhobenen Daten verwalten, sie an andere Dienste weitergeben und ggf. selbst personalisierte Dienstleistungen anbieten. So nehmen Diensteanbieter nicht nur die Rolle eines Datenkonsumenten sondern auch die eines Datenanbieters ein. Sie können Profile über Nutzer erstellen, zu denen sie Daten erhoben oder von einem Datendienst erhalten haben. Die Anwendungsfälle der Erhebung persönlicher Daten und ihrer Weitergabe unterscheiden sich zudem in der Kommunikationsbeziehung eines Nutzers. Bei der erstmaligen Erhebung persönlicher Daten kommuniziert ein Nutzer direkt mit dem Datenkonsumenten. Der Informationsfluss der Daten erfolgt in einer 1:1 Beziehung. Bei der Weitergabe persönlicher Daten erhält der Datenkonsument die Daten nicht direkt vom Nutzer, sondern der Datendienst gibt die Daten als Datenanbieter weiter. Es besteht eine 1:n Beziehung. Beispiele für Anwendungen dieser Art eines Informationssystems sind Kundenbindungsprogramme (Customer Relationship Management - CRM) [Lau04], behördliche Dienstleistungen unter Verwendung der Bügerkarte bzw. JobCard [SH04] und medizinische Dienstleistungen unter Verwendung der Gesundheitskarte und der elektronischen Patientenakte [Bun04]. Die Abbildung 1.1 stellt dieses Modell der Datenerhebung und Weitergabe in Anlehnung an [PHB06] dar.

1.1 Alles oder nichts

Die europäischen Datenschutzdirektiven [Eur95, Eur02], das „Volkszählungsurteil" des Bundesverfassungsgerichts [Bun83] und die nationalen Datenschutzgesetze [Bun97, Bun01] fordern die informationelle Selbstbestimmung, d.h. für eine Erhebung und Weitergabe persönlicher Daten ist eine zweckbezogene Einwilli-

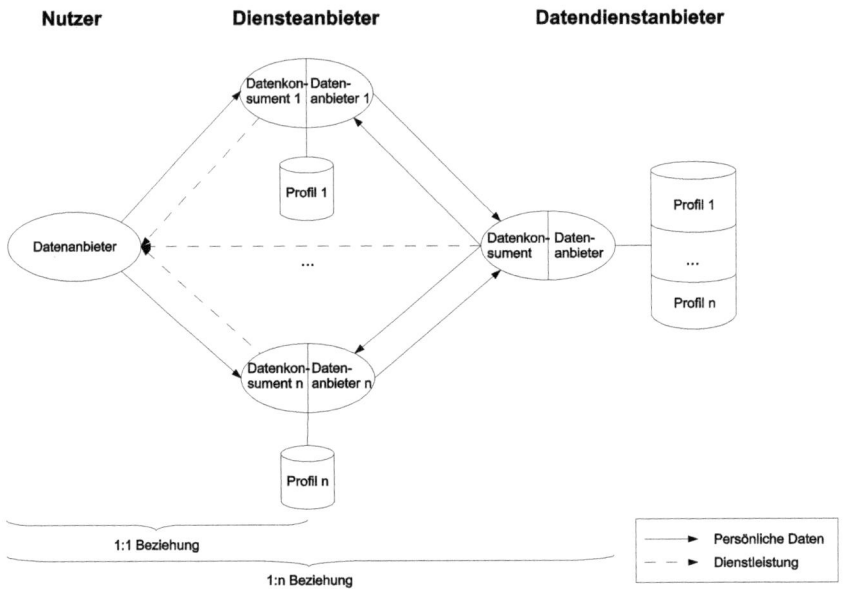

Abbildung 1.1: Modell der Erhebung und Weitergabe persönlicher Daten in Anlehnung an [PHB06].

gung des betroffenen Nutzers nötig. In der Praxis müssen Nutzer den Diensteanbietern vertrauen, dass sie persönliche Daten nach den vereinbarten Datenschutzregeln erheben sowie weitergeben und es zu keinem Missbrauch dieser Daten kommt. In der Praxis willigen Nutzer generell zu allen Regeln einer Datenschutzerklärung ein bzw. lehnen alle Regeln durch den Widerruf ihrer Einwilligung ab. Eine Einwilligung zu einer Datenweitergabe im Einzelfall und somit zu einer bestimmten Profilbildung ist nicht möglich. Nutzer müssen die allgemeinen Geschäftsbedingungen akzeptieren und geben den Diensteanbietern damit eine Vollmacht für die Nutzung ihrer Daten. Auch mit technischen Mitteln können Nutzer die vereinbarten Regeln nicht durchsetzen. Mit den existierenden technischen Sicherheitswerkzeugen zum Schutz der Privatsphäre können sie sich sich zwar vor einer unerwünschten Profilbildung bei der Erhebung ihrer Daten schützen. Im Fall der Weitergabe persönlicher Daten bieten sie jedoch keinen Schutz, so dass Nutzer weiterhin den Diensteanbietern vertrauen müssen. Auf der anderen Seite ist einem Nutzer jede seiner Transaktionen eindeutig von den Diensteanbietern zurechenbar. Das aktuelle, einseitige Vertrauensmodell zeigt die Abbildung 1.2.

1.1 Alles oder nichts

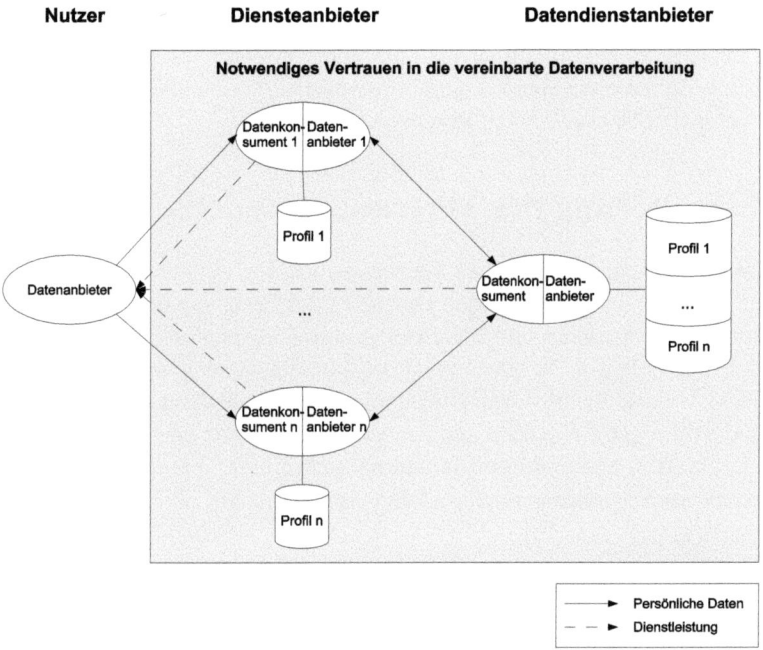

Abbildung 1.2: Das aktuelle, einseitige Vertrauensmodell zum Erhalt der informationellen Selbstbestimmung.

Technisch gesehen entspricht die Einwilligung eines Nutzers einem transaktionsbezogenen Zugriffsrecht auf seine Daten. Die Delegation eines Rechts für den Zugriff auf persönliche Daten wird durch die Delegation von Berechtigungsnachweisen erreicht. Sprachen zur Formulierung von Datenschutzregeln, wie z.B. P3P [CLM+02] und EPAL [AHK+03a], unterstützen zwar Regeln zur Datenerhebung bzw- Nutzung und deren Delegation, jedoch fehlt ein technischer Mechanismus mit dem Nutzer die Bedingungen und Obligationen durchsetzen oder ihre Einhaltung kontrollieren können. Identitätsmanagementsysteme, wie Shibboleth [CEH+05], Liberty Alliance [CHKT05], der Freiburger iManager [WJGtM+04] und IBM idemix [CH02], ermöglichen zwar eine kontrollierte Herausgabe von persönlichen Daten und schützen so vor einer unerwünschten Profilbildung; jedoch unterstützen sie keine transaktionsbezogene Delegation von Rechten. Deren Alles-oder-Nichts Prinzip erfordert a priori die Aufgabe aller Rechte an den Daten. Technische Werkzeuge für eine Delegation von Rechten, wie z.B. Kerberos

[KN93] und SPKI [EFL$^+$99], ermöglichen eine transaktionsbezogene Delegation. Jedoch können die beteiligten Dienste die Transaktionen des Nutzers anhand der statischen Merkmale der Berechtigungsausweise verketten und somit Profile über Nutzer anlegen. Dies stellt einen Regelverstoß dar.

1.2 Erweiterung des Vertrauensmodells

Das Ziel ist die Realisierung eines Vertrauensmodells, in dem Nutzer ausschließlich dem Anbieter von persönlichen Daten bei der Erhebung und Weitergabe persönlicher Daten vertrauen und gleichzeitig die Zurechenbarkeit der Transaktionen der Nutzer gegeben ist. Dazu wird das Identitätsmanagementsystem namens DREISAM vorgestellt, mit dem Nutzer die vereinbarten Regeln zur Datenerhebung und Weitergabe bei der Nutzung von Dienstleistungen mit einem Datendienst durchsetzen und und ihre Einhaltung kontrollieren können. Die Abbildung 1.3 zeigt dieses Vertrauensmodell und den Ansatz von DREISAM.

1.3 Die Vorgehensweise

Mit dem Kapitel 2 wird die Delegation von Zugriffsrechten für persönliche Daten und ihre Weitergabe als Ansatz für den Erhalt der informationellen Selbstbestimmung eingeführt. Zu Beginn werden die rechtlichen Anforderungen der informationellen Selbstbestimmung für die Erhebung und die Weitergabe persönlicher Daten genannt. Während die rechtlichen Anforderungen nach dem Verständnis von *Privacy* sich nicht auf die Weitergabe persönlicher Daten beziehen, fordern sie nach dem Verständnis der *Privatsphäre* u.a. die Einwilligung des Nutzers für eine Weitergabe. Am Beispiel des *Customer Relationship Management (CRM)* wird das aktuelle, einseitige Vertrauensmodell für die Einhaltung der rechtlichen Anforderungen nachgewiesen und damit der Begriff des einseitigen CRM eingeführt. Anhand des Fallbeispiels werden Angriffe mit dem Ziel des Missbrauchs persönlicher Daten, in diesem Fall mit dem Ziel einer unerwünschten Datenerhebung und deren Weitergabe, gezeigt. Anstatt persönliche Daten weiterzugeben wird der Ansatz der Delegation von Rechten und deren Nutzung nach den vereinbarten Regeln vorgeschlagen. Damit soll eine Verbesserung des Vertrauensmodells zugunsten der Nutzer erreicht werden. Mit den Anforderungen an dieses mehrseitige CRM mit der Delegation von Rechten und dessen Vergleich mit dem einseitigen CRM schließt das Kapitel 2 ab.

Im Kapitel 3 wird gezeigt, dass auch der Stand der Forschung und Industrie das einseitige Vertrauensmodell zum Erhalt der informationellen Selbstbestimmung

1.3 Die Vorgehensweise

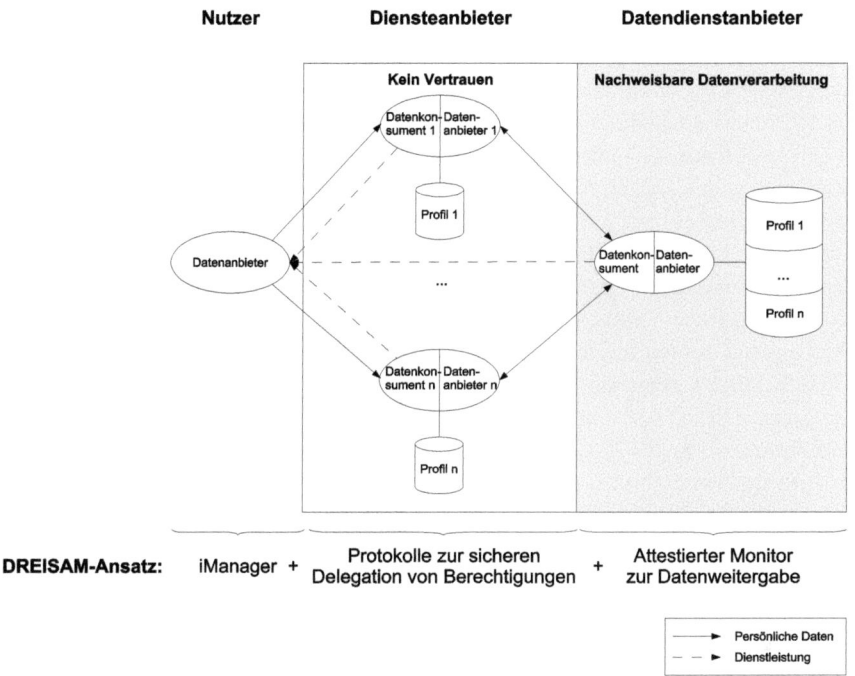

Abbildung 1.3: Das Vertrauensmodell, welches mit dem geforderten Identitätsmanagementsystem DREISAM realisiert werden soll.

bei der Delegation von Rechten realisiert. Der Nachweis erfolgt durch die Anwendung der entsprechenden Systeme bzw. deren Protokolle für CRM und der sich daraus ergebenden Möglichkeiten der Diensteanbieter zu einem Regelverstoß und damit zu einer unerwünschten Datenerhebung bzw. Datenweitergabe. Es zeigt sich, dass der Freiburger Identitätsmanager iManager und das anonymisierte Credentialsystem IBM idemix nach [CL01] und mit den Erweiterungen nach [CL02] in Kombination mit dem Delegationsmechanismus nach [Neu93] sich als Ausgangspunkt für das geforderte Identitätsmanagementsystem DREISAM eignen. Jedoch verliert ein Nutzer bei der Nutzung anonymisierter Credentials für die Delegation von Rechten aufgrund der zwingenden Weitergabe seines kryptographischen Schlüssels die Kontrolle über den Zugriff auf seine Daten. Die Regeln für den Datenzugriff sind somit weder durchsetzbar noch kontrollierbar. Das Kapitel schließt mit einer Diskussion der Lösungsansätze für die Einhaltung der vereinbarten Regeln ab, die sich auf den Zeitpunkt der Nutzung der delegierten Rechte, d.h. vor, während und nach einer Zugriffsanfrage, beziehen.

Die vorgeschlagene Lösung, das Identitätsmanagementsystem DREISAM, stellt das Kapitel 4 vor. Zu Beginn werden die erforderlichen Protokolle zur Delegation von Rechten und deren Widerruf in Form von Credentials vorgestellt. Die Protokolle sollen das technische Problem lösen, dass Nutzer bei der Weitergabe von anonymisierten Credentials die Kontrolle über ihren zugehörigen geheimen kryptographischen Schlüssel verlieren. Der Systementwurf von DREISAM spezifiziert dessen Teil-Systeme und Protokolle. Ein attestierter Monitor wird für die Überwachung der Zugriffsentscheidungen des Datendienstes entsprechend den delegierten Rechten und Regeln eingesetzt. Abschließend wird die Funktionsweise von DREISAM anhand dessen Implementierung für das Fallbeispiel CRM veranschaulicht.

Das Kapitel 5 zeigt die Schutzwirkung von DREISAM. Es erbringt den Nachweis, dass DREISAM einen Schutz vor den Gefährdungen bietet, die im Baustein *Datenschutz* des IT-Grundschutz-Katalogs des Bundesamts für Sicherheit in der Informationstechnik aufgeführt sind. Zur Bewertung werden aus diesen Bedrohungen Angriffe mit dem Ziel einer unerwünschten Erhebung und Weitergabe persönlicher Daten abgeleitet. Die identifizierten Angriffsfälle werden auf DREISAM ausgeführt. Zudem wird die Schutzwirkung von DREISAM anhand dessen Implementierung für das Fallbeispiel CRM veranschaulicht.

Das Kapitel 6 schließt die Arbeit mit der Einschätzung der Potentiale für DREISAM ab. Es wird dessen Anwendung von für kartenbasierte behördliche und medizinische Dienstleistungen sowie für die Weitergabe elektronischer Dokumente und deren kontrollierte Nutzung im Rahmen des Digital Rights Managements skizziert.

2 Delegation von Rechten am Beispiel CRM

Nach der informationellen Selbstbestimmung soll der Einzelne selbst über die Herausgabe und Weitergabe seiner Daten bestimmen können [Wes67, Bun83]. Das Ziel von Kapitel 2 ist es, die Anforderungen für die Delegation von Rechten für den Zugriff auf persönliche Daten abzuleiten, mit der die informationelle Selbstbestimmung bei der Erhebung und Weitergabe von persönlichen Daten erhalten bleiben soll. Dazu werden im Abschnitt 2.1 die rechtlichen Anforderungen der informationellen Selbstbestimmung aufgeführt. Am Beispiel des Customer Relationship Management (CRM) wird in Abschnitt 2.2 das real angewendete Vertrauensmodell identifiziert. Eine Bedrohungsanalyse zeigt daraufhin mögliche Verletzungen der informationellen Selbstbestimmung und die Einseitigkeit von CRM in der Praxis. Aus der Bedrohungsanalyse ergibt sich die Forderung nach einen Zugriffskontrollmechanismus, der Nutzer vor den identifizierten Verletzungen schützen soll und dazu ein mehrseitiges CRM zum Ziel hat. Da sich sowohl die erstmalige Erhebung als auch die Weitergabe persönlicher Daten auf deren Zugriff beziehen, stellt der Abschnitt 2.3 das Modell für die erforderliche Zugriffskontrolle mit der Delegation von Rechten vor. Der Abschnitt 2.4 stellt mit dem Vergleich zwischen dem einseitigen und dem mehrseitigen CRM den Beitrag des vorgeschlagenen Zugriffskontrollmechanismus und damit das Ergebnis dieses Kapitels dar.

2.1 Rechtliche Anforderungen der informationellen Selbstbestimmung

Unter dem Begriff *Privacy* wurde 1967 die informationelle Selbstbestimmung von Alan F. Westin gefordert: „*Privacy is the claim of individuals, groups, or institutions to determine for themselves when, how, and to what extend information about them is communicated to others*" [Wes67]. Damit soll es einem Einzelnen möglich sein, selbst über den Zeitpunkt, die Art und den Umfang der Erhebung und Weitergabe persönlicher Daten zu bestimmen. In Deutschland hat das Bundesverfassungsgericht im Jahr 1983 die informationelle Selbstbestimmung als ein Grundrecht des Einzelnen erklärt. Nach dem sogenannten „Volkszählungsurteil" umfasst die informationelle Selbstbestimmung den *„Schutz des Einzelnen* *gegen eine unbegrenzte Erhebung, Speicherung, Verwendung und Weitergabe persönlicher Daten [...] Das Grundrecht gewährleistet die Befugnis des Einzelnen, grundsätzlich selbst über die Preisgabe und Verwendung seiner persönlichen Daten zu bestimmen"* [Bun83]. Das Urteil schränkt das Recht auf informationelle Selbstbestimmung jedoch ein, falls daran das Allgemeininteresse überwiegt.

2.1.1 Privacy

Der Begriff *Privacy* ist im US-amerikanischen Raum zusätzlich zur Forderung von Alan F. Westin auch von Samuel D. Warren und Lous D. Brandeis durch „*the right to be let alone*" [WB90] geprägt. Letztere fordern für den Einzelnen das Recht sich zurückziehen zu dürfen und keine Daten über sich zu veröffentlichen. Gesetzlich geregelt ist der Schutz persönlicher Daten allerdings nur für bestimmte Anwendungsbereiche [Hen99, Lan05]. Das *United States Department for Health Education and Welfare* definiert zwar unter dem Begriff *Fair Information Practices* Mindestprinzipien für den Schutz von Patientendaten, allerdings ist deren Einhaltung nicht rechtlich vorgeschrieben [Smi93]. Dies ist hingegen nach dem *US Privacy Act* [Uni74] für behördliche Dienstleistungen der Fall. Für den wirtschaftlichen Bereich wurden die Mindestprinzipien von der *Organization for Economic Cooperation and Development (OECD)* als Richtlinien standardisiert [Org80]. Es handelt sich um die folgenden Prinzipien:

- **Eingeschränkte Profilbildung (*Collection Limitation Principle*):** Der Umfang des erstellten Profils sollte zu dessen Verwendungszweck angemessen sein. Die Datenerhebung sollte mit legalen Mitteln und mit dem Wissen oder dem Einverständnis der betroffenen Person erfolgen.

- **Qualität der erhobenen Daten (*Data Quality Principle*):** Die erhobenen Daten sollten für den Zweck relevant und notwendig sein. Weiterhin sollten sie korrekt, vollständig und aktuell sein.

- **Angabe des Verwendungszweckes (*Purpose Specification Principle*):** Der Zweck der Erhebung persönlicher Daten soll spätestens zum Zeitpunkt der Datenerhebung angegeben werden. Ändert sich der Verwendungszweck, so soll diese Änderung ebenfalls angegeben werden. Zusätzlich soll die weitere Nutzung der erhobenen Daten zur Erfüllung dieses Zweckes oder äquivalenter Zwecke beschränkt werden.[1]

---

[1] Neue Verwendungszwecke sollen nicht willkürlich eingeführt werden und zu dem bereits angegebenen Verwendungszweck kompatibel sein. Wenn erhobene Daten nicht mehr für den angegebenen Zweck benötigt werden, so sollen sie entweder gelöscht oder anonymisiert werden, sofern dies machbar ist.

- **Eingeschränkte Nutzung der erhobenen Daten (*Use Limitation Principle*):** Persönliche Daten dürfen nicht für andere Zwecke als unter den angegebenen Verwendungszwecken veröffentlicht, zur Verfügung gestellt oder auf andere Weisen genutzt werden. Eine Ausnahme besteht dann, wenn der Eigentümer dieser Daten dem Zweck zugestimmt hat oder ein richterlicher Erlass besteht.

- **Verwendung angemessener Sicherheitsmaßnahmen (*Security Safeguards Principle*):** Persönliche Daten sollen durch angemessene Sicherheitsmaßnahmen vor unbeabsichtigten Verlust und gegen unerlaubten Zugriff, Vernichtung, Nutzung, Änderung und Veröffentlichung geschützt werden.

- **Offene Profilbildung (*Openness Principle*):** Es sollte eine allgemeine Politik der Offenheit bestehen, die Auskunft über die Entwicklungen, Praktiken und Richtlinien der Organisation mit Bezug zu den von ihr erhobenen persönlichen Daten gibt. Es sollten dem Einzelnen Mittel zur Verfügung stehen, mit denen er die Existenz und die Motivation zur Datenerhebung, die wesentlichen Verwendungszwecke der erhobenen Daten und den Datenschutzbeauftragten dieser Organisation ermitteln kann.

- **Individuelle Beteiligung der betroffenen Personen (*Individual Participation Principle*):** Ein Einzelner sollte das Recht haben,
    - von einem Datenschutzbeauftragten einer Organisation zu erfahren, ob und ggf. welche persönliche Daten von der Organisation über ihn erhoben wurden,
    - innerhalb einer angemessen Zeit, evtl. zu einer nicht übertriebenen Gebühr, auf eine angemessene Art und Weise und in einer für ihn verständlichen Form |über die erhobenen Daten in Kenntnis gesetzt zu werden,
    - eine Begründung zu erhalten, wenn eine der obigen beiden Anfragen abgelehnt wurde, und eine solche Ablehnung juristisch anfechten zu können und
    - eine Datenerhebung juristisch anzufechten und, falls die Anfechtung erfolgreich gewesen ist, die Löschung, Richtigstellung, Vervollständigung oder Änderung des Profils anzuordnen.

- **Haftungsumfang (*Accountability Principle*):** Ein Datenschutzbeauftragter sollte für die Einhaltung der Mittel, mit denen diese Prinzipien befolgt werden, haften.

Allein die Prinzipien der eingeschränkten Profilbildung und der eingeschränkten Nutzung der erhobenen Daten haben einen Zusammenhang mit der informationellen Selbstbestimmung. Das erste Prinzip fordert eine zweckbezogene Profilbildung und das Einverständnis des betroffenen Nutzers zur Profilbildung; das zweite Prinzip fordert, dass die erhobenen Daten nur für den vorher angegebenen Zweck genutzt und weitergegeben werden sollen.

Sofern die Verarbeitung persönlicher Daten nicht durch ein branchenspezifisches Gesetz reguliert ist, können Diensteanbieter frei über die erhobenen Daten verfügen. Dies widerspricht jedoch der Definition der informationellen Selbstbestimmung nach Westin. Nutzer haben keine rechtliche Möglichkeit, mit der sie die Weitergabe ihrer Daten bestimmen. So können Profile entgegen den Interessen der betroffenen Nutzer erstellt werden, ohne dass gegen rechtliche Anforderungen verstoßen wird. Die Forderung der informationellen Selbstbestimmung ist verletzt und folglich haben Nutzer keine *Privacy* mehr.

2.1.2 Privatsphäre

Nach den Datenschutzdirektiven der Europäischen Union zum Schutz von Personen bei der Verarbeitung persönlicher Daten [Eur95, Eur02] und deren Umsetzung durch nationale Gesetze, z.B. dem Teledienstedatenschutzgesetz [Bun97] und dem Bundesdatenschutzgesetz [Bun03], ist die *Privatsphäre* und damit die informationelle Selbstbestimmung gewährleistet, wenn ihre Mindestprinzipien befolgt werden. Die Mindestprinzipien regulieren die Erhebung, Verwendung, Speicherung und Weitergabe persönlicher Daten für öffentliche und private Organisationen und müssen vor Beginn einer Datenverarbeitung erfüllt sein. Sie definieren den vertraulichen und zurechenbaren Rahmen in dem persönliche Daten in den Mitgliedstaaten der Europäischen Union verarbeitet werden dürfen und die bei ihrer Weitergabe an Organisationen ausserhalb der Mitgliedstaaten eingehalten werden müssen. Der Rahmen der Datenverarbeitung wird mit dessen Zweckbezug, der Forderung nach dem minimalen Umfang der Datenerhebung und -weitergabe gemäß dem Verwendungszweck, der Identität des Datenverarbeiters und im Falle einer Weitergabe persönlicher Daten mit der Angabe der Empfänger definiert. Zum Schutz vor u.a. einem unbefugten Zugriff werden technische und organisatorische Maßnahmen, wie z.B. der Einsatz einer Zugriffskontrolle, vorgeschrieben.

Die informationelle Selbstbestimmung wird dadurch gewährleistet, dass eine Verarbeitung persönlicher Daten nur dann zulässig ist, wenn der betroffene Nutzer dazu eingewilligt hat oder eine Rechtsvorschrift die Verarbeitung erlaubt. Die Einwilligung eines Nutzers bezieht sich somit auch auf die Weitergabe persönlicher Daten und ist vor Beginn der Datenverarbeitung einzuholen. Die Einwilligung ist neben der schriftlichen auch in elektronischer Form möglich [Bun97] und kann von dem Nutzer widerrufen werden. Sollen persönliche Daten für eine Personalisierung von Dienstleistungen und für Zwecke der Werbung und Marktforschung verarbeitet werden, so muss wiederum die Einwilligung des Nutzers vorliegen und die Daten sind zu anonymisieren bzw. pseudonymisieren [Bun97]. Auch der Umfang der zu verarbeitenden Daten wird geregelt. Das Bundesdatenschutzgesetz gibt vor, dass *"die Gestaltung und Auswahl von Datenverarbeitungssystemen sich an dem Ziel auszurichten haben, keine oder so wenig persönliche Daten wie möglich zu erheben, zu verarbeiten oder zu nutzen. Insbesondere ist von den Möglichkeiten der Anonymisierung und Pseudonymisierung Gebrauch zu machen"* (Prinzip der Datenvermeidung und Datensparsamkeit) [Bun03]. Zusätzlich haben Nutzer das Recht auf Berichtigung, Löschung und Sperrung ihrer gespeicherten Daten.

Um die Einhaltung der Mindestprinzipien zu überprüfen und ggf. Haftungsfragen zu klären, können Diensteanbieter sowohl von Nutzern als auch von einer Kontrollstelle oder einem Datenschutzbeauftragten kontrolliert werden. Mit einer Datenverarbeitung wird ein Datenverarbeiter in Verbindung gebracht, der für die Verarbeitung persönlicher Daten nach den Schutzprinzipien der Datenschutzdirektive verantwortlich ist. Er haftet im Falle einer Verarbeitung entgegen den rechtlichen Anforderungen, so dass von ihm Schadensersatz verlangt werden kann [Eur95]. Verantwortliche Diensteanbieter haben ihre Datenverarbeitung einer Kontrollstelle zu melden. Die Meldung beinhaltet die Identität des Diensteanbieters, die Zweckbestimmung der Datenverarbeitung, die betroffenen Personengruppen, im Fall einer Datenweitergabe die Empfänger der Daten, ob eine Datenweitergabe in Drittländer vorgesehen ist und die Angabe der eingesetzten Sicherheitsmaßnahmen. Dem Nutzer wird zur Kontrolle ein Auskunfts- und Widerrufsrecht eingeräumt. Mit dem Auskunftsrecht hat der Nutzer die Möglichkeit eine Auskunft über die Existenz einer Datenerhebung und ggf. deren Umfang und Zweckbestimmung, über die Empfänger der Daten, über die Ausarbeitungslogik der Datenverarbeitung und über eine Änderung, Löschung oder Sperrung seiner Daten zu erhalten. Ferner kann sich ein Nutzer an eine Kontrollstelle wenden und eine Kontrolle beantragen.

2.2 Einseitiges CRM

Eine Verarbeitung persönlicher Daten und die damit einhergehende auf Nutzer abgestimmte Ausrichtung der Geschäftsprozesse eines Unternehmens wird unter dem Begriff Customer Relationship Management (CRM) zusammengefasst. Mit dem Einsatz von CRM-Systemen zielt ein Unternehmen nach [BS05] auf

- eine Minimierung der Investitionskosten für die Suche nach Nutzern,

- eine Maximierung des Verkaufs eigener Produkt- und Dienstleistungen und

- eine möglichst langfristige Bindung der Nutzer an das Unternehmen.

Eine Ausprägung von CRM sind Kundenbindungsprogramme , wie z.B. *Payback*[2]. Persönliche Daten der Nutzer eines Kundenbindungsprogramms werden für personalisierte Dienstleistungen und Angebote erhoben und zentral von einem Datendienst gespeichert. Als Gegenleistung erhalten Nutzer Bonuspunkte, die sie entweder gegen Güter oder Geldbeträge eintauschen können. Die Akteure und Kommunikationsbeziehungen der Nutzer in einem Kundenbindungsprogramm sind dadurch bestimmt, ob das Programm ein Partnerprogramm betreibt und der Programmbetreiber den Partnerunternehmen seine Dienstleistungen anbietet. Der Programmbetreiber übernimmt die Verwaltung der erhobenen persönlichen Daten, die Organisation und Durchführung von Werbekampagnen und ggf. die finanzielle Abrechnung mit den Nutzern [Lau04]. Als zusätzliche Dienstleistung des Programmbetreibers gegenüber seinen Partnerunternehmen kann er aus seinem Datenbestand potentielle Kunden für ein bestimmtes Produkt bzw. bestimmte Dienstleistung identifizieren. Dies bietet sich für den Programmbetreiber als eine zusätzliche Einnahmequelle an. In dem Szenario dieser Arbeit entspricht ein Programmbetreiber dem Anbieter des Datendienstes und Partnerunternehmen sind die gewöhnlichen Diensteanbieter. Die Dienstleistung der Programmbetreiber wird in die Geschäftsprozesse ihrer Partnerunternehmen eingebunden. So stellt bspw. der Betreiber von *Payback* seine Funktionalität in Form eines autonomen Dienstes zur Verfügung, der in eine eine Service-Orientierte Architektur integriert wird.[3]

Während in den fünfziger und sechziger Jahren die Beteiligung an einem Kundenbindungsprogramm durch Rabatthefte implementiert wurde, nehmen Nutzer nun mittels einer Kundenkarte teil. Kundenkarten werden entweder vom Programmbetreiber oder von einem seiner Partnerunternehmen ausgestellt. Die erste Kundenkarte Deutschlands wurde 1959 von dem Unternehmen E. Breuninger GmbH & Co mit der *Breuninger Card* eingeführt. Ihre Funktionalität bezog sich auf eine bargeldlose Bezahlung und monatliche Sammelrechnung. Zum gegenwärtigen Zeitpunkt bietet sie neben einen Rabatt auf eigene Waren auch Rabatte auf Waren und Dienstleistungen von Partnerunternehmen an. Die Deutsche Lufthansa AG führte 1993 das Vielfliegerprogramm *Miles & More* ein, das ein Kundenbindungsprogramm mit branchenübergreifenden Partnerunternehmen und ein Kreditkartensystem mit der *Miles & More Credit Card* realisiert. Nutzer sammeln Bonuspunkte

---

[2] http://www.payback.de
[3] http://www.loyaltypartner.com

2.2 Einseitiges CRM

in Form von Meilen, falls sie ihre Kundenkarte bzw. Kreditkarte des Kundenbindungsprogramms bei der Buchung bzw. Bezahlung von Flügen der teilnehmenden Fluggesellschaften oder für Dienstleistungen der teilnehmenden Partnerunternehmen einsetzen. Bonuspunkte werden gegen Flüge oder Güter eingelöst. *Payback* des Unternehmens Loyalty Partner GmbH ist nach der TNS Emnid Umfrage aus dem Jahr 2003 [Emn03] das bekannteste Kundenbindungsprogramm mit einem Bekanntheitsgrad von 72% der Befragten, gefolgt von *Miles & More* und den Aktionen von Aral mit einem Bekanntheitsgrad von jeweils 51%, der ausschließlich auf das Unternehmen IKEA Deutschland GmbH & Co. KG bezogenen Kundenkarte *IKEA FAMILY* mit einem Bekanntheitsgrad von 40% und dem Kundenbindungsprogramm *HappyDigits* des Betreibers CAP Customer Advantage Program GmbH, einer gemeinsamen Betreibergesellschaft der Deutschen Telekom AG und der KarstadtQuelle AG, mit einem Bekanntheitsgrad von 38%. An dem Kundenbindungsprogramm *Payback* ist auch das experimentelle Kaufhaus *Extra Future Store* der Metro Gruppe mit der *Extra Future Card* beteiligt, in dem RFID-Taggs zur Markierung von Gütern sowie ein mobiler persönlicher Einkaufsassistent zur Erhebung von Kontextdaten über den Nutzer und für einen ortsunabhängigen Zugriff auf die Dienstleistungen des experimentellen Kaufhauses zum Einsatz kommen [LW06]. Für die Bindung der Nutzer an kommunale Unternehmen führen regionale Programmbetreiber und Banken kartenbasierte Kundenbindungsprogramme ein.[4]

2.2.1 Erhebung von persönlichen Daten

Zur Teilnahme an einem Kundenbindungsprogramm werden persönliche Daten ihrer Nutzer, u.a. Name, vollständige Anschrift, Telefonnummer, E-Mailadresse und ggf. Einkommen, erhoben. Diese Daten werden als Basisdaten bezeichnet. Die Erhebung erfolgt i.A. durch den Programmbetreiber. Immer wenn ein Nutzer seine Kundenkarte bei einem Einkauf verwendet, werden zudem Rabattdaten erhoben. Rabattdaten umfassen je nach Kundenbindungsprogramm neben der Kundennummer die erworbenen Produkte bzw. Dienstleistungen, deren Preis, die auszugebenden Bonuspunkte und das Datum des Einkaufs.[5] Nutzer haben einen Zugriff auf die über sie erhobenen Daten, indem sie sich gegenüber dem Programmbetreiber mit ihrer Kundennummer und einem Passwort ausweisen.

Die Profilbildung bei der Erhebung von Rabattdaten in Kundenbindungsprogrammen ohne ein Partnerprogramm stellt die Abbildung 2.1 dar. Ein Nutzer kommuniziert direkt mit den Diensteanbietern, die ihr eigenes Kundenbindungspro-

---

[4] Beispiele sind u.a. http://www.pforzheimcard.de und http://www.spare-cent.de
[5] s. bspw. die Datenschutzerklärungen der Programme *Payback*, *Miles & More* und *HappyDigits*.

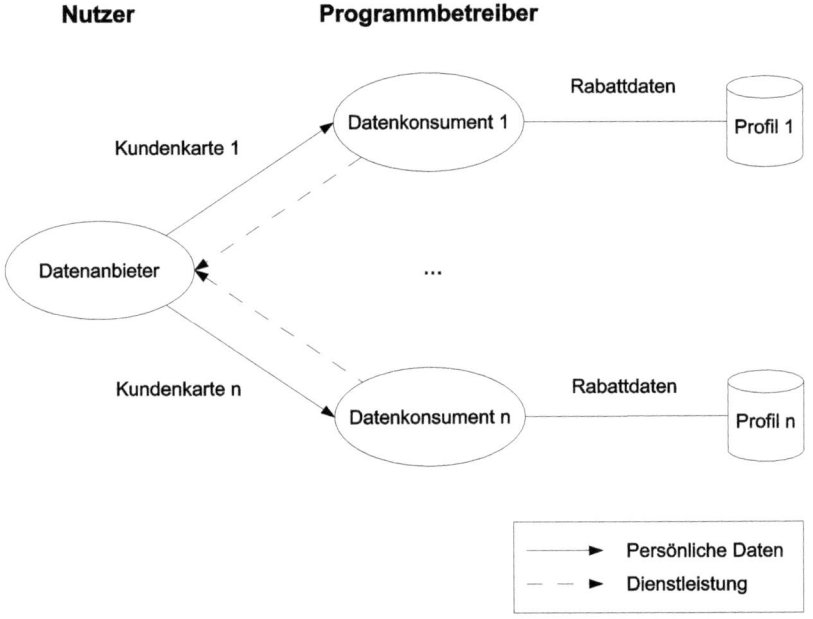

Abbildung 2.1: Profilbildung bei der Erhebung von persönlichen Daten eines Nutzers in Kundenbindungsprogrammen ohne Partnerprogramm.

gramm betreiben. Diese erheben die Rabattdaten, sobald Nutzer ihre passende Kundenkarte verwenden. Gegenüber dem *Programmbetreiber 1* bzw. *Programmbetreiber n* verwendet der dargestellte Nutzer seine *Kundenkarte 1* bzw. *Kundenkarte n*. Da der Nutzer seine Daten an die Programmbetreiber herausgibt, übernimmt er die Rolle eines Datenanbieters. Die Programmbetreiber erhalten diese Daten, fügen ihnen die Rabattdaten hinzu und erstellen ein Profil über den Nutzer (*Profil 1* bzw. *Profil n*). Somit treten sie in der Rolle eines Datenkonsumenten Datenkonsument auf. Eine Weitergabe der erhobenen Daten ist nach den Datenschutzerklärungen nicht zwingend vorgesehen.[6]

Die Profilbildung bei der Erhebung von Rabattdaten in einem Kundenbindungsprogramm mit einem Partnerprogramm zeigt die Abbildung 2.2. Ein Nutzer weist sich wiederum mit seiner Kundenkarte aus. Im Gegensatz zu dem vorherigen Fall kommuniziert ein Nutzer dabei nicht mit dem Programmbetreiber, sondern mit einem Partnerunternehmen. Laut der Datenschutzerklärung des Programmbetrei-

---

[6]s. bspw. die Datenschutzerklärung von *IKEA FAMILY* unter http://www.ikea.de

2.2 Einseitiges CRM

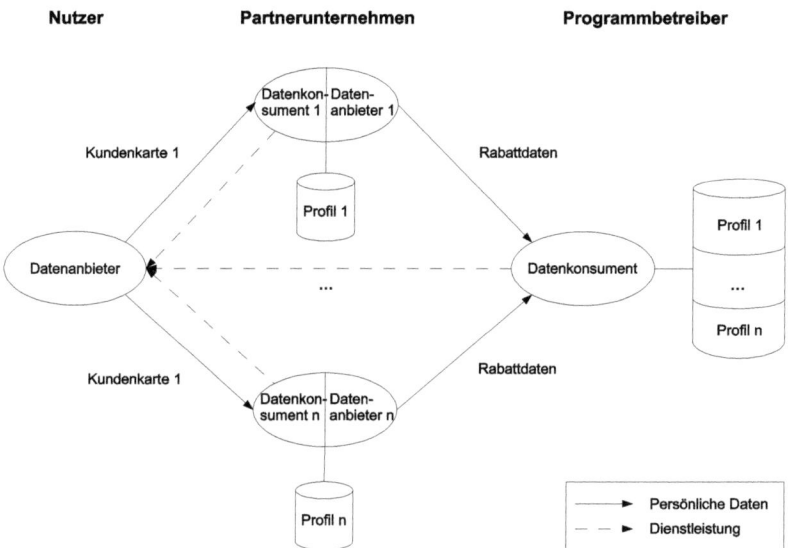

Abbildung 2.2: Profilbildung bei der Erhebung von persönlichen Daten eines Nutzers in einem Kundenbindungsprogramm mit einem Partnerprogramm.

bers werden die Rabattdaten von den einzelnen Partnerunternehmen an den Programmbetreiber weitergegeben.[7] So treten die Partnerunternehmen gegenüber dem einzelnen Nutzer als Datenkonsument und gegenüber dem Programmbetreiber als Datenanbieter auf. Jedes Partnerunternehmen kann ein Profil über seine Nutzer erstellen. Ein Profil enthält die Rabattdaten des Nutzers, der seine Kundenkarte bei einer Transaktion mit diesem Partnerunternehmen verwendet. Hat ein Partnerunternehmen auch die Kundenkarte des Nutzers ausgestellt, so enthält das Profil auch die Basisdaten zu diesem Nutzer. Der Programmbetreiber fügt in der Rolle eines Datenkonsumenten die erhaltenen persönlichen Daten in einem unternehmensübergreifenden Profil zusammen.

2.2.2 Weitergabe von persönlichen Daten

In Kundenbindungsprogrammen mit einem Partnerprogramm können persönliche Daten von den Programmbetreibern an die Partnerunternehmen weitergegeben

---

[7]s. bspw. die Datenschutzerklärungen unter http://www.payback.de, http://www.miles-and-more.com und http://www.happydigits.de vom 19. September 2007

werden. Nach den Datenschutzerklärungen der Programmbetreiber werden die weitergegebenen persönlichen Daten generell zu Zwecken der Beratung, Werbung und zum Marketing verwendet, falls der Nutzer dazu seine Einwilligung gegeben hat. Bei einer Weitergabe persönlicher Daten wechseln der Programmbetreiber und das beteiligte Partnerunternehmen ihre Rollen. Der Programmbetreiber nimmt nun die Rolle eines Datenanbieters und das Partnerunternehmen die eines Datenkonsumenten ein. Die Abbildung 2.3 veranschaulicht die neue Situation. Das *Partnerunternehmen 1* hat vom Programmbetreiber persönliche Daten des Nutzers erhalten, die bei dem *Partnerunternehmen n* angefallen sind. Diese Daten sind als *Profil n* bezeichnet. Das dargestellte Partnerunternehmen speichert die erhaltenen Daten in seinem Profil (*Profil 1+n*). So könnte bspw. eine Versicherung einem Nutzer eine Anpassung seiner Versicherungen an seine Lebensverhältnisse anbieten, falls sie Zugriff auf seine Daten bspw. zum teilnehmenden Fitnesscenter oder zu der teilnehmenden Apotheke haben würde.

Der Umfang einer Weitergabe unterscheidet sich je nach dem betrachteten Kundenbindungsprogramm. So werden im Programm *Payback* der Vor- und Nachname, das Geburtsdatum und die vollständige Anschrift des Nutzers an das Partnerunternehmen weitergegeben, das die Kundenkarte für den betreffenden Nutzer ausgestellt hat. Eine Weitergabe persönlicher Daten an weitere Partnerunternehmen und an Dritte ausserhalb des Programms erfolgt nach der Datenschutzerklärung des *Payback*-Betreibers nicht.[8] Beim Kundenbindungsprogramm *Miles & More* ist die Weitergabe persönlicher Daten weitläufiger. So werden persönliche Daten von der Deutschen Lufthansa AG an Mitbetreiber des Programms weitergeben, falls sich der Wohnsitz des Nutzers in dem Heimatmarkt des Mitbetreibers befindet. Anfallende Rabattdaten werden auch an Mitbetreiber weitergegeben, falls der Nutzer mit einer dieser Gesellschaften geflogen ist. Mit anderen Partnerunternehmen werden persönliche Daten, d.h. Flugstrecke, Flugdatum, Flugnummer, durchführende Fluggesellschaft und Buchungsklasse, ausgetauscht, um die Gutschrift der Bonuspunkte zu ermöglichen. Ferner werden die Adressdaten der Nutzer an Diensteanbieter weitergegeben, deren Dienstleistung der Versand von Werbematerial ist. Eine sonstige Weitergabe erfolgt nicht.[9] Eine unbegrenzte Weitergabe persönlicher Daten scheint dagegen beim Kundenbindungsprogramm *HappyDigits* der Fall zu sein. Dessen Datenschutzerklärung schließt lediglich die Weitergabe persönlicher Daten an Dritte außerhalb des Programms aus. Sie enthält weder eine Aussage über die Existenz noch den Umfang einer Datenweitergabe an Partner-

---

[8] s. Datenschutzerklärung unter http://www.payback.de vom 19. September 2007
[9] s. Datenschutzerklärung der Lufthansa AG zu *Miles & More* vom 19. September 2007 unter http://www.miles-and-more.com

2.2 Einseitiges CRM

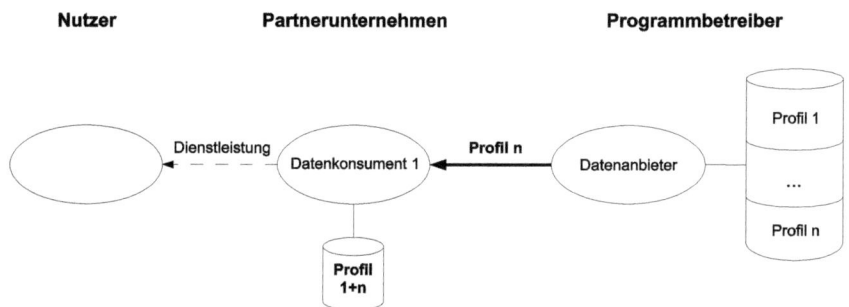

Abbildung 2.3: Profilbildung bei der Weitergabe persönlicher Daten.

unternehmen.[10] Daher wird angenommen, dass eine uneingeschränkte Weitergabe persönlicher Daten innerhalb dieses Programms erfolgt.

2.2.3 Einseitiges Vertrauensmodell der Praxis

Das Vertrauen der Nutzer in Diensteanbieter bezieht sich auf die Einhaltung ihrer Datenschutzerklärungen. Eine Datenschutzerklärung informiert Nutzer über die Erhebung und Nutzung persönlicher Daten, insbesondere über deren Weitergabe, den Zwecken ihrer Verwendung und über die Kontrolle der Datenverarbeitung. Die Datenschutzerklärungen einiger Partnerunternehmen erwähnen nicht die Verarbeitung persönlicher Daten, die sie von einem Programmbetreiber erhalten haben.[11] Vertraut ein Nutzer einem Programmbetreiber bzw. einem Partnerunternehmen, so geht er davon aus, dass dieser Diensteanbieter ausschließlich ein Profil über den Nutzer erstellt, zu dessen Umfang und Verwendungszweck der Nutzer eingewilligt hat.

Derzeit geben Nutzer eine generelle Einwilligung zu der Erhebung und Weitergabe ihrer Daten ab. Eine dedizierte Einwilligung in Bezug auf eine Weitergabe bestimmter Daten für einen vorgegebenen Zweck und an bestimmte Partnerunternehmen oder andere Diensteanbieter ist nicht möglich. Folglich haben Nutzer keinen Einfluss auf eine gezielte Weitergabe seiner Daten und können eine Profilbildung nicht bestimmen. Nutzer müssen den Partnerunternehmen vertrauen, dass

---

[10] s. Datenschutzerklärung der CAP Customer Advantage Program GmbH vom 19. September 2007 unter http://www.happydigits.de
[11] s. bspw. die Datenschutzerklärungen von real,- unter http://www.real.de, Apollo Optik unter http://www.apollo.de und Karstadt Warenhaus GmbH unter http://www.karstadt.de vom 11. Oktober 2007

sie die erhobenen Daten gemäß der Datenschutzerklärung des Kundenbindungsprogramms nur an den Programmbetreiber und nicht an andere Diensteanbieter bzw. Partnerunternehmen weitergeben. Dem Programmbetreiber müssen sie vertrauen, dass er erhobene Daten nicht entgegen seiner Datenschutzerklärung weitergibt. Für eine Kontrolle verbleibt den Nutzern allein die Möglichkeit einer Auskunftsanfrage an den Datenschutzbeauftragten des Programmbetreibers bzw. Partnerunternehmens. Dann müssen sie dem Datenschutzbeauftragten vertrauen, dass er die Einhaltung der Datenschutzerklärungen in ihrem Sinne überprüft. Da Datenschutzbeauftragte Angestellte eines Partnerunternehmens bzw. des Programmbetreibers sind, müssen Nutzer letztendlich wieder dem Partnerunternehmen bzw. Programmbetreiber vertrauen.

Durch den Einsatz von Mechanismen zur Verschlüsselung der Kommunikationsbeziehung und zur Anonymität können sich Nutzer gegen eine unerwünschte Datenerhebung durch Dritte schützen, die an ihrer Kommunikation nicht beteiligt sind. Daher werden diese Angreifer nicht weiter betrachtet. Die Abbildung 2.4 stellt das gegenwärtige, einseitige Vertrauensmodell für die erstmalige Erhebung und die Weitergabe persönlicher Daten dar.

2.2.4 Verletzungen der informationellen Selbstbestimmung

Diese Bedrohungsanalyse orientiert sich an den Gefährdungen für die informationelle Selbstbestimmung, die das Bundesamt für Sicherheit in der Informationstechnik (BSI) in dem Baustein *Datenschutz* seines IT-Grundschutz-Katalogs betrachtet [Bun06]. Der Baustein basiert auf den rechtlichen Anforderungen in Europa.

Hinsichtlich der Erhebung und der Weitergabe persönlicher Daten haben die im Folgenden aufgeführten Verletzungen eine Profilbildung über einen Nutzer zur Folge, der zu dieser Profilbildung nicht eingewilligt hat. Die Datenquellen sind bei der Erhebung der betroffene Nutzer und bei der Weitergabe persönlicher Daten der Programmbetreiber. Die ungewünschten Profile werden unter der Annahme erstellt, dass Diensteanbieter das in sie gesetzte Vertrauen ausnutzen und zusätzliche Daten über ihre Nutzer erheben oder die erhobenen Daten missbrauchen. Dies entspricht der Gefährdung der *fehlenden Zulässigkeit der Verarbeitung personenbezogener Daten (G6.1)*. Die Verletzungen können von Partnerunternehmen und von dem Programmbetreiber ausgehen.

Die Gefährdungen *Nichteinhaltung der Zweckbindung (G6.2)* und *fehlende und unzureichende Datenvermeidung und Datensparsamkeit (G6.4)* führen bei nichtvertrauenswürdigen Partnerunternehmen zu einer Erstellung und Erweiterung der Nutzerprofile, indem sie zusätzliche Daten erheben, die über den genannten Zweck

2.2 Einseitiges CRM

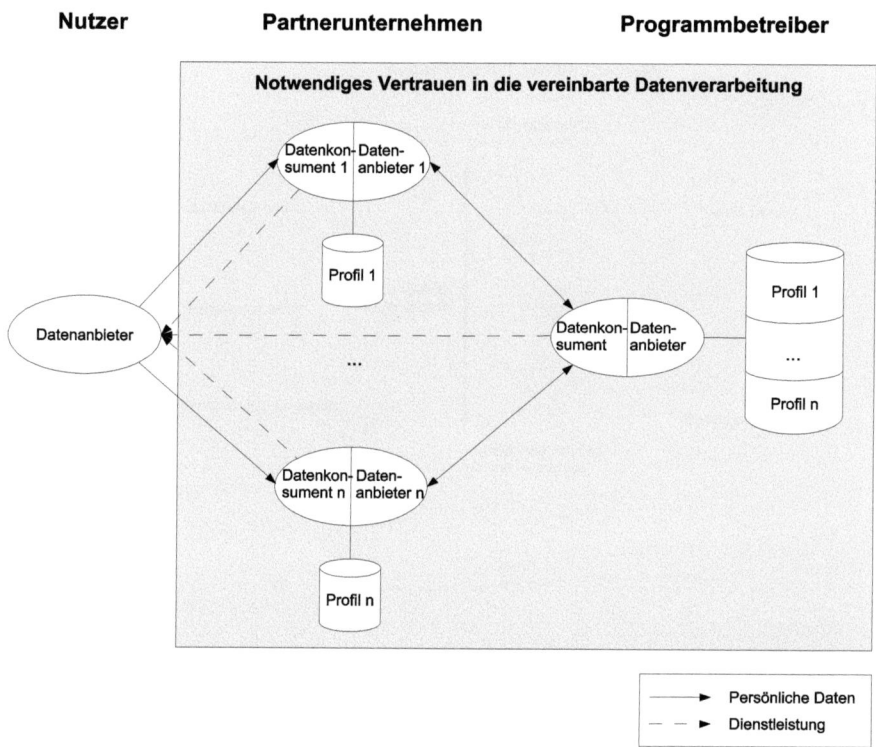

Abbildung 2.4: Das einseitige Vertrauensmodell der Praxis.

der Erhebung hinausgehen oder falls die Erhebung ohne Kenntnisnahme des Nutzers erfolgt. Des Weiteren können Partnerunternehmen ihre bestehende Profile über einen Nutzer zusammenlegen. Für die Vereinigung ist es notwendig, dass die Partnerunternehmen die einzelnen Profile dem betroffenen Nutzer eindeutig zuordnen können. Diese Voraussetzung ist über die Kundennummer gegeben, da sie Bestandteil jeder einzelnen Transaktion ist. Letztendlich verketten die Partnerunternehmen die Transaktionen des Nutzers. Die Abbildung 2.5 stellt beispielhaft eine Vereinigung der Profile *Profil 1* und *Profil n* dar, die von dem *Partnerunternehmen 1* und dem *Partnerunternehmen n* erhoben wurden. Es wird davon ausgegangen, dass eines dieser beiden Partnerunternehmen die Kundenkarte ausgestellt hat und damit auch über die Basisdaten des betroffenen Kunden verfügt. Diese Bedrohung stellt gleichzeitig eine Bedrohung für das Geschäftsmodell des

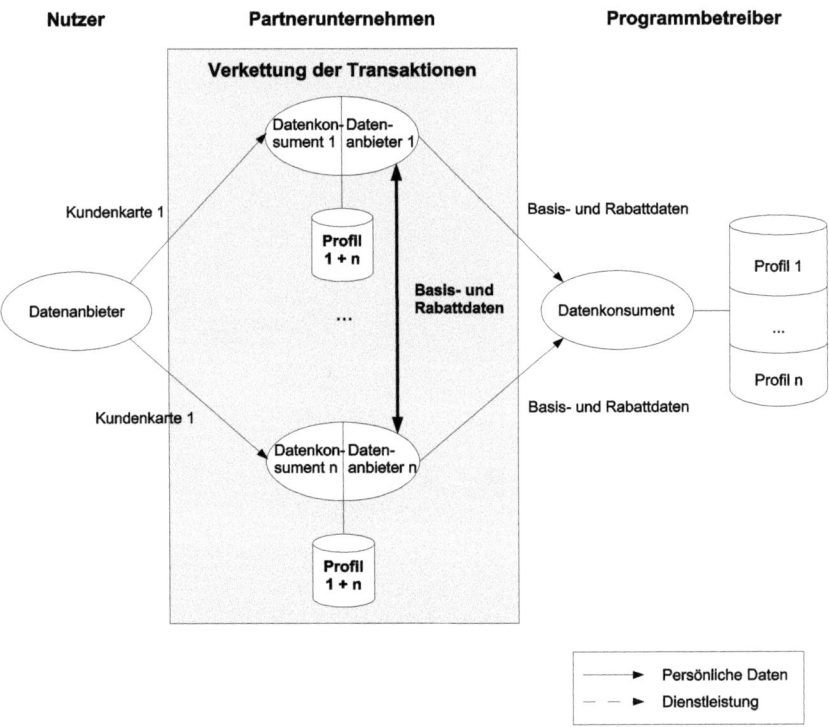

Abbildung 2.5: Unerwünschte Profilbildung durch eine Verkettung der Transaktionen eines Nutzers.

Programmbetreibers dar. Als Folge der Verkettung der Transaktionen ihrer Nutzer können Partnerunternehmen denselben Datenbestand über sie erhalten, wie ihn der Programmbetreiber hat. Folglich ist die zusätzliche Dienstleistung des Programmbetreibers, die Identifikation potentieller Kunden für eine gezielte Werbeansprache, sinnlos. Für den Programmbetreiber würde eine zusätzliche Einnahmequelle entfallen.

Unerwünschte Profile können von Partnerunternehmen auch ohne eine Interaktion mit dem betroffenen Nutzer erstellt werden. Dann ist die Datenquelle der Programmbetreiber. Es handelt sich in diesem Fall um die Gefährdungen *Überschreitung des Erforderlichkeitsgrundsatzes (G6.3)*, *Verletzung des Datengeheimnisses (G6.5)* und *unzulässige automatisierte Einzelfallentscheidungen oder Abrufe bei der Verarbeitung personenbezogener Daten (G6.12)*. In diesem Fall erhalten Part-

2.2 Einseitiges CRM

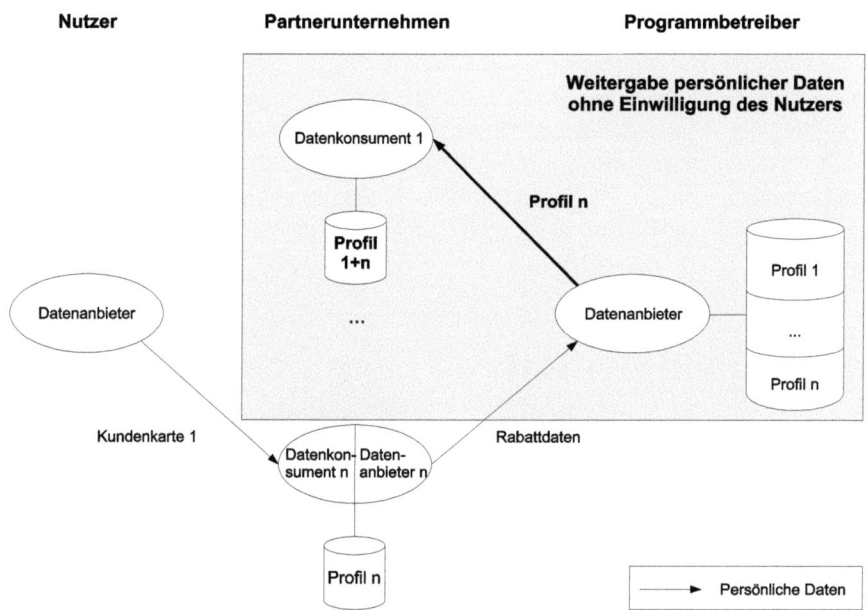

Abbildung 2.6: Unerwünschte Profilbildung durch eine unbefugte Weitergabe persönlicher Daten.

nerunternehmen einen unbefugten Zugriff auf bereits erhobene Daten, so dass die Daten von dem Programmbetreiber an das anfragende Partnerunternehmen weitergegeben werden. Die informationelle Selbstbestimmung ist bei einer Weitergabe persönlicher Daten genau dann nicht gegeben, wenn der betroffene Nutzer zu diesem Zweck der Weitergabe nicht eingewilligt hat. Die Abbildung 2.6 zeigt die unerwünschte Profilbildung durch das *Partnerunternehmen 1*. Dieses Partnerunternehmen erhält vom Programmbetreiber die persönlichen Daten des Nutzers, die dessen *Profil n* entsprechen.

Nach dem IT-Grundschutz-Katalog ist auch eine fehlende Kontrolle der Datenverarbeitung eine Bedrohung der informationellen Selbstbestimmung. Falls die Datenverarbeitung von einer Kontrollstelle bzw. einem Datenschutzbeauftragten kontrolliert wird, so muss der Nutzer der Stelle bzw. dem Datenschutzbeauftragten vertrauen. Eine Bedrohung liegt auch dann vor, wenn ein Nutzer keine oder eine falsche Auskunft über eine Erhebung und Weitergabe seiner Daten erhält und die erhobenen Daten weder ändern, löschen noch sperren kann. Dies bezieht sich sowohl auf die Datenerhebung durch Partnerunternehmen als auch auf die Erhebung und Weitergabe durch Programmbetreiber. Nutzer können dann eine unerwünschte Datenerhebung und -weitergabe nicht erkennen.

Damit Programmbetreiber ihre zusätzliche Einnahmequelle bewahren, ist eine Verkettung der Transaktionen der Nutzer durch Partnerunternehmen zu vermeiden. Damit Nutzer sich gegen diese Verletzungen der informationellen Selbstbestimmung schützen können, ist ein technisches Sicherheitswerkzeug notwendig, mit dem sie die Herausgabe **und** Weitergabe ihrer Daten bestimmen und kontrollieren können.

2.3 Mehrseitiges CRM

Das mehrseitige CRM unterscheidet sich von dem einseitigen CRM der Praxis, dass neben den Interessen des Programmbetreibers und der Partnerunternehmen auch die der Nutzer in Bezug auf ihre informationelle Selbstbestimmung durchgesetzt werden, ohne dass Nutzer den Diensteanbietern vertrauen müssen. Anstatt alleine Daten weiterzugeben und damit auf eine Möglichkeit der Kontrolle zu verzichten, wird ein Zugriffskontrollsystem mit der Delegation von Rechten für den Zugriff auf persönliche Daten vorgeschlagen. Ein Verstoß gegen die vereinbarten Regeln für die Datenerhebung und -weitergabe und damit eine unerwünschte Profilbildung durch Partnerunternehmen soll mit dem System vermieden werden. Programmbetreiber sollen nachweisen können, dass sie persönliche Daten ausschließlich nach den vereinbarten Regeln weitergegeben haben. Aus der Sicht des Programmbetreibers und der Partnerunternehmen sollen die Transaktionen einem Nutzer zurechenbar sein, um ihn im Betrugsfall eindeutig identifizieren zu können und damit der Programmbetreiber die erhobenen Daten eindeutig dem jeweiligen Nutzer zuordnen kann. Allerdings soll es den Partnerunternehmen nicht möglich sein, die Transaktionen eines Nutzer zu verketten. Die Abbildung 2.7 skizziert ein Vertrauensmodell der Delegation von Rechten.

2.3.1 Die Architektur der Zugriffskontrolle

CRM wird mehrseitig, wenn persönliche Daten erst dann erhoben und weitergegeben werden, wenn der anfragende Datenkonsument das Recht für den Zugriff auf die gewünschten Daten nachweisen kann. Die Voraussetzung dafür ist, dass Nutzer den Zugriff auf ihre Daten bei ihrer Erhebung kontrollieren und Programmbetreiber die erhobenen persönlichen Daten ihrer Nutzer mit einer Zugriffskontrolle schützen. Diese Annahme ist realistisch, da Diensteanbieter nach den europäischen

2.3 Mehrseitiges CRM

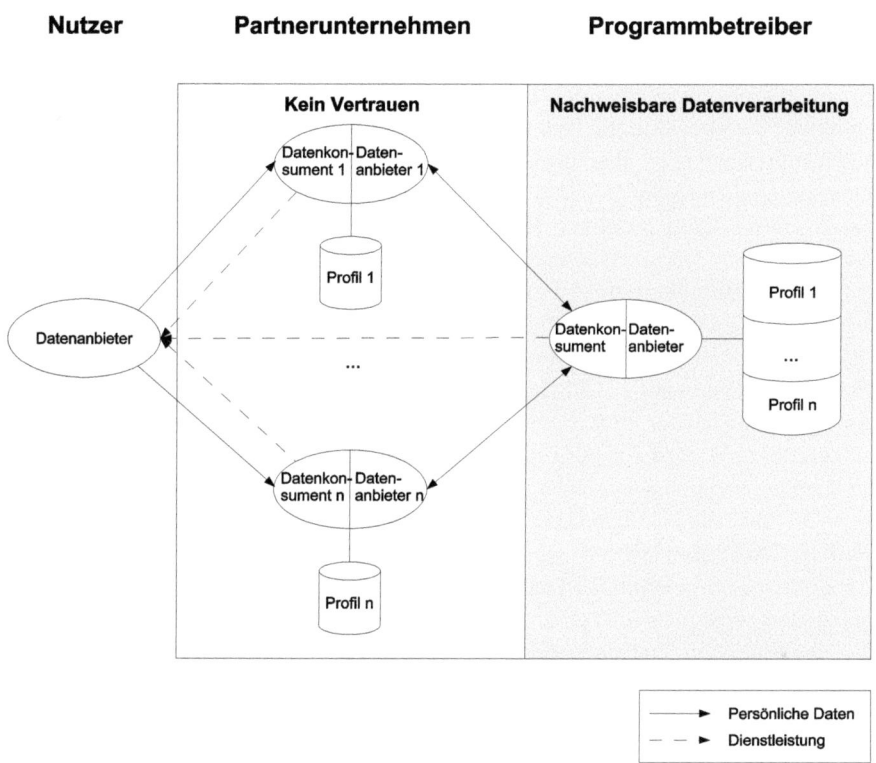

Abbildung 2.7: Vertrauensmodell für die Delegation von Rechten.

Datenschutzdirektiven und dem Bundesdatenschutzgesetz erhobene Daten mit einer Zugriffskontrolle zu schützen haben [Eur95, Bun01].

Für das Zugriffskontrollmodell ist der Speicherort und der Zeitpunkt des Zugriffs auf persönliche Daten zu unterscheiden. Bei der Erhebung der persönlichen Daten liegen sie bei dem betroffenen Nutzer vor. Bei der Weitergabe persönlicher Daten werden sie von dem Programmbetreiber verwaltet. Daraus folgt, dass das Modell der Zugriffskontrolle zwei Domänen umfasst, die jeweils über einen eigenen Referenzmonitor für die Entscheidung der Zugriffsanfragen verfügen. Es handelt sich dabei um den Zugriffskontrollbereich des Nutzers (*Nutzerdomäne*) und um den des Programmbetreibers (*Datendienstdomäne*). Die Abbildung 2.8 stellt die Architektur des Zugriffskontrollmodells mit einer Delegation von Rechten dar. Die Referenzmonitore sind durch die Ellipsen dargestellt. Die Pfeile stellen die zugewiesenen Rechte für die Zugriffe auf die Objekte, d.h. persönliche Daten, dar. Eine Delegation eines Rechts ist durch die gestrichelte Linie von dem Nutzersubjekt zu dem Dienstesubjekt dargestellt.

Solange sich persönliche Daten in dem Zugriffskontrollbereich des Nutzers befinden, entscheidet er über die Zugriffe auf seine Daten. Die Zugriffsanfragen stammen entweder von Diensten oder von dem Datendienst, z.B. bei der Registrierung des Nutzers an einem Kundenbindungsprogramm. Da die Datenanfrage direkt von dem Datenkonsumenten an den Nutzer gestellt wird, wird diese Beziehung als *1:1 Beziehung* bezeichnet. Sobald ein Zugriff erfolgt ist, kann der Referenzmonitor des Nutzers über die weiteren Zugriffe auf die erhobenen Daten nicht entscheiden [PS04, HBP05]. Somit beziehen sich die Rechte für die Weitergabe persönlicher Daten auf zukünftige Zugriffe. Die Modellierung von Regeln für zukünftige Zugriffe ist erforderlich, da sich der Verwendungszweck persönlicher Daten und deren Weitergabe auf die Zeit nach ihrer erstmaligen Erhebung beziehen. Mit dem Verwendungszweck ist auch die zeitliche Dauer und in Abhängigkeit der Dienstleistung die Häufigkeit der erlaubten Zugriffe zu modellieren. Diese Regeln werden nach [PS04, HBP05] *Obligationen* genannt.

Befinden sich persönliche Daten im Zugriffskontrollbereich des Programmbetreibers, so wird die Anfrage an den Datendienst gestellt und dieser entscheidet über die Zugriffe. Zwischen dem Nutzer, dem anfragenden Datenkonsumenten und dem Programmbetreiber besteht eine *1:n Beziehung*. Einen Einfluss auf die Zugriffsentscheidungen des Datendienstes nimmt der Nutzer, indem er das erforderliche Zugriffsrecht mit den Obligationen zu seiner Nutzung an den anfragenden Dienst delegiert. Da mit einem delegierten Recht der Zugriff auf persönliche Daten erfolgt, entspricht eine Delegation eines Zugriffsrechts einer Einwilligung des Nutzers für die Weitergabe seiner Daten.

2.3.2 Delegation von Rechten und Nutzungskontrolle

Im mehrseitigen CRM müssen Rechte vom Nutzer transaktionsbezogen delegiert und widerrufen werden können. Füur den erstmaligen Zugriff auf persönliche Daten geschieht dies durch die Entscheidung des Nutzers. Für die Weitergabe persönlicher Daten wird eine transaktionsbezogene Delegation eines Rechts mit der Delegation von elektronischen Berechtigungsnachweisen (*Credentials*) erreicht, die durch das Zuriffskontrollmodell des *Trust Management* [BFL96, Aur99] beschrieben wird.

Das Konzept der Zugriffskontrolle nach der Zugriffskontrollmatrix, die Zugriffsrechte als ein Tupel der Form (*Subjekt* × *Recht* × *Objekt*) modelliert [Lam71, HRU76], genügt nicht den Ansprüchen der geforderten Kontrolle. Ein Tupel be-

2.3 Mehrseitiges CRM

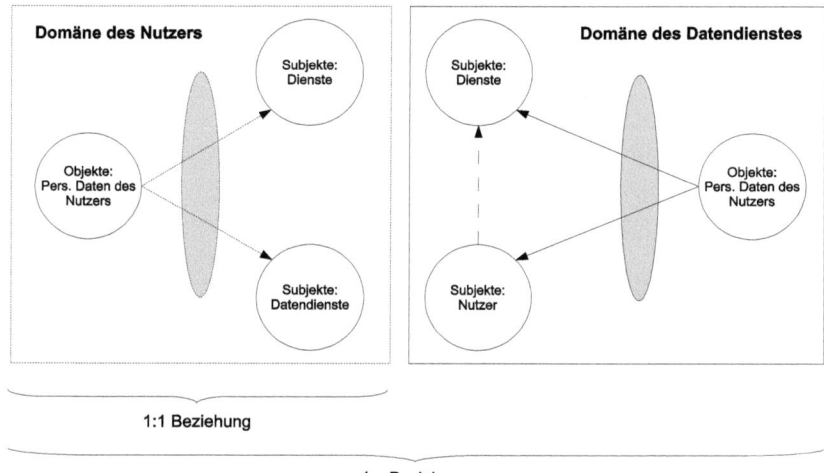

Abbildung 2.8: Die Architektur des Zugriffskontrollmodells für die Erhebung und Weitergabe persönlicher Daten.

zieht sich ausschließlich auf die Angaben, die zum Zeitpunkt der Zugriffsentscheidung geprüft werden können. Zwar werden anfragende Dienste als *Subjekte*, persönliche Daten als *Objekte* und erlaubte Zugriffe als *Lese-* oder *Schreibrechte* modelliert. Jedoch können die Zugehörigkeit persönlicher Daten zu einem Nutzer und die Regeln für zukünftige Zugriffe nicht modelliert werden. Dies ist jedoch für eine Zugriffsentscheidung notwendig, um die Einwilligung des Nutzers zu berücksichtigen.

Für zukünftige Zugriffe auf persönliche Daten definieren Park und Sandhu das Modell der Nutzungskontrolle [PS04]. Mit ihrem Modell $UCON_{ABC}$ erweitern sie das Modell der Zugriffskontrollmatrix um die Komponenten Berechtigungen, Obligationen, Bedingungen und Attribute zu Subjekten sowie Objekten und um eine transaktionsbezogene Zugriffsentscheidung. Subjekte bzw. Objekte werden mit Attributen näher beschrieben. So sind die Rollen Datenanbieter und Datenkonsument Attribute von Subjekten. Hinsichtlich persönlicher Daten wird der betreffende Nutzer als ein Objektattribut gesehen, d.h. die Eigentumsbeziehung zu dem Objekt, d.h. zu den persönlichen Daten, und die Einwilligung des Nutzers zur Datenweitergabe werden jeweils mit einem Objektattribut definiert. Bedingungen berücksichtigen gegenwärtige Umgebungs- oder Systemeigenschaften und sind unabhängig von Subjekten und Objekten.

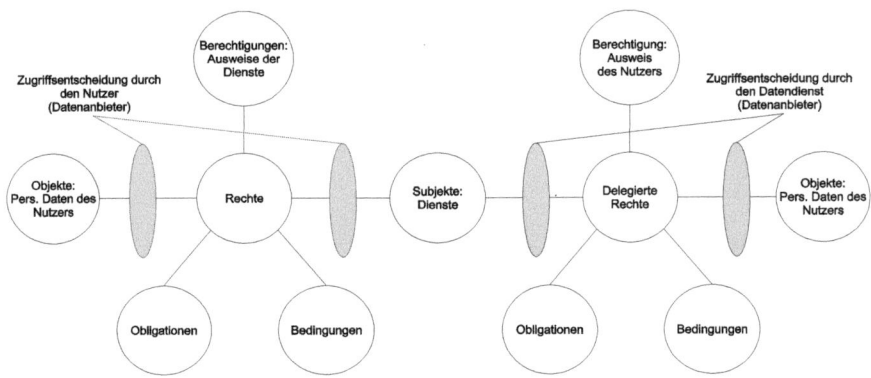

Abbildung 2.9: Die Beziehungen der Subjekte, Rechte und Objekte nach [PS04] für die Erhebung und Weitergabe persönlicher Daten.

Obligationen sind Bedingungen, die ein Subjekt vor, während oder nach dem Zugriff auf ein Objekt zu erfüllen hat. Sie können sich auf die Attribute eines Subjektes auswirken, z.B. dass ein Subjekt nicht mehr auf ein Objekt zugreifen darf, wenn seine erlaubte Anzahl der Zugriffe auf dieses Objekt erreicht wurde. Obligationen für die Zeit nach einem Zugriff beziehen sich z.B. auf die Nutzung persönlicher Daten und damit u.a. auf den angegebenen Verwendungszweck.

Berechtigungen werden vor und während einer Zugriffsentscheidung ausgewertet und geben an, ob das anfragende Subjekt für den gewünschten Zugriff auf das nachgefragte Objekt berechtigt ist. Eine Berechtigung umfasst das anfragende Subjekt mit seinen Attributen, das nachgefragte Objekt mit dessen Attributen und die erlaubten Zugriffsrechte. Eine Auswertung während eines Zugriffes bezieht sich auf die Prüfung, ob die Berechtigung in der Zwischenzeit widerrufen wurde. Mit Berechtigungen werden somit Zugriffsentscheidungen modelliert, die sich auf eine einzelne Transaktion beziehen.

In Bezug auf das Szenario mit einem Datendienst sind mit Berechtigungen und Obligationen die vereinbarten Regeln für einen Zugriff auf persönliche Daten modellierbar. Die Beziehungen eines Subjektes für den Zugriff auf persönliche Daten stellt die Abbildung 2.9 dar. Die Berechtigung des Dienstes für den erstmaligen Zugriff entspricht dem Nachweis, dass der betreffende Nutzer dieses Zugriffsrecht an diesen Dienst delegiert hat. Ein delegiertes Credential enthält die Berechtigung für den Zugriff, die von dem Empfänger zu erfüllenden Bedingungen und die einzuhaltenden Obligationen.

2.3.3 Regeln für den Zugriff auf persönliche Daten

Damit ein Vertrauensmodell nach der Abbildung 2.7 und die Zurechenbarkeit der Nutzer mit dem vorgestellten Zugriffskontrollmodell realisiert wird, hat der Zugriffskontrollmechanismus die folgenden sechs Regeln durchzusetzen. Sie beziehen sich auf den nutzer-kontrollierten Zugriff auf persönliche Daten und auf die Zurechenbarkeit der Transaktionen der Nutzer. Dadurch soll eine Profilerstellung nach den Anforderungen des CRM in Einklang mit den rechtlichen Anforderungen der informationellen Selbstbestimmung umgesetzt werden.

1. **Zweckbezug:** Auf ausgewählte persönliche Daten darf nur für einen bestimmten Zweck und von einem bestimmten Dienst zugegriffen werden.

2. **Fallweise Einwilligung:** Für einen zweckbezogenen Zugriff muss die fallweise Einwilligung des betroffenen Nutzers vorliegen.

3. **Widerruf einer Einwilligung:** Die Einwilligung für einen bestimmten Zugriff muss von dem betroffenen Nutzer widerrufen werden können.

4. **Datensparsame Delegation von Rechten:** Es dürfen weder bei der Delegation eines Rechtes noch bei dessen Widerruf zusätzliche, identifizierende Daten zu dem betroffenen Nutzer anfallen.

5. **Zurechenbarkeit:** Im Betrugsfall, i.A. wenn das Allgemeininteresse überwiegt, und für die Dienstleistungen des Programmbetreibers muss der betroffene Nutzer eindeutig identifiziert werden können.

6. **Nachvollziehbarkeit:** Nutzer sollten den Fluss ihrer persönlichen Daten sowohl bei ihrer Erhebung als auch bei ihrer Weitergabe durch Datendienste, d.h Programmbetreiber, selbst nachvollziehen können.

Die ersten drei Regeln teilen sich jeweils in zwei Kategorien auf. Die Kategorie (a) betrifft die erstmalige Erhebung von persönlichen Daten und damit die Zugriffsentscheidungen des Nutzers. Da sie sich nicht auf zukünftige Zugriffe bezieht, sind deren Regeln Bedingungen der Zugriffskontrolle. Die Kategorie (b) betrifft die Weitergabe persönlicher Daten und damit die Zugriffsentscheidungen des Datenanbieters. Die Regeln dieser Kategorie stellen zusammen mit der vierten und fünften Regeln Obligationen dar. Die Obligation 1b ist durch den Verwendungszweck zeitlich beschränkt. Die Obligationen 2b, 3b, 4 und 5 sind zeitlich unbeschränkt, d.h. invariant. Gemein ist diesen Obligationen, dass sie von dem Referenzmonitor des Nutzers nicht durchgesetzt werden können bzw. der Referenzmonitor ihre Einhaltung nicht kontrollieren kann. Die Obligationen 2b, 3b und

5 sind von dem Referenzmonitor des Datenanbieters einzuhalten. Durch seine Datensammlung kann er die betroffenen Nutzer eindeutig identifizieren. Anders verhält es sich mit der Obligation 4. Sie betrifft die Kommunikation des Nutzers mit Partnerunternehmen und deren Kommunikation mit dem Programmbetreiber. So sind die zu delegierenden Zugriffsrechte mit ihren Regeln zur Nutzung, d.h. den Obligationen 1b, 2b und 3b, die Daten, auf die sich die Obligation 4 bezieht. Mit der Einhaltung dieser Obligation wird eine unerwünschte Datenerhebung und Zusammenlegung von Profilen vermieden. Die Regel 6 ist zeitlich unabhängig und deren Einhaltung sollte vom Referenzmonitor beobachtet werden können. Diese Obligation ist erfüllt, wenn z.B. der Datenanbieter dem Nutzer die Einhaltung der Einwilligung für den Zugriff und damit sein korrektes Verhalten überprüfbar nachweist.

2.4 Ergebnis

Das mehrseitige CRM stellt einen Interessenausgleich zwischen Nutzer und Diensteanbieter her, indem es die Anforderungen der informationellen Selbstbestimmung und zugleich die funktionalen Anforderungen des CRM erfüllt. Die Anforderungen setzen sich aus den identifizierten Regeln und dem Vertrauensmodell zur Delegation von Rechten aus Kapitel 1 zusammen. Mit dem mehrseitigen CRM besteht auch für den Programmbetreiber die Gefahr nicht mehr, dass Partnerunternehmen über die Verkettung der Transaktionen ihrer Nutzer über denselben Datenbestand verfügen. Die Tabelle 2.1 zeigt das einseitige und mehrseitige CRM im Vergleich. Die Funktionalität des einseitigen CRM bezieht sich auf die Beispiele *Payback*, *Miles & More* und *HappyDigits*.

Mit dem Zugriffskontrollmodell des mehrseitigen CRM ist eine Erhebung und Weitergabe persönlicher Daten gegeben, so dass Profile erstellt werden können. Die Zurechenbarkeit der Transaktionen wird über die Bindung der Zugriffsrechte an die Identität des Nutzers bzw. Partnerunternehmens gewährleistet. Mit der fallweisen und zweckbezogenen Einwilligung eines Nutzers für den Zugriff auf seine Daten und der Anforderung, dass keine zusätzlichen Daten über ihn anfallen, wird eine unerwünschte Profilerstellung vermieden. Der Datenfluss persönlicher Daten ist über die Zugriffsentscheidungen des Nutzers und Programmbetreibers bzw. Datenanbieters nachvollziehbar.

2.4 Ergebnis

Anforderungen	Einseitiges CRM	Mehrseitiges CRM
Zweckbezug	+	+
Fallweise Einwilligung	-	+
Widerruf einer Einwilligung	+	+
Datensparsame Delegation von Rechten	-	+
Zurechenbarkeit	+	+
Nachvollziehbarkeit	-	+

Tabelle 2.1: Einseitiges und mehrseitiges CRM im Vergleich.

3 Mehrseitigkeit von gegenwärtigen Sicherheitssystemen

Das Kapitel 3 untersucht, ob die aktuellen Sicherheitssysteme zur Delegation von Rechten und zum Schutz der Privatsphäre die Anforderungen des mehrseitigen CRM erfüllen. Dazu werden im Abschnitt 3.1 Systeme zur Delegation von Credentials, im Abschnitt 3.2 Systeme zur Offenlegung der Datenverarbeitung und im Abschnitt 3.3 Identitätsmanagementsysteme für den kontrollierten Zugriff auf persönliche Daten untersucht. Das Ergebnis der Untersuchung fasst der Abschnitt 3.4 mit den identifizierten Mechanismen für die Realisierung des mehrseitigen CRM zusammen und stellt damit den Stand der Technik in Bezug auf ihren Einsatz für CRM dar.

3.1 Delegationssysteme und CRM

Die betrachteten Delegationssysteme Kerberos und SPKI realisieren die Delegation von Rechten mit Credentials. Sie binden die Identität eines Nutzers bzw. seine Zugriffsrechte an seinen kryptographischen Schlüssel. Diese Systeme unterscheiden sich in den verwendeten kryptographischen Mechanismen und der damit verbundenen Zertifizierungsinfrastruktur: Kerberos basiert auf symmetrische Schlüssel und SPKI auf asymmetrische Schlüsselpaare.

3.1.1 Kerberos V5

Kerberos ist ein Authentifikationssystem für den Einsatz in verteilten IT-Systemen [Gar03]. Es ist am *Massachusetts Institute of Technology (MIT)* im Rahmen des *Athena* Projektes für die Realisierung einer Single-Sign On-Authentifikation (*SSO*) über ein unsicheres Rechnernetzwerk entwickelt worden. Das Modell von Kerberos umfasst vier Parteien: Nutzer, Dienstanbieter, Authentication Service und Ticket Granting Service. Ein Authentication Service übernimmt die Aufgabe der Identitätsfeststellung eines Nutzers. Nutzer weisen sich gegenüber dem Authentication Service mit ihrem symmetrischen Schlüssel k_{Nutzer} aus. Als Beweis für die festgestellte Identität stellt der Authentication Service ein Ticket Granting Ticket

(TGT) aus, mit dem ein Nutzer an dem System angemeldet ist. Zu seiner Authentifikation gegenüber Diensten erhält ein Nutzer von dem Ticket Granting Service ein Service Ticket. Das Authentifikationsprotokoll von Kerberos basiert auf dem Needham-Schroeder-Protokoll [NS78], das Kerberos um den Authentication Service und dem Ticket Granting Service sowie um die Verwendung von Zeitstempeln erweitert.

3.1.1.1 Konfiguration von Kerberos für den Einsatz im CRM

Die Identität eines Nutzers wird durch seinen kryptographischen Schlüssel k_{Nutzer} repräsentiert, der zudem dem Authentication Service bekannt ist. In einem Ticket ist die Kundennummer eines Nutzers der Wert seines Namenattributes. Nutzer müssen über ein persönliches Endgerät verfügen, dass die Tickets des Nutzers und seinen Schlüssel k_{Nutzer} verwaltet und die Protokollschritte zu seiner Authentifikation und zur Delegation von Rechten implementiert. Dies kann für CRM die Kundenkarte sein, wobei sie für die geforderte Funktionalität mit einem Prozessor, einem Speicherbereich und einer Kommunikationsschnittstelle ausgestattet sein müsste.

Mit der Identifizierung eines Nutzers über seinen Schlüssel k_{Nutzer} ist die Zurechenbarkeit der Transaktionen zu ihm und damit die Zuordnung der erhobenen Daten sowie die Profilerstellung möglich. Die Zurechenbarkeit der Transaktionen erfolgt über die Authentifizierung mit dem Service Ticket gegenüber Partnerunternehmen und dem Programmbetreiber und mit dem Ticket Granting Ticket gegenüber dem Ticket Granting Service. Die überprüfbare Beziehung eines Nutzers zu seinem Ticket wird mit einem speziellen Ticket hergestellt: dem Authenticator.

In Hinblick auf die Weitergabe persönlicher Daten nach dem mehrseitigen CRM werden mit Kerberos Rechte über Tickets delegiert. Ein Partnerunternehmen erhält ein Ticket Granting Ticket des Nutzers mit dem es das Service Ticket für den Zugriff auf den Datendienst des Programmbetreibers bekommt und sich damit gegenüber dem Programmbetreiber für den gewünschten Datenzugriff ausweist.

Im Folgenden wird der Einsatz von Kerberos für die CRM-Aktivitäten *Erhebung persönlicher Daten* und *Weitergabe persönlicher Daten* gezeigt. Die kartenausgebende Stelle ist das Key Distribution Center (KDC), welches die Dienstleistungen des Authentication Service und des Ticket Granting Service anbietet. Es wird davon ausgegangen, dass das KDC von einem eigens dafür eingeführten Diensteanbieter betrieben wird und dieser seine Dienstleistung mehreren Programmbetreibern anbietet. Diese integrieren die Dienstleistung des KDC in ihre Dienstleistung. Zwar könnte auch ein Programmbetreiber diese Dienstleistung übernehmen, jedoch würde dann ein Interessenkonflikt mit anderen Programmbetreibern bestehen. Er könnte die Transaktionen der Nutzer der anderen Kundenbindungsprogramme verketten und somit sein Profil über deren Nutzer erweitern.

3.1.1.2 Kerberos und die Erhebung persönlicher Daten

Eine Authentifikation eines Nutzers gegenüber Partnerunternehmen und ggf. dem Programmbetreiber verläuft mit Kerberos in drei Phasen:

1. Phase A: Single Sign-On
2. Phase B: Anforderung eines Identitätsnachweises zur Dienstnutzung
3. Phase C: Authentifikation gegenüber einem Partnerunternehmen

Mit der Phase A erhält ein Nutzer ein Ticket Granting Ticket mit dem folgenden Inhalt:

- Symmetrischer Sitzungsschlüssel $k_{Nutzer, \, Ticket \, Granting \, Service}$
- Name des Nutzers, d.h. seine Kundennummer
- IP-Adresse $IPAddr_{Nutzer}$ des Nutzergerätes, z.B. seiner Kundenkarte
- Zeitstempel $timestamp_{Authentication \, Service}$ des Authentication Service zur Abwehr von Replay-Angriffen
- Gültigkeitsdauer $lifetime$ des Ticket Granting Tickets
- Name des Ticket Granting Service

Ein Ticket Granting Ticket ist mit dem symmetrischen kryptographischen Schlüssel $k_{Ticket \, Granting \, Service}$ verschlüsselt, welcher dem Authentication Service bekannt ist. Diese Verschlüsselung erbringt den Nachweis, dass ein Ticket Granting Ticket von dem Authentication Service ausgestellt wurde. Keine andere Partei besitzt den Schlüssel $k_{Authentication \, Service}$. Die Antwort des Authentication Service enthält auch den Sitzungsschlüssel $k_{Nutzer, \, Ticket \, Granting \, Service}$. Die Angaben des Ticket Granting Ticket werden zusätzlich an den Nutzer geschickt und mit seinem symmetrischen Schlüssel k_{Nutzer} verschlüsselt, so dass dieser den Authenticator zu dem Ticket Granting Ticket erstellen kann. Dadurch erhalten an der Kommunikation Unbeteiligte, z.B. Partnerunternehmen und Programmbetreiber, nicht den Sitzungsschlüssel $k_{Nutzer, \, Ticket \, Granting \, Service}$ und können folglich nicht gegenüber dem Ticket Granting Service unter der Identität des Nutzers auftreten. Die Abbildung 3.1 zeigt den Protokollablauf der Phase A.

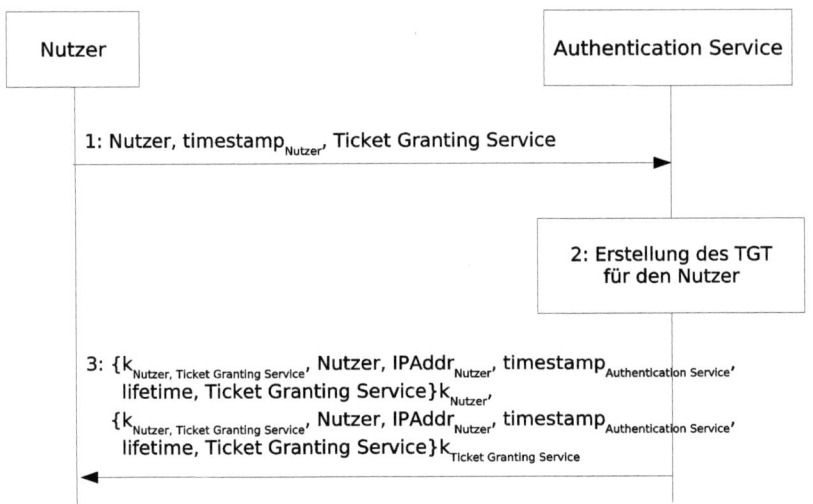

Abbildung 3.1: Phase A: Ausstellung eines Ticket Granting Ticket.

Mit dem Ticket Granting Ticket erhält der Nutzer in Phase B das Service Ticket. Dazu muss er gegenüber dem Ticket Granting Service nachweisen, dass das Ticket Granting Ticket auf seine Identität ausgestellt wurde. Konkret weist der Nutzer nach, dass er den Sitzungsschlüssel kennt und den Authenticator erstellt hat. Der $Authenticator_{Nutzer,\ Ticket\ Granting\ Service}$ enthält die Kundennummer des Nutzers, die IP-Adresse $IPAddr_{Nutzer}$ seines Endgerätes und den Zeitstempel des Authentication Service ($timestamp_{Authentication\ Service}$). Mit diesen Daten und deren Verschlüsselung mit dem Schlüssel $k_{Nutzer,\ Ticket\ Granting\ Service}$ ist seine Beziehung zum Service Ticket hergestellt. In der Abbildung 3.2 erhält der Nutzer das Service Ticket für den Dienst des $Partnerunternehmen_i$. Ein Service Ticket wird mit dem symmetrischen Schlüssel $k_{Partnerunternehmen_i}$ verschlüsselt, der dem Ticket Granting Service bekannt ist. Ein Service Ticket hat den folgenden Inhalt:

- Sitzungsschlüssel $k_{Nutzer, Partnerunternehmen_i}$,

- die Kundennummer des Nutzers

- IP-Adresse $IPAddr_{Nutzer}$ des Nutzergerätes

- Zeitstempel $timestamp_{Ticket\ Granting\ Service}$ des Ticket Granting Service zur Abwehr von Replay-Angriffen

3.1 Delegationssysteme und CRM

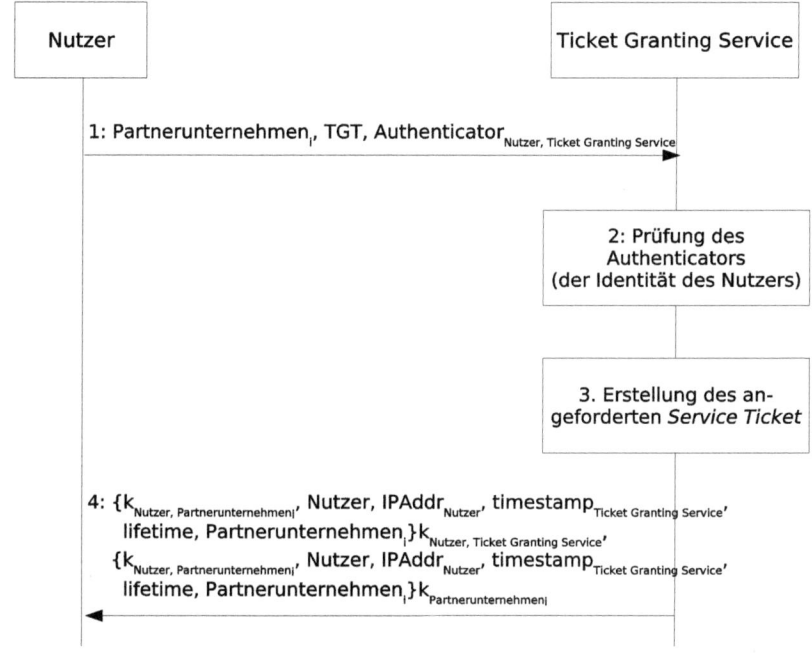

Abbildung 3.2: Phase B: Ausstellung eines Service Ticket.

- Gültigkeitsdauer $lifetime$ des Service Ticket
- Name des Diensteanbieters $Partnerunternehmen_i$

Die Authentifikation eines Nutzers gegenüber dem $Partnerunternehmen_i$ zeigt die Abbildung 3.3. Die Beziehung des Service Ticket zu dem Nutzer wird durch den $Authenticator_{Nutzer,\ Partnerunternehmen_i}$ nachgewiesen. Dieser Authenticator wird mit dem Schlüssel $k_{Nutzer,\ Partnerunternehmen_i}$ aus dem Service Ticket erstellt. Dies stellt wiederum sicher, dass nur der Nutzer, der Ticket Granting Service und das $Partnerunternehmen_i$ diesen Authenticator erstellen können.

3.1.1.3 Kerberos und die Weitergabe persönlicher Daten

Damit Partnerunternehmen Zugriff auf persönliche Daten eines Nutzers im Sinne des mehrseitigen CRM erhalten, benötigen sie das Service Ticket mit der delegierten Zugriffsberechtigung des Nutzers. Kerberos führt ab Version 5 [KN93] einen Delegationsmechanismus ein, so dass Nutzer nicht ihren geheimen Schlüssel

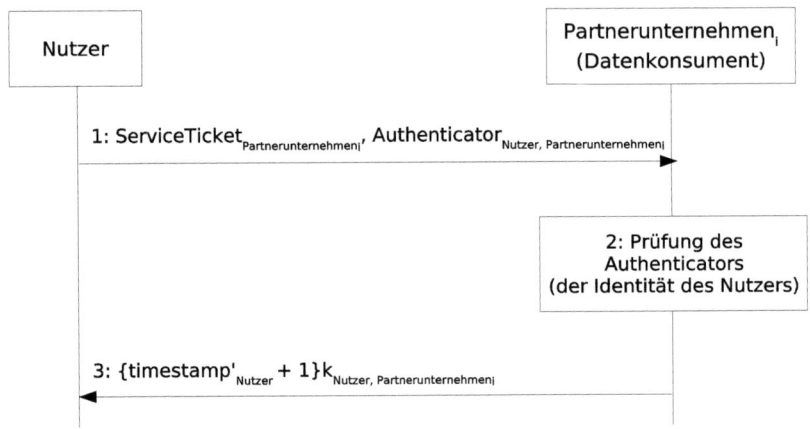

Abbildung 3.3: Phase C: Nutzung eines Service Ticket.

k_{Nutzer} weitergeben müssen. Sie behalten somit die Kontrolle über die Ausstellung ihrer Tickets. Durch den Delegationsmechanismus werden Ticket Granting Tickets um die Delegationsarten *forwardable* und *proxiable* erweitert. Der Empfänger eines solchen Ticket Granting Ticket wird in der Terminologie von Kerberos als *Proxy* bezeichnet [KN93] und ist im Fallbeispiel CRM ein Partnerunternehmen.

Zu den Angaben eines erweiterten Ticket Granting Ticket und zum Delegationsprotokoll fehlen in den Spezifikationen [KN93, KNT94] und in der Sekundärliteratur zu Kerberos [Gar03] eine eindeutige und einheitliche Aussage. Daher wird im Folgenden das Format und Delegationsprotokoll von dem grundlegenden Authentifikationsprotokoll abgeleitet, so dass die gesicherte Authentifikation mit Kerberos gegenüber Dritten und die Angaben zu einem Partnerunternehmen in der Rolle als Proxy erfüllt sind.

Bei einer *forwardable* Delegation gibt ein Nutzer die Vollmacht über die Nutzung seiner Identität an das Partnerunternehmen. Dieses Partnerunternehmen ist für den Erhalt weiterer Ticket Granting Tickets des Nutzers autorisiert. Folglich erstellt ein Nutzer mit einer *forwardable* Delegation eine Kopie seiner Identität und gibt sie an das Partnerunternehmen weiter. Eine Kontrolle über die weitere Verwendung seiner Identität besteht in diesem Fall nicht mehr. Im Gegensatz dazu ist ein Partnerunternehmen bei einer *proxiable* Delegation nur für den Erhalt von den Service Tickets autorisiert, zu denen der Nutzer mit dem *proxiable* Ticket Granting Ticket zugestimmt hat. Damit ist eine fallweise Delegation eines Zugriffsrechtes realisiert. Daher wird im Folgenden ausschließlich die *proxiable*

3.1 Delegationssysteme und CRM

Delegation betrachtet.

Bei einer *proxiable* Delegation wird das *proxiable* Ticket Granting Ticket an den Namen und die IP-Adresse des Partnerunternehmens sowie an den Sitzungsschlüssel zwischen dem Partnerunternehmen und dem Programmbetreiber gebunden. Die übrigen Angaben bleiben gleich. Ein delegiertes Ticket Granting Ticket wird vom Nutzer beim Authentication Service angefordert. Durch den Nachweis des *proxiable* Ticket Granting Ticket erhält das Partnerunternehmen vom Ticket Granting Service das Service Ticket, mit dem es Zugriff auf die Nutzerdaten beim Programmbetreiber erhält.

Den Ablauf einer *proxiable* Delegation zeigt die Abbildung 3.4. Im ersten Schritt fordert der Nutzer für das *Partnerunternehmen$_i$* ein *proxiable* Ticket Granting Ticket an. Zudem gibt er unter den Autorisierungsangaben die IP-Adresse dieses Partnerunternehmens, den Dienst des Programmbetreibers und die Bedingungen sowie Obligationen für den Zugriff auf seine Daten an. Da für die Autorisierungsangaben keine Grammatik spezifiziert ist [KN93], ist deren Formulierung von der Anwendung abhängig. Dadurch enthält ein Ticket die geforderten Angaben für den Zugriff auf persönliche Daten, wie den erlaubten Verwendungszweck des Tickets und die Dauer sowie Häufigkeit seiner Nutzung sowie die Attribute der geforderten Daten und mit dem Datenkonsumenten den Empfänger der Daten. Mit dem resultierenden Ticket Granting Ticket wird der Sitzungsschlüssel zwischen dem *Partnerunternehmen$_i$* und dem Ticket Granting Service vereinbart. Die Antwort des Authentication Service wird mit dem Schlüssel des Partnerunternehmens verschlüsselt, damit kein Dritter den korrekten Authenticator zum dem Ticket Granting Ticket erstellen kann. Diese Antwort aus Schritt 3 leitet der Nutzer an das *Partnerunternehmen$_i$* weiter. Die anschließenden Protokollschritte entsprechen den Phasen B und C des grundlegenden Authentifikationsprotokolls. Das *Partnerunternehmen$_i$* erhält zum Abschluss das Service Ticket für den Zugriff auf die persönlichen Daten des Nutzers.

3.1.1.4 Ergebnis

Der Einsatz von Kerberos ist für die Authentifikation eines Nutzers und Delegation seiner Zugriffsrechte im CRM möglich. Der Identitätsnachweis eines Nutzers geschieht durch Tickets, deren Integrität durch die Verwendung des Verfahrens RSA-MD4-DES-K oder DES-MAC gesichert ist [KN93]. Die Authentizität der Daten eines Tickets ist durch die Verschlüsselung mit dem zugehörigen Sitzungsschlüssel gegeben, da dieser Schlüssel nur dem Nutzer bzw. dem Partnerunternehmen als Proxy und dem Ticket Granting Service bekannt ist. Mit Hinblick auf die Weitergabe persönlicher Daten unterstützt Kerberos eine fallweise Delegation

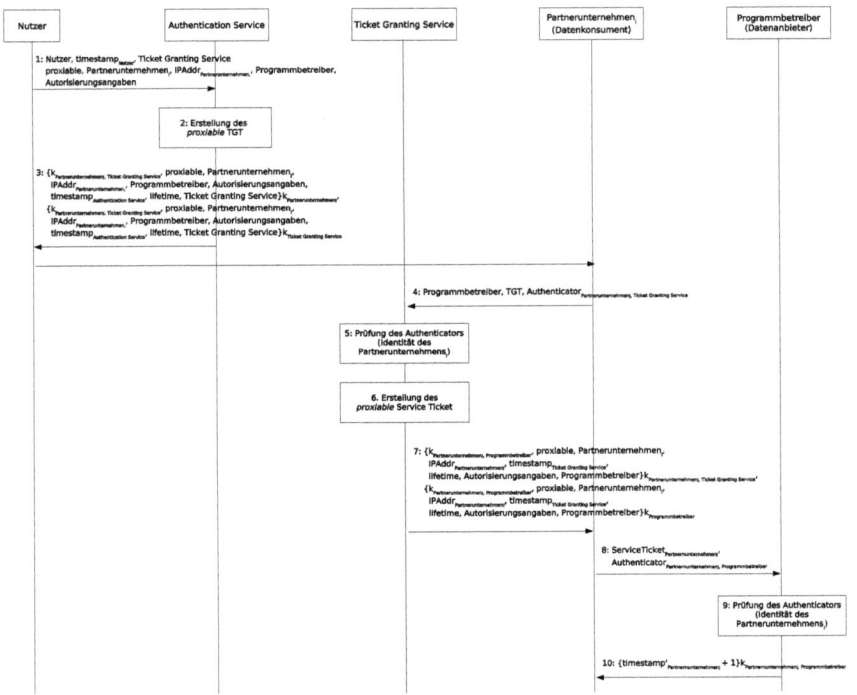

Abbildung 3.4: Dienstbezogene Delegation eines Service Ticket.

von Zugriffsrechten, indem es die fallweise Delegation mit dem *proxiable* Ticket Granting Ticket einführt. Eine Delegation ist durch die Variante *proxiable* eingeschränkt, d.h. ausschließlich das angegebene Partnerunternehmen ist für den Erhalt bestimmter Service Tickets mit den Zugriffsrechten des Nutzers autorisiert. Ein Widerruf von Tickets sowie ein Mechanismus zur Durchsetzung ihrer Angaben wird jedoch nicht betrachtet. Allerdings ist die Zurechenbarkeit der Transaktionen eines Nutzers unter der Voraussetzung gegeben, dass Partnerunternehmen und der Programmbetreiber dem KDC vertrauen. Da das KDC die Schlüssel seiner Nutzer kennt, kann es gültige Authenticatoren anstelle seiner Nutzer erstellen. Das angesprochene Vertrauen bezieht sich darauf, dass dies nicht geschieht.

Für die Bewahrung der informationellen Selbstbestimmung ist Kerberos ungeeignet. Eine unerwünschte Profilbildung wird nicht vermieden. Bereits bei seiner Authentifikation fallen mit einem Ticket Granting Ticket und einem Service Ticket Daten über den Nutzer an, die ihn eindeutig identifizieren. Die beteiligten Part-

3.1 Delegationssysteme und CRM

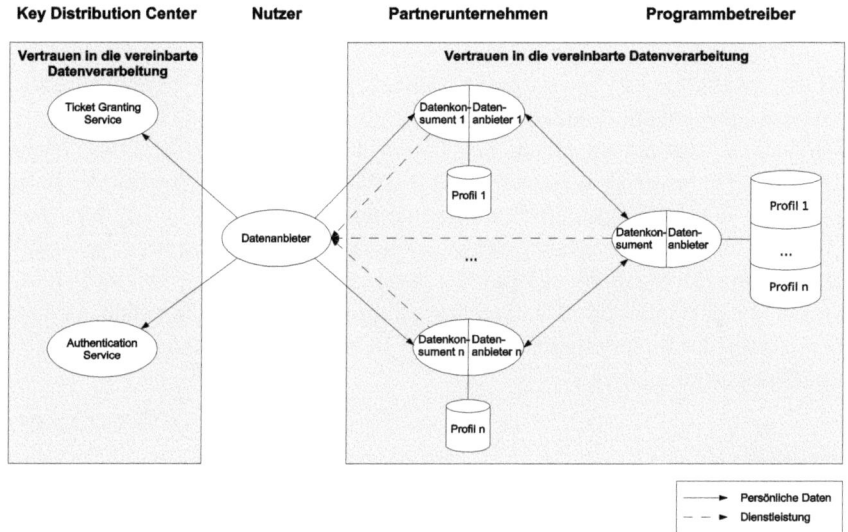

Abbildung 3.5: Das Vertrauensmodell von Kerberos für dessen Einsatz im CRM.

nerunternehmen erhalten über die verwendeten Tickets die Kundennummer Nutzers, die IP-Adresse seines Endgerätes und die Sitzungsschlüssel. Ein Nutzer kann diese Angaben nicht verbergen bzw. nicht transaktionsbezogen auswählen. Folglich können Partnerunternehmen die Transaktionen eines Nutzers verketten. Daher stellt Kerberos hinsichtlich des einseitigen CRM keine Verbesserung des Vertrauensmodells dar. Nutzer müssen den Partnerunternehmen und dem Programmbetreiber vertrauen (s. Abbildung 3.5). Zusätzlich müssen sie dem KDC vertrauen, da jede Authentifikation und jede Delegation über das KDC erfolgt. Das KDC erfährt bei einem Protokollablauf den Namen, die IP-Adresse und die Sitzungsschlüssel des Nutzers. Zudem kennt es die Identität des Nutzers, d.h. seinen symmetrischen Schlüssel k_{Nutzer}. Programmbetreiber müssen dem KDC vertrauen, dass es Tickets entsprechend seiner Zertifizierungsrichtlinie ausstellt. Da Partnerunternehmen die Transaktionen ihrer Nutzer anhand seiner Kundennummer und der IP-Adresse seines Endgerätes verketten können, muss der Programmbetreiber ihnen vertrauen, dass sie die zu einem Nutzer erhobenen Profile nicht zusammenlegen.

3.1.2 Simple Public Key Infrastructure (SPKI)

SPKI (Simple Public Key Infrastructure) ist ein Internetstandard für die Delegation von Autorisierungen im Rahmen einer Public-Key Infrastruktur (PKI)[1] [EFL+99]. Zugriffsregeln werden mit einem SPKI-Zertifikat an einen öffentlichen kryptographischen Schlüssel *pk* gebunden. Die Attribute eines SPKI-Zertifikates beziehen sich auf den kryptographischen öffentlichen Schlüssel des Ausstellers (*Issuer*), den zertifizierten öffentlichen Schlüssel des Empfängers (*Subject*), die Angabe zur Delegation (*Delegation*), auf Berechtigungsregeln (*Authorization*) und auf den Zeitraum (*Validity*), in dem das Zertifikat gültig ist. Ein SPKI-Zertifikat wird von seinem Aussteller digital signiert, um diese Beziehung zu bestätigen und sie vor Modifikationen zu schützen.

3.1.2.1 Konfiguration von SPKI für den Einsatz im CRM

Jeder Nutzer wird eindeutig über sein asymmetrisches kryptographisches Schlüsselpaar (pk_{Nutzer}, sk_{Nutzer}) repräsentiert. Da sich die SPKI nicht auf die Authentifizierung bezieht, ist für deren Einsatz eine Authentifizierungsinfrastruktur vorauszusetzen. Dazu bietet sich bspw. die PKI nach dem deutschen Signaturgesetz [mZdB97] an. Die Beglaubigung der Identität, d.h. der Beziehung zwischen einem Nutzer und pk_{Nutzer}, erfolgt durch eine CA. Für die Repräsentation der Kundennummer eines Nutzers bietet sich das Subject-Attribut des Zertifikates und sein Schlüssel pk_{Nutzer} an. Das Ergebnis der Beglaubigung ist ein Schlüsselzertifikat [FB97, Woh00].

Da der Programmbetreiber die Autorisierung für die Zugriffe auf seine Daten vornimmt, bietet er sich für die Ausstellung von Attributzertifikaten nach der SPKI an. Eine Interessensüberschneidung mit der Autorisierung anderer Programmbetreiber besteht nicht. Ein Attributzertifikat wird für den öffentlichen Schlüssel pk_{Nutzer} des betreffenden Nutzers ausgestellt. Mit dem Delegationsmechanismus der SPKI können Nutzer ihre Zugriffsrechte über die Ausstellung von Attributzertifikaten weitergeben. Ein Nutzer benötigt für die Verwaltung und Nutzung seiner Zertifikate und kryptographischen Schlüssel ein persönliches Endgerät, das zudem die Protokolle zum Erhalt, Nachweis und zur Delegation von Zertifikaten ausführen kann.

Da sich die SPKI nicht auf die Authentifikation eines Nutzers bezieht, wird der Anwendungsfall der *Erhebung persönlicher Daten* nicht betrachtet.

---

[1] Eine kurze Einführung in PKI findet sich im Anhang A.

3.1.2.2 SPKI und die Weitergabe persönlicher Daten

Die Spezifikation der SPKI [EFL+99] gibt kein Protokoll zur Delegation von SPKI-Zertifikaten vor. Da mit der Einwilligung des Nutzers die Delegation seiner Zugriffsrechte von ihm ausgeht, stellt er das SPKI-Zertifikat für ein Partnerunternehmen aus. Die Grundlage bildet sein SPKI-Zertifikat, das er von dem Programmbetreiber erhalten hat. Damit der Programmbetreiber die Authentizität der delegierten Zugriffsrechte überprüfen kann, muss er die digitale Signatur des korrespondierenden SPKI-Zertifikates diesem Nutzer zuordnen können. Daraus folgt, dass der Nutzer SPKI-Zertifikate mit dem privaten Schlüssel sk_{Nutzer} digital signiert an dessen öffentlichen Schlüssel pk_{Nutzer} die Zugriffsrechte gebunden sind. Mit der digitalen Signatur ist die Integrität eines SPKI-Zertifikates geschützt und dessen Empfänger prüft die Authentizität der Zugriffsrechte und Obligationen mit der Gültigkeitsprüfung des erhaltenen SPKI-Zertifikates. Durch die Attribute *Issuer* und *Subject* ist zudem die Trennung zwischen dem Nutzer und dem Partnerunternehmen gegeben, so dass dessen Nutzung dem Partnerunternehmen zugeordnet ist.

Da das Autorisierungsattribut eines SPKI-Zertifikates keiner Grammatik unterliegt, können Nutzer eine Auswahl ihrer Zugriffsrechte und die Obligationen zu deren Nutzung spezifizieren. Eine fortführende Delegation eines Zugriffsrechtes wird mit dem Attribut *Delegation* eingeschränkt. Der boolesche Wert dieses Attributs bestimmt, ob die Zugriffsrechte aus dem vorliegenden SPKI-Zertifikat weitergegeben werden dürfen. Die Durchsetzung dieser Obligationen erfolgt letztendlich durch den Programmbetreiber. Die SPKI definiert zwar eine Auswertungslogik, aber keinen Mechanismus anhand dessen Nutzer die Einhaltung der Zugriffsregeln kontrollieren können.

Für den Widerruf einer Einwilligung und damit für den Widerruf des SPKI-Zertifikates, das von dem Nutzer für ein Partnerunternehmen ausgestellt wurde, werden Widerrufslisten (*Certificate Revocation Lists - CRL*) mit festen Aktualisierungsintervallen vorgeschlagen [EFL+99]. Die Widerrufslisten sind dem Programmbetreiber zugänglich zu machen, damit er erhaltene SPKI-Zertifikate prüfen kann. Nach dem Ansatz, dass Nutzer SPKI-Zertifikate für eine Delegation ausstellen, stellen sie auch die zugehörige Widerrufsliste aus und signieren sie digital mit ihrem Schlüssel sk_{Nutzer}.

3.1.2.3 Ergebnis

SPKI realisiert in Kombination mit einer existierenden PKI die geforderte Funktionalität des einseitigen CRM. Durch die Zertifizierung der Kundennummer eines

Nutzers zu seinem öffentlichen Schlüssel pk_{Nutzer} mittels eines Schlüsselzertifikates ist die Zurechenbarkeit der Transaktionen eines Nutzers gegeben. Durch die digitale Signatur der CA ist die Integrität eines Schlüsselzertifikates geschützt und dessen Daten können mit Zertifikatsprüfverfahren [FB97, Woh00] auf ihre Authentizität hin überprüft werden. Durch die Zurechenbarkeit ist eine Zuordnung der erhobenen Daten zu einem Nutzer möglich, so dass eine Profilerstellung durchgeführt werden kann.

Für die Weitergabe persönlicher Daten stellt die SPKI einen Beitrag mit ihrem Delegationsmechanismus dar. Nutzer müssen nicht ihre Identität, d.h. ihren privaten Schlüssel sk_{Nutzer}, an ein Partnerunternehmen weitergeben, sondern delegieren ausgewählte Zugriffsrechte mit ihren Bedingungen und Obligationen über die Ausstellung eines SPKI-Zertifikates. Die Attribute zur Autorisierung spezifizieren den Zweckbezug der delegierten Zugriffsrechte. Das Attribut zur Delegation spezifiziert die Obligation zur weiteren Delegation der Rechte durch das Partnerunternehmen und formalisiert damit den Bezug der Einwilligung eines Nutzers zu den autorisierten Partnerunternehmen. Verglichen mit Kerberos unterstützt die SPKI auch den Widerruf delegierter Rechte, in dem das korrespondierende SPKI-Zertifikat über eine CRL widerrufen wird. Damit ist eine Voraussetzung für die fallweise Weitergabe persönlicher Daten und für den nachvollziehbaren Fluss persönlicher Daten nach dem mehrseitigen CRM erreicht.

Jedoch wird eine unerwünschte Profilbildung bzw. Datenerhebung nicht vermieden und Nutzer müssen den beteiligten Diensteanbietern vertrauen. Die Attributwerte eines Schlüssel- und eines SPKI-Zertifikates sind nach der Ausstellung nicht mehr änderbar und können auch bei ihrem Nachweis nicht verdeckt werden. So können Partnerunternehmen anhand von pk_{Nutzer} die Transaktionen dieses Nutzers verketten und anschließend ihre Profile über ihn zusammenlegen. Auch die CA kann die Transaktionen eines Nutzers über den von ihr zertifizierten öffentlichen Schlüssel pk_{Nutzer} verketten und somit in Zusammenarbeit mit den Partnerunternehmen ein Profil über ihn erstellen, das identisch zu seinem Profil beim Programmbetreiber ist. Somit ist das Vertrauen des Nutzers und des Programmbetreibers in die Partnerunternehmen notwendig, falls ein Nutzer an einem Kundenbindungsprogramm teilnehmen und seine informationelle Selbstbestimmung gewahrt sehen möchte. Zudem können Nutzer die Obligationen für die Nutzung der delegierten Zugriffsrechte weder durchsetzen noch kontrollieren. Folglich müssen Nutzer dem Programmbetreiber weiterhin vertrauen, dass er die Obligationen durchsetzt. Daher ist die SPKI für das mehrseitige CRM nicht geeignet. Sie realisiert das einseitige Vertrauensmodell, das die Abbildung 3.6 darstellt.

3.2 Transparenzsysteme und CRM   43

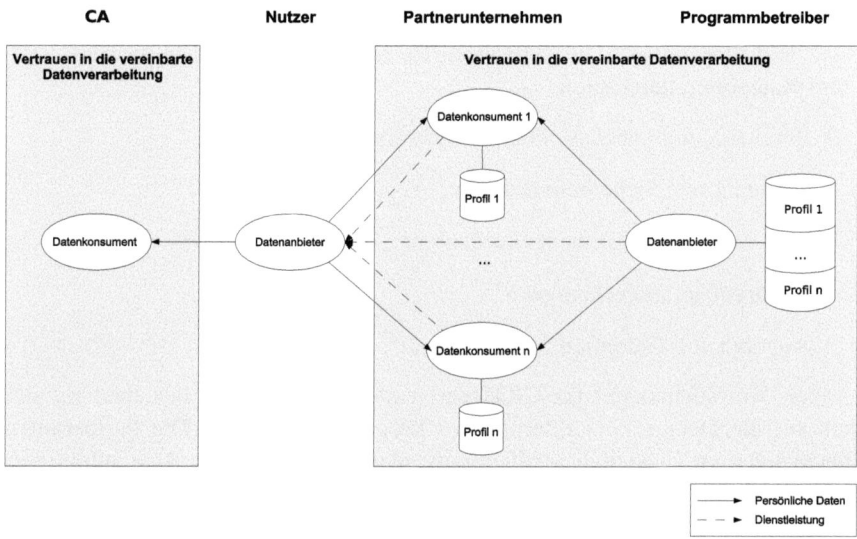

Abbildung 3.6: Das Vertrauensmodell der SPKI bei ihrem Einsatz im CRM.

3.2 Transparenzsysteme und CRM

Systeme und Sprachen für Datenschutzerklärungen zielen darauf ab, dass Diensteanbieter ihren Nutzer die Praktiken der Verarbeitung persönlicher Daten offen legen. Sie wird damit für Nutzer einsehbar bzw. transparent. Konkret werden im Folgenden Vertrauenssiegel als Symbol für die Zertifizierung von Unternehmen in Bezug auf ihre Datenverarbeitung, am Beispiel von P3P die Formalisierung von Datenschutzerklärungen gegenüber Nutzern und am Beispiel von EPAL die interne Umsetzung einer Datenschutzerklärung auf CRM mit dem Untersuchungsziel angewendet, deren Mechanismen zur Spezifikation der Regeln des mehrseitigen CRM zu identifizieren.

3.2.1 Vertrauenssiegel

Mit der Ausstellung von Vertrauenssiegeln (*Trust Seals*) bestätigen Dritte die Existenz von Datenschutzerklärungen eines Diensteanbieter und deren Einhaltung. Ein Vertrauenssiegel reduziert eine Datenschutzerklärung und die Vertrauensbeziehung zwischen Nutzer und einem Diensteanbieter auf ein Symbol, das auf der Webseite des zertifizierten Diensteanbieters als ein graphisches Logo der Zertifizierungsstelle abgebildet ist. Beispiele für solche Zertifizierungsstellen sind *TRUSTe*[2], *VeriSign*[3] und *BBBOnline*[4]. Die Ziele dieser Zertifizierung lassen sich nach [HLZ01] in fünf Kategorien unterteilen:

- Bereitstellung von Zusicherungen der Privatsphäre
- Nennung von Sicherheitszusagen
- Präsentation der Kundenzufriedenheit
- Ausdruck an Zuverlässigkeit
- Angebot von Garantien

Sollen Vertrauenssiegel für CRM verwendet werden, dann beziehen sie sich allein auf die Datenschutzerklärung des Programmbetreibers. Die Partnerunternehmen müssten zusätzlich zertifiziert werden. Im Falle einer Anwendung von *TRUSTe* auf die Datenschutzerklärung eines Kundenbindungsprogramms würde das Vertrauenssiegel zusichern, dass die Datenschutzerklärung des Programmbetreibers die Angabe der zu erhebenden persönlichen Daten und deren Verwendungszweck und eine Aussage über die Weitergabe erhobener persönlicher Daten mit der Identität der datenkonsumierenden Partnerunternehmen enthält. Weiterhin wird mit einem *TRUSTe*-Siegel zugesichert, dass Nutzer ihre Einwilligung zu der Datenverarbeitung per E-Mail widerrufen, die Weitergabe von persönlichen Daten einschränken und erhobene Daten ändern können. Die Einhaltung der Datenschutzerklärungen können Nutzer jedoch nicht kontrollieren.[5] Daher wird der Verwendung von Vertrauenssiegeln keine Änderung des einseitigen CRM erreicht, da dem Nutzer keine Funktionalität zur Kontrolle der Datenverarbeitung zur Verfügung gestellt wird. Das Vertrauen der Nutzer bezieht sich nun auf den Aussteller des Vertrauenssiegels.

3.2.2 The Platform for Privacy Preferences (P3P)

P3P (Platform for Privacy Preferences) wurde 2002 vom *World Wide Web Consortium* als Standard für eine Formalisierung von Datenschutzerklärungen zu deren automatisierten Abgleich zwischen Nutzer und Diensteanbieter verabschiedet [CLM+02]. Die formalisierten Regeln bilden eine P3P-Policy, die ein Diensteanbieter auf seiner Webseite veröffentlicht. Stimmt ein Nutzer einer P3P-Policy zu,

---
[2] http://www.truste.org
[3] http://www.verisign.com
[4] http://www.bbb.org
[5] s. die Anforderungen des *TRUSTe* Programms unter http://www.truste.org/requirements.php

3.2 Transparenzsysteme und CRM

so ist dies seine Berechtigung für die Erhebung und Verarbeitung persönlicher Daten nach den Regeln dieser Policy. Web-Browser mit einer Implementierung von P3P beziehen automatisch die P3P-Policy und gleichen sie mit der P3P-Policy ihrer Nutzer ab. Ob ein Nutzer im Falle eines Widerspruchs zwischen den beiden Policies informiert wird, ist von der verwendeten P3P-Implementierung abhängig.

Für die Erhebung persönlicher Daten bezieht sich eine P3P-Policy mindestens auf die Anfrage eines Partnerunternehmens nach der Kundennummer des Nutzers. Sie spezifiziert im Wesentlichen den Umfang der zu erhebenden Daten, den Empfänger und den Verwendungszweck der Datenerhebung. Eine P3P-Policy gibt Auskunft über die Identität des datenkonsumierenden Partnerunternehmens (*ENTITY*), die ihm erlaubten Zugriffe auf die persönlichen Daten des Nutzers (*ACCESS*), optional über das Verfahren zur Disputauflösung (*DISPUTES-GROUP*), über die zu erhebenden Daten des Nutzers mit Angabe ihres Verwendungszwecks (*PURPOSE*), über die Empfänger der Daten bei einer Datenweitergabe (*RECIPIENT*), d.h. dem Programmbetreiber, und über die Dauer der Speicherung der erhobenen Daten durch das datenkonsumierende Partnerunternehmen (*STATEMENTS*). Ein Nutzer erhält die P3P-Policy eines Partnerunternehmens bei seiner Dienstanfrage. Seine Einwilligung zur gewünschten Datenerhebung wird durch das Attribut *consent* und der Widerruf seiner Einwilligung mit dem Attribut *opt-out* formalisiert.

Für eine Weitergabe persönlicher Daten werden zwar deren Empfänger und die Art der Regeln ihrer Datenverarbeitung mit dem *RECIPIENT*-Attribut angegeben (s. Tabelle 3.1). Allerdings bezieht sich diese Angabe nur auf die Daten, die direkt beim Nutzer erhoben wurden. Soll sich eine P3P-Policy auch auf die Daten beziehen, die von dem Programmbetreiber verwaltet und weitergegeben werden, so müsste diese Policy entweder bei deren Erhebung zwischen Nutzer und Partnerunternehmen vereinbart werden oder der Programmbetreiber müsste diese Daten direkt beim Nutzer erheben. Der erste Fall ist mit P3P nicht realisierbar, da es keine Obligationen unterstützt. Der zweite Fall entspricht nicht der Realität.

Von dem Einsatz von P3P für CRM ist abzuraten. Zwar eignet P3P sich um die Transparenz der Datenverarbeitung nach der Erhebung persönlicher Daten zu schaffen, jedoch versagt P3P bei der Weitergabe persönlicher Daten. Für den Anwendungsfall der Erhebung stellt P3P persönlicher Daten Sprachelemente zur Formalisierung des Verwendungszwecks zur Verfügung. Allerdings ist das Vokabular auf Kontaktdaten als persönliche Daten fokussiert und erlaubt keine Erweiterung. Regeln zur Weitergabe persönlicher Daten können mit P3P nicht spezifiziert werden, falls der Datenanbieter der Programmbetreiber ist. Dies ist gegenüber der Vorgehensweise in der Praxis ein Nachteil. Auch bietet P3P weder eine Funktionalität zur Durchsetzung einer P3P-Policy noch zu der Kontrolle an, ob die persönlichen Daten nach der vereinbarten P3P-Policy erhoben und verarbeitet wurden.

Attributwert	Bedeutung
<ours>	Der Datenkonsument (Partnerunternehmen) selbst oder einer seiner Agenten, die Daten in seinem Namen für den angegebenen Zweck bearbeiten.
<delivery>	Mit diesem Attribut werden Auftragsdatenverarbeiter angegeben, die diese Daten für weitere Zwecke als für den angegebenen Zwecks verwenden.
<same>	Dieser Attributwert bezeichnet Diensteanbieter, die Daten für ihre Zwecke aber unter denselben Regeln verwenden.
<other-recipient>	Dieser Wert bezeichnet Diensteanbieter, die persönlichen Daten für eigene Zwecke und unter anderen Regeln verarbeiten.
<unrelated>	Hierbei handelt es sich um Diensteanbieter, deren Regeln zur Datenverarbeitung dem Datenanbieter bei einer Weitergabe persönlicher Daten unbekannt sind.
<public>	Die betreffenden Daten werden veröffentlicht.

Tabelle 3.1: Die Belegungen des Attributwertes *RECIPIENT* [CLM$^+$02].

3.2.3 Enterprise Privacy Authorization Language (EPAL)

Die Enterprise Privacy Authorization Language (EPAL) ist eine Sprache zur Formalisierung von unternehmensinternen Datenschutzrichtlinien [AHK$^+$03b]. Das Ziel ist es, dass Diensteanbieter die Einhaltung ihrer Datenschutzrichtlinie, die sie z.B. mit einer P3P-Policy angegeben haben, nachweisen können [KSW02]. Persönliche Daten werden mit der zugehörigen EPAL-Policy verknüpft, so dass Zugriffe auf diese Daten für den Diensteanbieter kontrollierbar sind. Diese Art der Verknüpfung wird als *Sticky Policy Paradigma* bezeichnet [KSW03].

EPAL ermöglicht die Formalisierung von Datenschutzregeln zur Erhebung und Weitergabe persönlicher Daten von Partnerunternehmen an Programmbetreiber und umgekehrt. Die Regeln zur Weitergabe werden mit der zugehörigen EPAL-Policy und deren Elemente mit dem anwendungsspezifischen EPAL-Vokabular definiert. Die Elemente sind in Nutzerkategorien (<*user-category*>), Datenkategorien (<*data-category*>), Verwendungszweck persönlicher Daten (<*purpose*>),

Operationen auf persönlichen Daten (<*action*>), Container für Kontextdaten zur Autorisierung der anfragenden Nutzer (<*container*>) und Obligationen für die Nutzung persönlicher Daten (<*obligation*>) aufgeteilt. Da sich EPAL auf unternehmensinterne Zugriffe auf persönliche Daten beziehen, umfassen die Nutzerkategorien neben den Nutzern des Partnerunternehmens bzw. Programmbetreibers auch dessen Organisationseinheiten. Die Zugriffsanfragen werden von einem internen Zugriffskontrollsystem entschieden [KSW02, KSW03]. Dessen Referenzmonitor entscheidet eine Zugriffsanfrage unter Berücksichtigung der zugehörigen EPAL-Policy und gibt im Erfolgsfall die persönlichen Daten zusammen mit den einzuhaltenden Obligationen aus. Die Zugriffsentscheidungen werden von dem Referenzmonitor protokolliert. Die Einhaltung der ausgegebenen Obligationen wird nicht geprüft.

Für die Weitergabe persönlicher Daten ist deren Empfänger durch ein Element der Kategorie <*user-category*> angegeben. Die genehmigte Verwendung der persönlichen Daten wird mit den weiteren Elementen einer EPAL-Policy beschrieben. Autorisiert die EPAL-Policy des Programmbetreibers ein Partnerunternehmen für den Zugriff auf die persönlichen Daten eines Nutzers, so werden diese zusammen mit der EPAL-Policy an das Partnerunternehmen weitergegeben. Ein gemeinsames Vokabular und eine einheitliche Definition der Regeln ist eine Bedingung für diese Anwendung der EPAL-Policy des Programmbetreibers.

Da EPAL keine Interaktion mit Endnutzer vorsieht und ihnen somit auch keine technischen Kontrollmöglichkeiten zur Verfügung stellt ist es für CRM nur bedingt einsetzbar. Jedoch unterstützt es die Formalisierung von Obligationen als eigenes Policyattribut. Eine Verbesserung des Vertrauensmodells wird allerdings nicht erreicht.

3.3 Identitätsmanagementsysteme und CRM

David Chaum führte 1985 die Idee des Identitätsmanagements zur Authentifikation von Nutzern gegenüber Diensteanbietern in Verbindung mit dem Schutz vor einer unerwünschten Datenerhebung und Profilerstellung ein [Cha85]. Chaum nimmt an, dass Nutzer den Diensteanbietern hinsichtlich der Nutzung ihrer persönlichen Daten nicht vertrauen. Identitätsmanagement verfolgt nach der Definition von Chaum das Ziel, dass sich Nutzer vor einer Verkettung ihrer Transaktionen schützen und Diensteanbieter ihnen zugleich ihre Transaktionen eindeutig zuordnen können.

Die Identitätsmanagementsysteme der Wissenschaft und Industrie verfolgen zwei Ziele: die Bewahrung der informationellen Selbstbestimmung und eine vereinfachte Authentifikation im Sinne von SSO. Den Erhalt der informationellen Selbstbestimmung verfolgen der Identitätsmanager iManager der Universität Freiburg [JtM00, WJGtM$^+$04] und das System IBM idemix für anonymisierte Credentials [CH02]. Den Fokus auf SSO legen die Systeme Microsoft .NET Passport [Mic03], Shibboleth [CEH$^+$05, Dor05] des Konsortiums Internet2 und das Identitätsmanagementsystem der Liberty Alliance [Lib05]. Ausgenommen von der folgenden Untersuchung ist das System Microsoft .NET Passport. Dieses System berücksichtigt keinesfalls die informationelle Selbstbestimmung. Ein Nutzer wird über einen global eindeutigen Bezeichner identifiziert, der in allen Transaktionen des Nutzers unverändert verwendet wird, so dass eine Verkettung seiner Transaktionen und folglich der erhobenen Profile durch die beteiligten Diensteanbietern möglich ist. Zusätzlich erhält jeder Diensteanbieter einen uneingeschränkten Lesezugriff auf die persönlichen Daten des Nutzers, die von Microsoft als Betreiber des .NET Passport-Systems verwaltet werden.

Die übrigen, genannten Identitätsmanagementsysteme basieren auf einer bestehenden PKI. Eine CA stellt Credentials aus und nimmt je nach dem verwendeten Identitätsmanagementsystem zusätzlich die Rolle eines Identitätsdienstanbieters ein. Ein Identitätsdienstanbieter verwaltet die digitalen Pseudonyme und ggf. Authentifikationsdaten seiner Nutzer und bestätigt die Identität seiner Nutzer gegenüber Diensteanbieter. Die Identität eines Nutzers wird somit entweder über seinen kryptographischen Schlüssel k_{Nutzer} bzw. sein kryptographisches Schlüsselpaar (pk_{Nutzer}, sk_{Nutzer}) oder über sein Pseudonym und Authentifikationsgeheimnis gegenüber dem Identitätsdienstanbieter zzgl. den zertifizierten persönlichen Daten repräsentiert. Soll ein Identitätsmanagementsystem für CRM eingesetzt werden, so würde die Kundennummer als Identität eines Nutzers durch seinen kryptographischen Schlüssel bzw. sein Pseudonym gegenüber dem Identitätsdienstanbieter implementiert werden. Eine weiteres Datum zu der Authentifikation eines Nutzers kann der Name des Kundenbindungsprogramms sein. Das Ergebnis einer Zertifizierung ist ein Attributzertifikat (*Credential*) [Cha85]. Mit dem Authentifikationsprotokoll für den Nachweis eines Credentials ist ein Nutzer eindeutig identifizierbar, so dass ihm seine Transaktionen zugeordnet sind.

3.3.1 Shibboleth

Shibboleth ist ein web-basiertes Identitätsmanagementsystem unter Verwendung eines Identitätsdienstanbieters [CEH$^+$05, Dor05]. Die Teilnehmer von Shibboleth sind Nutzer, Diensteanbieter, Identitätsdienstanbieter und optional der Dienst *WAYF* (*Where are you from?*) zur Bestimmung des zu verwendenden Identitätsdienstes. Die Authentifikation eines Nutzers erfolgt mit einer der Varianten *Brow-*

3.3 Identitätsmanagementsysteme und CRM

ser/Post oder *Browser/Artificat* des Authentifikationsprotokolls. Die *Browser/Post*-Protokollvariante unterscheidet sich von der *Browser/Artifact*-Variante, dass ein Credential anstatt eines Tokens als Berechtigung für den Zugriff auf die Authentifikationsdaten eines Nutzers verwendet wird.

3.3.1.1 Konfiguration von Shibboleth für den Einsatz im CRM

Entsprechend zum Einsatz von einem KDC des Kerberos-Systems wird für den Einsatz von Shibboleth im CRM davon ausgegangen, dass ein Identitätsdienstanbieter seine Dienstleistung zur Authentifikation der Nutzer mehreren Programmbetreibern zur Verfügung stellt und diese die Dienstleistung in ihr System integrieren. Damit ein Interessenkonflikt zwischen dem Identitätsdienstanbieter und den Programmbetreiber nicht besteht, wird der Identitätsdienst von einem zusätzlichen Diensteanbieter betrieben. Der Identitätsdienst verwaltet die Nutzer der Kundenbindungsprogramme anhand ihrer Kundennummer und der Angabe des zugehörigen Kundenbindungsprogramms. Die Kundennummer stellt das Pseudonym des Nutzers gegenüber dem Identitätsdienst dar. Für die Verwaltung persönlicher Daten für beliebige Zwecke, d.h. in diesem Fall die Verwaltung von Rabattdaten zum Zweck der Profilerstellung, wird von Shibboleth kein spezieller Dienst spezifiziert. Die Verwaltung dieser Daten erfolgt somit durch den Betreiber des Kundenbindungsprogramms.

Falls Shibboleth für CRM eingesetzt werden soll, so muss die elektronische Kundenkarte die Funktionalität eines Web Browsers besitzen. Dies rührt daher, dass die Authentifikationsprotokolle von Shibboleth auf dem HTTP-Protokoll basieren. Die Konfiguration der Policy eines Nutzers erfolgt mit dem Identitätdienstanbieter, welcher Authentifikations- und Attributanfragen nach der resultierenden Policy (*Attribute Release Policy*) entscheidet. Eine Regel einer Policy bezieht sich auf ein Authentifikationsdatum des Nutzers und die Angabe der für den Zugriff autorisierten Dienste [CEH+05].

3.3.1.2 Shibboleth und die Erhebung persönlicher Daten

Die Anwendung des Browser/Post-Authentifikationsprotokolls für den Fall der erstmaligen Erhebung von persönlichen Daten zeigt die Abbildung 3.7. Die Schritte 1-3 behandeln die Dienstanfrage eines Nutzers und den Verbindungsaufbau des Dienstes mit dem Identitätsdienst. Hat sich der Nutzer gegenüber dem Identitätsdienst noch nicht authentifiziert, so geschieht dies in Schritt 4. Der Nutzer verwendet zu seiner Authentifikation ein Geheimnis, das nur ihm und dem Identitätsanbieter bekannt ist. Damit ist die Nicht-Abstreitbarkeit der Transaktionen des

Nutzers gegeben.

Die Erhebung persönlicher Daten durch ein Partnerunternehmen geschieht mit den Schritten 5-8. Der Identitätsdienst bestätigt in Schritt 5 mit einem Credential die Mitgliedschaft des Nutzers in dem Kundenbindungsprogramm. Das Credential wird von dem Identitätsdienst digital signiert und sichert damit dessen Integrität und die Authentizität der Authentifikationsdaten. Der Nutzer selbst wird in dem Credential mit einem zufälligen Bezeichner angegeben, der einem Transaktionspseudonym [PH06] entspricht. Diese Bestätigung bedeutet auch, dass sich dieser Nutzer gegenüber dem Identitätsdienst korrekt authentifiziert hat. Damit ist die Verwendung der Kundennummer gegenüber den Partnerunternehmen nicht notwendig. Der Programmbetreiber muss allerdings die verwendeten Transaktionspseudonyme eines Nutzers mit seiner Kundennummer in Verbindung bringen, damit er die erhobenen Rabattdaten dem Profil dieses Nutzers zuordnen kann. Darüber macht Shibboleth keine Angabe.

Für die Anfrage nach den Daten des Nutzers bezieht sich der Dienst des Partnerunternehmens auf das erhaltene Credential. In Abhängigkeit der Policy (*Attribute Release Policy*) des Nutzers entscheidet der Identitätsdienst über die Zugriffsanfrage des Partnerunternehmens. Ist eine Anfrage nicht von der Policy abgedeckt, so wird der Nutzer zum Zeitpunkt der Anfrage nach seiner Entscheidung gefragt. Dieser Schritt 7 ist optional und daher gestrichelt dargestellt. Sobald der Dienst des Partnerunternehmens die Authentifikationsdaten des Nutzers erhalten hat, wird der Web Browser des Nutzers erneut auf die Webseite des Dienstes umgeleitet und die Dienstanfrage des Nutzers wird wiederholt. Aufgrund der Authentifikationsdaten entscheidet schließlich der Dienst über die Anfrage des Nutzers. Die Weitergabe der erhobenen Daten zusammen mit den Rabattdaten an den Datendienst wird nicht behandelt.

3.3.1.3 Shibboleth und die Weitergabe persönlicher Daten

Wird Shibboleth für die Weitergabe persönlicher Daten eingesetzt, dann benötigt das anfragende Partnerunternehmen (Datenkonsument) das Credential des Nutzers, mit dem er sich gegenüber dem Programmbetreiber (Datenanbieter) für den gewünschten Datenzugriff authentifiziert. Da Shibboleth eine Delegation von Rechten nicht betrachtet, muss der Nutzer sein Authentifikationsgeheimnis, mit dem er sich gegenüber dem Identitätsdienst authentifiziert, dem Dienst des datenkonsumierenden Partnerunternehmens zur Verfügung stellen. Er sendet sein Authentifikationsgeheimnis an dieses Partnerunternehmen. Die Abbildung 3.8 zeigt den Einsatz von Shibboleth für die Weitergabe persönlicher Daten und in Schritt 5 die Authentifikation des Partnerunternehmens gegenüber dem Identitätsdienstanbieter

3.3 Identitätsmanagementsysteme und CRM

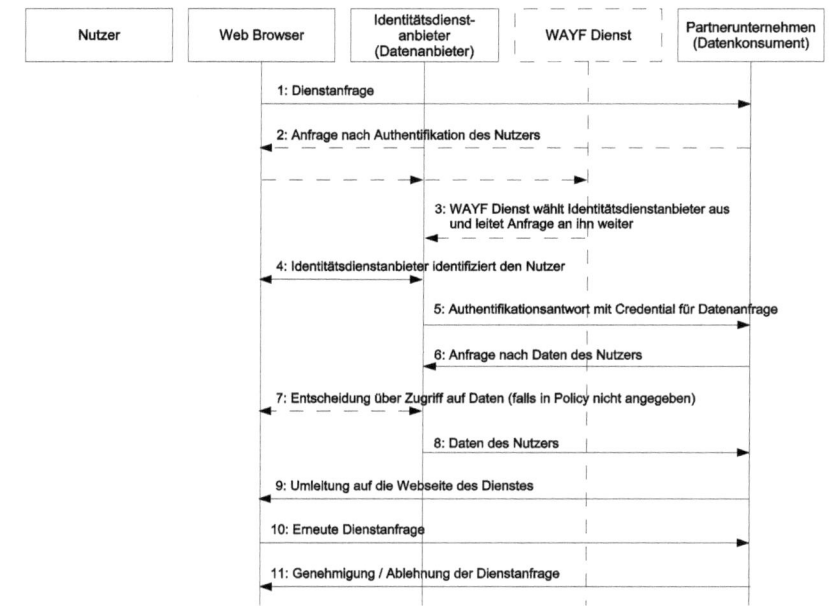

Abbildung 3.7: Erstmalige Erhebung persönlicher Daten mit Shibboleth nach [CEH+05].

mit dem Geheimnis des Nutzers.

Die Nutzung des Authentifikationsgeheimnisses durch das Partnerunternehmen ist nicht eingeschränkt. So kann das Partnerunternehmen das Authentifikationsgeheimnis weitergeben, sich mit den Daten des Nutzers gegenüber anderen Diensten authentifizieren, einen uneingeschränkten Zugriff auf die Daten des Nutzers beim Programmbetreiber erhalten und beim Identitätsdienst die Policy des Nutzers ändern. Ein Widerruf des weitergegebenen Authentifikationsgeheimnisses ist nicht möglich. Für einen Widerruf müsste der Nutzer sein Authentifikationsgeheimnis ändern.

3.3.1.4 Ergebnis

Shibboleth ist bedingt für CRM geeignet. Es setzt zwar für die erstmalige Erhebung persönlicher Daten die Regeln des mehrseitigen CRM um, für die Weitergabe persönlicher Daten ist die allerdings nicht der Fall. Mit der Attribute Release Policy des Nutzers und ihrer Durchsetzung durch den Identitätsdienst wird nur auf ausgewählte persönliche Daten für einen bestimmten Zweck und von einem

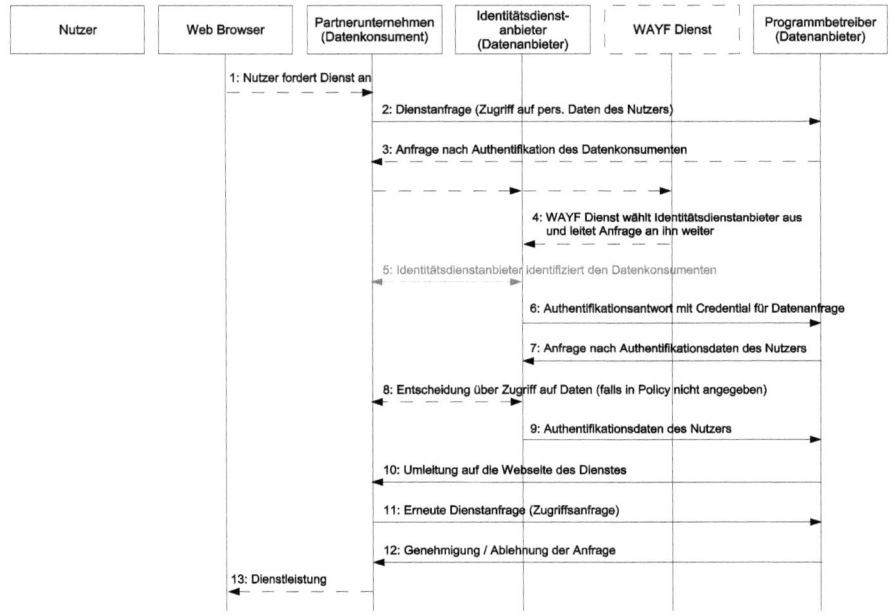

Abbildung 3.8: Authentifikation des Datenkonsumenten mit dem Geheimnis des Nutzers.

bestimmten Dienst zugegriffen. Durch die Verwendung von Transaktionspseudonymen schützt sich dabei ein Nutzer vor einer unerwünschten Verkettung seiner Transaktionen durch die Partnerunternehmen. Dies entspricht einer situationsabhängigen Herausgabe persönlicher Daten. Die Einwilligung des Nutzers liegt durch die Regeln seiner Policy bzw. durch seine Echtzeitentscheidung über eine Zugriffsanfrage vor. Die Zurechenbarkeit der Transaktionen eines Nutzers ist über den Identitätdienst, die von ihm ausgestellten Credentials und über das Pseudoym in Verbindung mit dem Authentifikationsgeheimnis des Nutzers gegenüber dem Identitätsdienst sicher gestellt. Durch die digitale Signatur eines Credentials ist die Integrität und die Authentizität der zertifizierten Daten gewährleistet.

Mit der Zurechenbarkeit des Nutzers ist eine Profilerstellung seitens der Partnerunternehmen möglich. Allerdings muss der Programmbetreiber die pseudonymisiert erhobenen Rabattdaten dem Profil des Nutzers zuordnen können, um seine personalisierten Dienstleistungen anbieten zu können. Diese *Entschleierung* wird von Shibboleth nicht betrachtet. Sie müsste zusätzlich implementiert werden: sei es durch einen Abgleich der Pseudonyme zwischen dem Identitätsdienstanbieter

3.3 Identitätsmanagementsysteme und CRM

und dem Programmbetreiber oder durch eine Verschlüsselung der Kundennummer aus der ein zufälliger Schlüsseltext entsteht, der vom Programmbetreiber entschlüsselt werden kann.[6] Der Schlüsseltext muss zufällig sein, damit Partnerunternehmen die Transaktionen eines Nutzers nicht über die verschlüsselte Kundennummer verketten können.

Bei der Weitergabe persönlicher Daten müssen Nutzer und Programmbetreiber den Partnerunternehmen vertrauen, dass sie das Authentifikationsgeheimnis ausschließlich für die Anfrage nach den gewünschten Daten benutzen und es nicht missbrauchen. Nutzer können die Verwendung des weitergegebenen Geheimnisses nicht einschränken, d.h. dessen Nutzung mit Obligationen spezifizieren. Damit hat der Programmbetreiber und der betreffende Nutzer keine Möglichkeit, einen Missbrauch dieses Geheimnisses zu erkennen. Damit ist eine Nachvollziehbarkeit des Datenflusses durch den Nutzer nicht gegeben.

Nutzer und Programmbetreiber müssen dem Identitätsdienstanbieter vertrauen, dass er dieses Wissen nur mit der Einwilligung des betroffenen Nutzers weitergibt und dass auch die Zugriffsanfragen nach der Policy des betroffenen Nutzers entschieden werden. Da der Identitätsdienstanbieter an jeder Authentifikation seiner Nutzer beteiligt ist und über die Zugriffsanfragen der Partnerunternehmen nach den Authentifikationsdaten seiner Nutzer entscheidet, ist es ihm auf der einen Seite möglich das Pseudonym und damit die Anonymität eines Nutzers im Betrugsfall aufzuheben; auf der anderen Seite kann der Identitätsdienstanbieter auch die Transaktionen seiner Nutzer verketten und damit ein Profil über sie erstellen. So realisiert Shibboleth das in der Abbildung 3.9 dargestellte Vertrauensmodell, falls Shibboleth für CRM eingesetzt wird.

3.3.2 Liberty Alliance

Liberty Alliance ist eine Spezifikation [Lib05] für ein browser-basiertes Identitätsmanagementsystem, das ähnlich zu Shibboleth ist. Der Unterschied besteht darin, dass Liberty Alliance die Weitergabe von persönlichen Daten betrachtet. Für diesen Zweck sind ein Datendienst (*Data Service*) [ACF+05], Verfahren für den Nachweis einer Zugriffsberechtigung [KMSW05] und spezielle Credentials [ACVC+05] spezifiziert. Für die Authentifikation eines Nutzers spezifiziert die Liberty Alliance ein allgemeines Authentifikationsprotokoll, das in den Varianten *Liberty Artifact Profile* zur Weitergabe eines Verweises auf ein Credential, *Liberty Browser POST Profile* zur Authentifikation eines Nutzers mit einem Credential und *Liberty-Enabled Client and Proxy Profile* zur Weiterleitung einer Au-

---
[6]Für diese Art der Verschlüsselung bietet sich das Verschlüsselungsverfahren des Zahlungssystems *iKP* an [BGH+00].

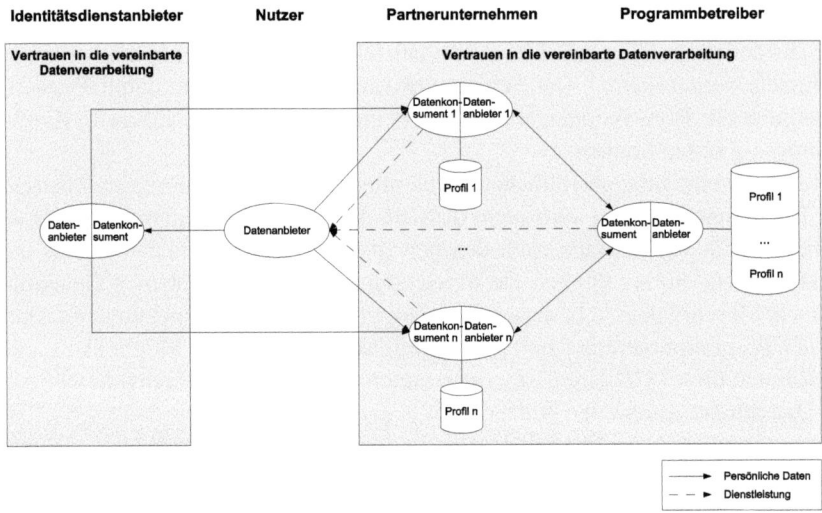

Abbildung 3.9: Das Vertrauensmodell von Shibboleth bei dessen Einsatz für CRM.

thentifikationsanfrage an den Identitätsdienstanbieter des Nutzers implementiert ist [AKW05].

3.3.2.1 Konfiguration des Liberty Alliance Systems für den Einsatz im CRM

Die Konfiguration des Systems der Liberty Alliance ist in Hinblick auf die Identität des Nutzers, den Betreiber des Identitätsdienstes und der geforderten Funktionalität der Kundenkarte eines Nutzers identisch zu der von Shibboleth. Die Richtlinie zur Implementierung der Liberty Alliance empfiehlt die Berücksichtigung der Nutzerinteressen durch die Spezifikation einer Policy, die von seinen Identitätsdienstanbietern verwaltet und bei einem Single-Sign On berücksichtigt wird [KAB+05]. Das Ziel ist es, dass der Nutzer die Verwendung seiner Pseudonyme durch die Policy bestimmen kann. Sie beinhaltet die Einwilligung des Nutzers zu impliziten Authentifikationen und ob er darüber benachrichtigt werden möchte. Diese Angaben beziehen sich jeweils auf ein Partnerunternehmen. Die Weitergabe persönlicher Daten erfolgt über den Diensttyp Datendienst (*Data Services Template*), welcher einem Verzeichnisdienst entspricht. Dessen Spezifikation [ACF+05] geht davon aus, dass eine Zugriffskontrolle die gespeicherten Daten der Nutzer gegen einen unbefugten Zugriff schützt.

3.3 Identitätsmanagementsysteme und CRM 55

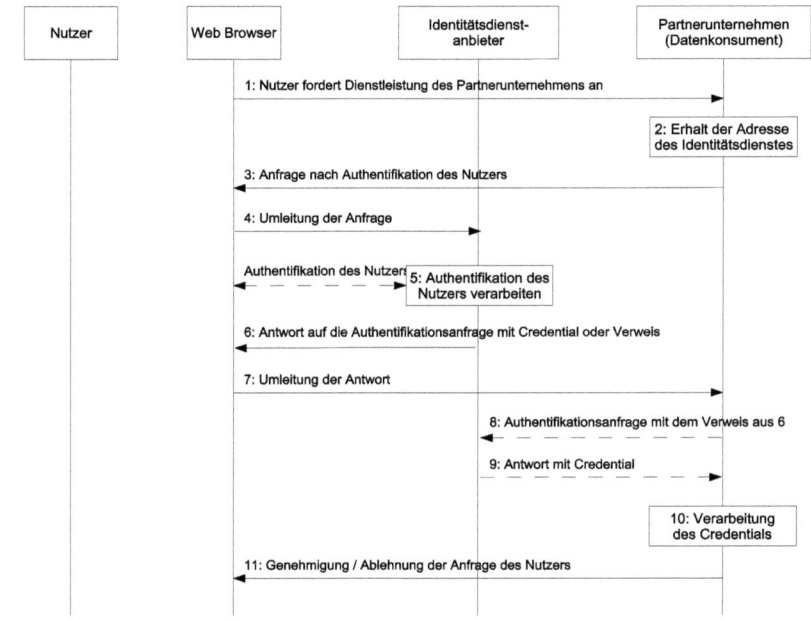

Abbildung 3.10: Authentifikation eines Nutzers gegenüber einem Parterunternehmen mit Liberty Alliance [Lib05].

3.3.2.2 Liberty Alliance und die Erhebung persönlicher Daten

Die Anwendung des allgemeinen Authentifikationsprotokolls auf die erstmalige Erhebung persönlicher Daten zeigt die Abbildung 3.10. Vom Prinzip her verläuft die Authentifikation identisch zu der mit Shibboleth, d.h. über einen Identitätsdienstanbieter. Ihm gegenüber authentifiziert sich der Nutzer in Schritt 5. Der Identitätsdienstanbieter leitet die erfolgreiche Authentifikation an den angefragten Dienst des Partnerunternehmens weiter (Schritte 6-10). Dieser entscheidet anhand der erhaltenen Daten über den Dienstanfrage des Nutzers. Die Weitergabe der Rabattdaten an den Programmbetreiber verläuft ausserhalb des Authentifikationsprotokolls und wird von der Liberty Alliance nicht betrachtet.

Das einzige persönliche Datum, das bei der Authentifikation eines Nutzers offen gelegt wird, ist sein Name bzw. Pseudonym. Ein Credential enthält den Namen des Nutzers (`<saml:NameIdentifier>`), die Eigenschaften seines Bezeichners (`<saml:NameIDPolicy>`), d.h. ob der Name des Nutzers einmalig (`onetime`) für eine Transaktion verwendet und dann vom Identitätsdienstanbieter zufällig gewählt wird oder ob der Nutzer mit einem Pseudonym verknüpft werden soll, das dem Identitätsdienstanbieter eines anderen Anwendungsbereichs bekannt ist (federated) und die beteiligten Partnerunternehmen. Sie sind mit ihrer Identität (ProviderID) in einer Liste erfasst (saml:AudienceRestrictionCondition>). Credentials werden von dem ausstellenden Identitätsdienstanbieter digital signiert.

Mit der Verwendung von Transaktionspseudonymen bestimmt ein Nutzer sein Auftreten gegenüber Partnerunternehmen. Einem Programmbetreiber ist die Zuordnung der Pseudonyme zu einer Kundennummer möglich, falls es mit nach dem Verfahren verschlüsselt wird, das die Liberty Alliance bei der Delegation von Credentials einsetzt [ACVC+05]. Auf diese Verschlüsselung wird im nachfolgenden Abschnitt eingegangen.

3.3.2.3 Liberty Alliance und die Weitergabe persönlicher Daten

Für die Weitergabe persönlicher Daten führt die Liberty Alliance eine Zugriffsberechtigung ein. Eine Berechtigung wird entweder von dem Nutzer oder von seinem Identitätsdienstanbieter ausgestellt und an das datenkonsumierende Partnerunternehmen weitergegeben. Für die Ausstellung und den Nachweis einer Berechtigung stehen drei Optionen zur Verfügung [KMSW05, ACVC+05]:

- Direkte Anfrage an den betroffenen Nutzer
- Indirekte Anfrage über einen Interaktionsdienst (*Interaction Service*)
- Delegation eines Credentials

Die ersten beiden Optionen beziehen den Nutzer zum Zeitpunkt der Datenanfrage mit ein. Sie haben den Vorteil, dass außer der Einhaltung des Verwendungszwecks und der Durchsetzung der Berechtigung keine weiteren Obligationen ausgesprochen werden müssen. Die Obligationen zu der Häufigkeit und der Dauer des Zugriffs sowie die Bedingungen zu der Identität des berechtigten Partnerunternehmens und einer gültigen Berechtigung sind gegeben, da der Nutzer seine Berechtigung für genau einen Zugriff und zu dem Zeitpunkt der Zugriffsanfrage erteilt. Daher ist auch der Einsatz eines Widerrufsmechanismus nicht notwendig. Allerdings ist die Weitergabe persönlicher Daten nicht automatisiert. Zudem wird mit der zweiten Option ein Interaktionsdienst eingeführt, der nach seiner Spezifikation [KMSW05] von dem anfragenden Partnerunternehmen betrieben wird. Dieser kann die Berechtigung des Nutzers ändern, falls der Nutzer seine Berechtigung nicht digital signiert. Ist letzteres der Fall, so ist der Nutzer allerdings über seinen Testschlüssel zur digitalen Signatur eindeutig identifizierbar und mehrere Berechtigungen können ihm zugeordnet werden. Dies führt dazu, dass seine Transak-

3.3 Identitätsmanagementsysteme und CRM 57

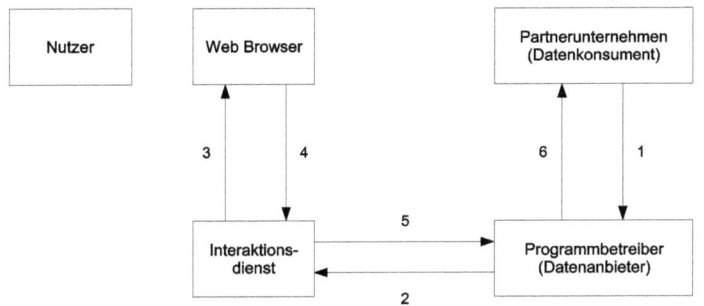

Abbildung 3.11: Indirekte Anfrage über einen Interaktionsdienst [KMSW05].

tionen von dem Anbieter des Interaktionsdienstes, d.h. dem Partnerunternehmen, verkettet werden können.

Den prinzipiellen Ablauf der Anfrage über einen Interaktionsdienst zeigt die Abbildung 3.11. Die Zugriffsanfrage eines Partnerunternehmens wird von dem Programmbetreiber über den Interaktionsdienst an den betroffenen Nutzer weitergeleitet (Schritte 1-3). Eine Anfrage enthält die Web-Adresse des Datendienstes (ResourceID), ggf. eine natürlichsprachliche Beschreibung der Anfrage und den Verweis (URL) zu der Zugriffsanfrage oder die Anfrage selbst. Eine Anfrage (Inquiry) bezieht sich auf die persönlichen Daten (InquiryElementType) und auf die Zugriffsentscheidung des Nutzers. Die Antwort des Nutzers stellt die Berechtigung für das anfragende Partnerunternehmen dar, mit der dieses ggf. die geforderten persönlichen Daten erhält (Schritte 4-6). Die Antwort des Nutzers (InteractionResponse) enthält seine Zugriffsentscheidung zu den einzelnen Anfragen und optional die Anfrage und damit auch die Identität dieses Partnerunternehmens.

Eine Automatisierung der Weitergabe persönlicher Daten über Zugriffsrechte realisiert **die dritte Option** mit der Delegation von Credentials. Eine Berechtigung wird in der Form eines Credentials von einem Identitätsdienstanbieter ausgestellt und an den bzw. die Datenkonsumenten weitergegeben [ACVC$^+$05]. Es bezieht sich auf seinen bzw. seine Empfänger (ProxySubject), auf die Kundennummer des Nutzers (SessionSubject), auf den Programmbetreiber (ProviderID) und auf seinen Datendienst (ResourceID). Der Datendienst ist durch seine Web-Adresse angegeben, so dass eine Anfrage nach persönlichen Daten Bestandteil dieser Adresse sein sollte. Dieser Teil der Zugriffsanfrage ist dienstabhängig.

Damit gegenüber den Partnerunternehmen keine identifizierenden Daten zu dem Nutzer anfallen, über den seine Transaktionen verkettet werden können, enthält ein Credential seinen Name in verschlüsselter Form. Die Verschlüsselung erfolgt mit dem öffentlichen Schlüssel des Programmbetreibers [AKW05]. Nach der Entschlüsselung des Namens kann der Programmbetreiber die Anfrage des Partnerunternehmens dem Profil des betroffenen Nutzers zuordnen. Ist der Schlüsseltext bei jeder Delegation eines Nutzers unterschiedlich, so erhalten Partnerunternehmen keine Angaben zu dem Nutzer, anhand denen sie seine Transaktionen verketten und somit ihre Profile über ihn zusammenlegen können.

Den prinzipiellen Ablauf einer Delegation von Credentials über n Partnerunternehmen zeigt die Abbildung 3.12. Ein Credential wird um die Namen der Partnerunternehmen erweitert, denen der Nutzer seine Einwilligung für den Zugriff auf seine Daten erteilt hat. Mit der weiteren Delegation eines delegierten Credentials entsteht eine Delegationskette. Sie beginnt mit dem Partnerunternehmen, mit dem der Nutzer direkt kommuniziert, und endet mit dem Partnerunternehmen, das sich gegenüber dem Programmbetreiber für den Zugriff auf die persönlichen Daten des Nutzers authentifiziert. Im ersten Schritt fragt das *Partnerunternehmen 1* die Berechtigung des Nutzers an, die das *Partnerunternehmen n* gegenüber dem Programmbetreiber benötigt. Der zweite Schritt leitet die Anfrage an den Identitätsdienstanbieter um, der aufgrund der Policy des Nutzers über die Delegation der Berechtigung entscheidet. In den Schritten drei und vier erhält das *Partnerunternehmen 1* das erforderliche Credential. Im fünften Schritt wird das Credential an das *Partnerunternehmen n* weitergegeben, das sich damit im sechsten Schritt gegenüber dem Programmbetreiber ausweist. Die Zugehörigkeit des Credentials zu seiner Identität weist das *Partnerunternehmen n* mit einer digitalen Signatur nach. Der verwendete Signaturschlüssel gehört zu dem öffentlichen kryptographischen Schlüssel, der im Credential unter der Identität des *Partnerunternehmens n* enthalten ist. Da ausschließlich das *Partnerunternehmen n* diese digitale Signatur erstellen kann, ist auch bei der Delegation eines Credentials die Zurechenbarkeit von Transaktionen gegeben. Im siebten Schritt erhält das *Partnerunternehmen n* den Zugriff auf die gewünschte Daten oder seine Abfrage wird abgewiesen. Das Ergebnis seiner Dienstleistung wird im achten Schritt an das *Partnerunternehmen 1* und den Nutzer zurückgegeben.

Für die Durchsetzung der Zugriffe nach den Angaben eines Credentials geht die Liberty Alliance davon aus, dass der Programmbetreiber die Bedingungen eines Credentials überprüft und entsprechend durchsetzt. Es wird die Veröffentlichung der Protokollmitschriften mit einem anschließenden Audit über das Verhalten des Datendienstes vorgeschlagen, aber nicht weiter verfolgt [VEH$^+$05]. Des Weiteren fehlt in den Spezifikationen der Liberty Alliance ein Delegationsprotokoll. Gomi, Hatakeyama, Hosono und Fujita stellen ein Protokoll zur Delegation von Rechten [GHHF05] zur Verfügung, das ähnlich zum Delegationsmechanismus von Kerbe-

3.3 Identitätsmanagementsysteme und CRM

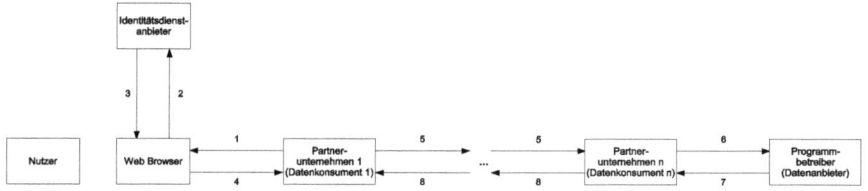

Abbildung 3.12: Transitive Delegation eines Credentials nach [ACVC+05].

ros [KN93] ist. Das Protokoll bezieht in jeder Transaktion zu einer Delegation eines Credentials den Identitätsdienstanbieter mit ein, so dass dieser allerdings die Transaktionen des Nutzers verketten kann. Diese Erweiterung ist nicht Bestandteil des Liberty Alliance Identitätsmanagementsystems.

3.3.2.4 Ergebnis

Das Identitätsmanagementsystem der Liberty Alliance erfüllt fast alle Anforderungen des mehrseitigen CRM. Alleine das notwendige Vertrauen der Nutzer in den Identitätsdienstanbieter und in den Programmbetreiber macht den Unterschied aus. Dem Identitätsdienstanbieter müssen Nutzer und der Programmbetreiber vertrauen, da er an jeder Authentifikation und Delegation eines Credentials seiner Nutzer beteiligt ist und die Beziehung zwischen der Kundennummer des Nutzers und seinen Transaktionspseudonymen kennt. Den Partnerunternehmen muss nicht vertraut werden. Ihr Wissen über ihre Nutzer besteht aus dessen Transaktionspseudonym und den erhobenen Rabattdaten und ggf. Profildaten, die sie von dem Programmbetreiber erhalten haben. Sind letztere Daten nicht eindeutig auf einen Nutzer zurückzuführen, so können sie die Transaktionen eines Nutzers nicht miteinander in Verbindung bringen. Hinsichtlich der Einhaltung der Obligationen müssen Nutzer dem Programmbetreiber vertrauen, da die Liberty Alliance zwar einen Audit über seine Zugriffsentscheidungen vorschlägt, allerdings diesen und zugehörige technische Mechanismen nicht spezifiziert. Dieses Vertrauensmodell der Liberty Alliance zeigt die Abbildung 3.13.

Für die Einwilligung eines Nutzers zum Zugriff auf seine Daten verwendet die Liberty Alliance Credentials. Credentials werden von einem Identitätsdienstanbieter ausgestellt und digital signiert. Durch die digitale Signatur ist die Integrität und Authentizität der zertifizierten Daten gewährleistet. Damit sind die Transaktionen eines Nutzers bzw. eines Partnerunternehmens, in denen ein Credential zur Authentifizierung verwendet wird, dem Handelnden eindeutig zuzuordnen und die Zurechenbarkeit der Transaktionen ist gegeben. Dies ermöglicht die Profilerstellung zu den verwendeten Pseudonymen. Ferner vollzieht ein Nutzer die Erteilung seiner Einwilligung durch die Vergabe von Credentials nach, so dass damit die Voraussetzung für die Kontrolle der Zugriffsentscheidungen und einem nachvollziehbaren Fluss seiner persönlichen Daten besteht. Durch die Policy eines Nutzers und seinen Entscheidungen bei einer Datenanfrage ist die zweckbezogene Zugriffsentscheidung gegeben.

Für die Weitergabe von Rechten ist der Zweckbezug durch die URL des Datendienstes in Kombination mit der Angabe der betreffenden Daten und die Angabe des autorisierten Datenkonsumenten gegeben. Obligationen für die Nutzung delegierter Rechte beziehen sich auf Gültigkeitszeit eines Credentials und auf die autorisierten Empfänger des Zugriffsrechtes. Mit dem letzteren Attribut eines Credentials und der Zugriffsentscheidung des Programmbetreibers wird eine Delegation auf bestimmte Partnerunternehmen eingeschränkt. Bei einer Delegation eines Rechts in der Form von Credentials fallen für Partnerunternehmen keine identifizierenden Daten über den Nutzer an, da dessen Pseudonym vom Identitätdienstanbieter verschlüsselt in das Credential eingetragen wird. Der Programmbetreiber ordnet die erhaltenen Rabattdaten und die Zugriffsanfragen eines Partnerunternehmens dem Profil des betroffenen Nutzers zu, indem er die verschlüsselte Kundennummer eines Credentials entschlüsselt. Damit kann er und der Identitätdienstanbieter die Pseudonymität eines Nutzers aufheben und ihn identifizieren. Für den Widerruf eines Zugriffsrechtes müsste das System um den Widerruf delegierter Credentials erweitert werden.

Von der Verwendung eines Interaktionsdienstes für die Weitergabe einer Berechtigung ist abzuraten. Soll die Integrität einer Berechtigung geschützt sein, so muss der Nutzer diese digital signieren. Dies hat die Verkettung seiner Transaktionen über seine digitale Signatur bzw. seinen öffentlichen Schlüssel pk_{Nutzer} zur Folge. Wird eine Berechtigung nicht digital signiert, so kann sie von dem Interaktionsdienst bzw. dem anfragenden Partnerunternehmen vor seiner Zugriffsanfrage geändert werden. Damit würde der Nutzer die Kontrolle über den Zugriff auf seine Daten verlieren.

3.3.3 iManager

Der Identitätsmanager iManager wurde an der Universität Freiburg im Rahmen des DFG-Schwerpunktprogramms (SPP 1079) „Sicherheit in der Informations- und Kommunikationstechnik" [WtMJM03] entwickelt [WJGtM+04]. Für die Authentifikation eines Nutzers werden situationsabhängige Sichten auf seine persönlichen Daten definiert. Eine Sicht ist als Teil-Identität bezeichnet und beinhaltet zu den persönlichen Daten ein Pseudonym i und das damit verbundene kryptographische

3.3 Identitätsmanagementsysteme und CRM

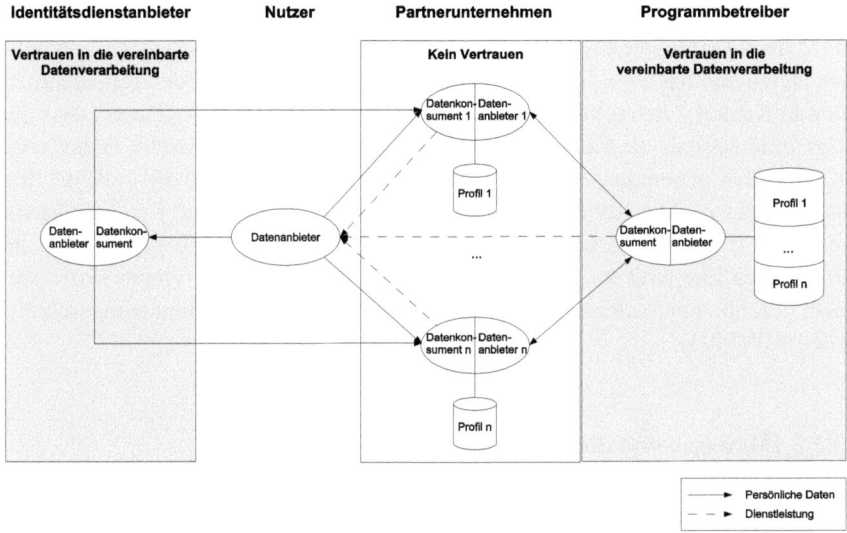

Abbildung 3.13: Das Vertrauensmodell der Liberty Alliance für dessen Einsatz im CRM.

Schlüsselpaar (pk_i, sk_i) [Jen03]. Ein Nutzer kontrolliert mit dem iManager und seine Teil-Identitäten den Zugriff auf seine persönlichen Daten, die in dem geschützten Speicherbereich des persönlichen, mobilen Endgerätes gespeichert sind.

3.3.3.1 Konfiguration des iManager für den Einsatz im CRM

Teil-Identitäten bilden die Rollen eines Nutzers ab, die er gegenüber Diensteanbietern und damit gegenüber Partnerunternehmen und dem Programmbetreiber einnimmt. Ein Nutzer definiert die Zugriffsregeln auf seine Daten durch die Konfiguration seiner Teil-Identitäten. Für den Einsatz in CRM ist das Pseudonym i die Kundennummer eines Nutzers und pk_i die kryptographische Repräsentation der Kundennummer. Ein Nutzer authentifiziert sich gegenüber einem Partnerunternehmen und dem Programmbetreiber mit der *Teil-Identität i* und der digitalen Signatur zu dem Schlüssel sk_i. Das datenkonsumierende Partnerunternehmen erhält dadurch den Zugriff auf alle persönlichen Daten der *Teil-Identität i*. Somit dürfen die Basis- und Rabattdaten nicht Bestandteil dieser Teil-Identität sein. Sie würden sonst jedem Partnerunternehmen, gegenüber diese Teil-Identität verwendet wird, zugänglich sein und diese könnten die Transaktionen des Nutzers anhand den Daten der *Teil-Identität i* verketten.

Die Beglaubigung der Daten einer Teil-Identität ist i.A. Aufgabe einer CA, d.h. der iManager setzt eine PKI voraus. Eine CA bestätigt die Beziehung der persönlichen Daten und des Pseudonyms zu dem öffentlichen Schlüssel der Teil-Identität. Allen in Kapitel 2 betrachteten Kundenbindungsprogrammen ist gemein, dass der Programmbetreiber die Kundenkarten zu seinem Programm ausstellt. Daher wird im Folgenden davon ausgegangen, dass ein Programmbetreiber die Teil-Identität seiner Nutzer zu dem Kundenbindungsprogramm zertifiziert. Das Ergebnis ist ein Credential. Für deren Verwaltung und Nutzung benötigt der iManager benötigt ein persönliches Endgerät mit einer Kommunikationsschnittstelle, einem Prozessor, einem geschützten Speicherbereich und mit einer graphischen Benutzungsschnittstelle [tMWM03].

3.3.3.2 iManager und die Erhebung persönlicher Daten

Die Abbildung 3.14 zeigt den Authentifizierungsvorgang für den Fall der Erhebung persönlicher Daten. Es wird davon ausgegangen, dass die verwendete *Teil-Identität B* die elektronische Kundenkarte für das verwendete Kundenbindungsprogramm ist. Für die Ausgangssituation wird weiterhin angenommen, dass ein Nutzer zuerst mit seiner Teil-Identität *Anonym* auftritt.

Die Anfrage nach persönlichen Daten wird vom iManager in Schritt 2 entgegengenommen. Die Schritte 3-6 entscheiden die Zugriffsanfrage des Partnerunternehmens auf die persönlichen Daten eines Nutzers. In Schritt 3 gleicht der iManager die Anfrage des Partnerunternehmens nach der Kundenkarte mit den Zugriffsregeln der gegenwärtigen Teil-Identität ab. Ist der Zugriff nicht erlaubt, dann wird der Nutzer in Schritt 4 über diesen Konflikt informiert. Der iManager schlägt dem Nutzer daraufhin die geeignete *Teil-Identität B* vor. In Schritt 5 entscheidet der Nutzer über den Zugriff auf seine Daten, indem er die *Teil-Identität B* auswählt, die *Teil-Identität C* passend zur Datenanfrage erstellt oder die Dienstanfrage abbricht. Der Zugriff auf die Kundennummer und auf $pk_{Teil-Identitaet\ B}$ erfolgt in Schritt 6, indem sich der Nutzer gegenüber dem Partnerunternehmen mit der *Teil-Identität B* ausweist. Der Nachweis der *Teil-Identität B* gegenüber dem Dienst erfolgt durch die digitale Signatur einer zufälligen Nachricht mit dem Signaturschlüssel $sk_{Teil-Identitaet\ B}$. Falls der Nutzer eine neue *Teil-Identität C* erstellt hat, dann wird sie vor ihrer Verwendung von dem Programmbetreiber zertifiziert (Schritte 7 und 8). Hält das Partnerunternehmen die Daten der *Teil-Identität B* für authentisch, so wird dem Nutzer die gewünschte Dienstleistung erbracht. Die Weitergabe der erhobenen Daten an den Programmbetreiber wird von dem iManager nicht betrachtet.

3.3 Identitätsmanagementsysteme und CRM

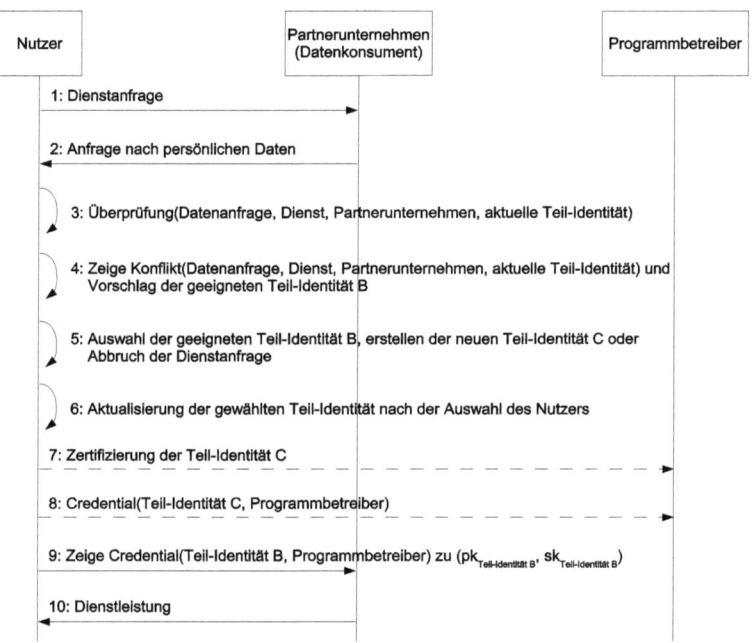

Abbildung 3.14: Erstmalige Erhebung persönlicher Daten mit dem iManager.

3.3.3.3 iManager und die Weitergabe persönlicher Daten

Das Konzept des iManager betrachtet nicht die Weitergabe persönlicher Daten. Wird der iManager für diesen Fall eingesetzt, so benötigt das Partnerunternehmen, das die Rolle des Datenkonsumenten einnimmt, für den Datenzugriff das Credential zur *Teil-Identität B*. Zusätzlich benötigt es den zugehörigen Schlüssel $sk_{Teil-Identitaet\ B}$, um die Autorisierung zur Nutzung dieses Credentials mit der digitalen Signatur nachzuweisen. Die Anwendung des Authentifikationsprotokoll und die damit einhergehende Weitergabe des Signaturschlüssels stellt die Abbildung 3.15 in Schritt 7 dar.

3.3.3.4 Ergebnis

Der iManager ist zwar für die Implementierung einer elektronischen Kundenkarte geeignet, zur Bewahrung der informationellen Selbstbestimmung im CRM ist er jedoch nicht zu empfehlen. Durch die Zertifizierung einer Teil-Identität sind

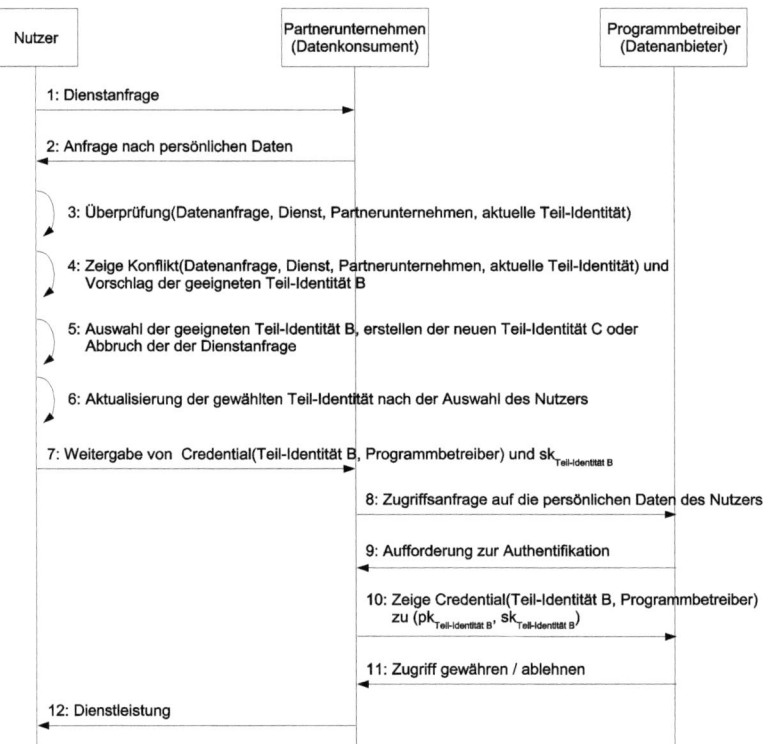

Abbildung 3.15: Delegation eines Credentials für die Weitergabe persönlicher Daten unter Verwendung des iManager.

deren Angaben nachträglich nicht änderbar, so dass deren Integrität und Authentizität geschützt ist. Durch die Auswahl einer Teil-Identität entscheidet der Nutzer je nach Datenanfrage und anfragendem Dienst über den situationsabhängigen Zugriff auf seine Daten. Auf der anderen Seite ist ein Nutzer allerdings mit der Verwendung einer zertifizierten Teil-Identität eindeutig identifizierbar. Bei seiner Authentifizierung gegenüber Partnerunternehmen gibt er den öffentlichen Schlüssel seiner Teil-Identität bekannt und seine Transaktionen sind somit bereits bei der Erhebung persönlicher Daten verkettbar. Nutzer und der Programmbetreiber müssen den Partnerunternehmen folglich vertrauen. Um dies zu vermeiden, darf er ein Teil-Identität genau einmal benutzen. Allerdings führt dies zu einem Zertifizierungsaufwand, der gleich der Anzahl der Transaktionen eines Nutzers multipliziert mit der Anzahl der Nutzer eines Kundenbindungsprogramms ist.

3.3 Identitätsmanagementsysteme und CRM

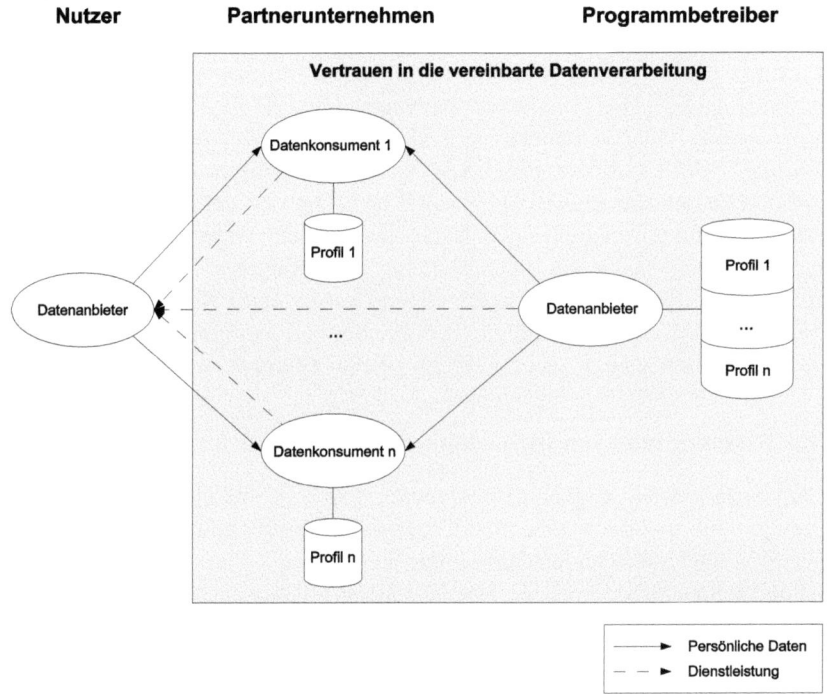

Abbildung 3.16: Der Einsatz des iManager in CRM führt zu einem einseitigen Vertrauensmodell.

Für den Fall der Weitergabe persönlicher Daten verliert ein Nutzer mit dem Einsatz des iManager die Kontrolle über den Zugriff auf seine Daten. Es ist ihm nicht möglich, die Nutzung des weitergegebenen geheimen Schlüssels zu dieser Teil-Identität zu spezifizieren. Folglich kann das betreffende Partnerunternehmen den erhaltenen Signaturschlüssel und damit die zugehörige Teil-Identität bzw. das Credential uneingeschränkt verwenden und ist für den vollständigen Zugriff auf das Profil des Nutzers autorisiert. Für den Programmbetreiber ist es aufgrund der fehlenden Obligationen nicht erkennbar, ob das Partnerunternehmen für einen eingeschränkten Zugriff autorisiert ist. Somit müssen Nutzer den Partnerunternehmen vertrauen, dass sie den erhaltenen Signaturschlüssel nicht missbrauchen. Daraus ergibt sich das einseitige Vertrauensmodell, das die Abbildung 3.16 zeigt.

3.3.4 IBM idemix

IBM idemix (identity mix) [CH02] ist ein System für anonymisierte Credentials nach [CL01, CL02]. Das Credentialsystem setzt eine PKI voraus und wird von dem Identitätsmanagementsystem des EU-Projektes *Privacy and Identity Management for Europe (PRIME)*[7] verwendet [CSS⁺05]. Die Teilnehmer an dem System sind Nutzer und Organisationen. Die Protokolle beziehen sich auf die Erstellung eines Pseudonyms, die Ausstellung, den Nachweis und den Widerruf eines anonymisierten Credentials sowie auf die Aufhebung der Anonymität eines Nutzers. IBM idemix setzt für die Zertifizierung der Eigenschaften eines Nutzers eine PKI voraus. Für die Nutzung der erstellten Pseudonyme und anonymisierten Credentials sowie des Schlüssels k_{Nutzer} wird ein persönliches Endgerät vorausgesetzt.

3.3.4.1 Konfiguration von IBM idemix für den Einsatz im CRM

Ein Nutzer besitzt einen geheimen, symmetrischen Schlüssel k_{Nutzer}, an den seine Pseudonyme und anonymisierten Credentials kryptographisch gebunden sind. Dieser Schlüssel stellt seine Identität dar. Die CA, die Partnerunternehmen und der Programmbetreiber besitzen jeweils ein asymmetrisches, kryptographisches Schlüsselpaar (pk_X, sk_X), wobei X für den jeweiligen Namen des Diensteanbieters steht.

Soll IBM idemix für Kundenbindungsprogramme eingesetzt werden, so ist die Kundennummer eines Nutzers ein Attribut eines anonymisierten Credentials und entspricht gleich dem Pseudonym, das der Nutzer mit dem Programmbetreiber vereinbart hat. Mit der Repräsentation der Kundennummer durch dieses Pseudonym ordnet der Programmbetreiber die Transaktionen des Nutzers zu dessen Profil zu. Die Ausstellung einer elektronischen Kundenkarte und damit die Zuweisung einer Kundennummer zu einem Nutzer erfolgt durch den Programmbetreiber. Die allgemeine Feststellung und Zertifizierung der Identität eines Nutzers erfolgt durch eine CA. Der Programmbetreiber bzw. die CA verwendet für die Ausstellung der anonymisierten Credentials den Schlüssel $sk_{Programmbetreiber}$ bzw. sk_{CA}. Zusätzlich nimmt der Programmbetreiber die Rolle des De-Anonymisierungsdienstes ein, damit er die Transaktionen eines Nutzers mit anonymisierten Credentials zu dessen Kundennummer und damit Profil zuordnen kann.

Ein Nutzer benötigt für die Verwendung und Nutzung anonymisierter Credentials ein persönliches Endgerät, das über eine Kommunikationsschnittstelle, einem Prozessor zur Ausführung der kryptographischen Protokolle und einem geschützten Speicherbereich verfügt.

---

[7] http://www.prime-project.eu

3.3 Identitätsmanagementsysteme und CRM

3.3.4.2 Die Erstellung von Pseudonymen

Nutzer treten bei Verwendung anonymisierter Credentials immer mit einem Pseudonym auf. Dies ist die Voraussetzung für den Nachweis eines anonymisierten Credentials [CL01]. Ein Nutzer vereinbart mit einer Organisation O, z.B. einer CA, einem Partnerunternehmen oder dem Programmbetreiber, das *Pseudonym N(Nutzer, O)*. Zusätzlich wird der Prüfwert *P(Nutzer, O)* erstellt, mit dem ein Credential an das Pseudonym eines Nutzers gebunden wird. Der Prüfwert wird aus den Werten der Organisation und denen des Nutzers, u.a. seinem geheimen Schlüssel k_{Nutzer}, vom Nutzer berechnet und von der Organisation verifiziert. Durch die Verwendung von Commitments [8] ist die Vertraulichkeit der Eingabeparameter, u.a. von k_{Nutzer}, bei ihrer nachweisbaren Bindung an den zu beweisenden Prüfwert gesichert. Die korrekte Konstruktion von *P(Nutzer, O)* wird durch einen Zero-Knowledge-Beweis (*Zero-Knowledge Proof - ZKP*)[9] nachgewiesen. Dadurch bleibt der Organisation O der geheime Schlüssel k_{Nutzer} verborgen. Es fallen somit außer dem Pseudonym und dessen Prüfwert keine weiteren Daten über den Nutzer an. Zum Abschluss eines Protokollablaufs speichern beide Parteien sowohl das erstellte Pseudonym als auch dessen Prüfwert.

3.3.4.3 Die Ausstellung anonymisierter Credentials

Zu Beginn der Zertifizierung weist ein Nutzer mit einem ZKP-Beweis nach, dass das Pseudonym *N(Nutzer, Programmbetreiber)* zu ihm gehört. Im Fallbeispiel handelt es sich bei dem Pseudonym *N(Nutzer, Programmbetreiber)* um die Kundennummer des Nutzer. Die Beziehung zwischen der Kundennummer und dem Nutzer zertifiziert der Programmbetreiber zusätzlich zu den Angaben eines Credentials. In die Erstellung des anonymisierten Credentials gehen der Prüfwert *P(Nutzer, Programmbetreiber)* und die Primzahl *e(Nutzer, Programmbetreiber)* ein. Über den Prüfwert *P(Nutzer, Programmbetreiber)* ist das Credential indirekt an k_{Nutzer} gebunden. Der Programmbetreiber signiert die zu zertifizierenden Angaben digital und bestätigt damit ihre Beziehung zu dem Nutzer, d.h. zu *N(Nutzer, Programmbetreiber)*. Abschließend erhält der Nutzer das Credential und es wird außerdem von dem Programmbetreiber zusammen mit *N(Nutzer, Programmbetreiber)* und *P(Nutzer, Programmbetreiber)* veröffentlicht.

---

[8] Eine Einführung in Commitments findet sich in Anhang B.
[9] Das Zero-Knowledge Beweisverfahren ist in Anhang C erläutert.

3.3.4.4 Der Widerruf anonymisierter Credentials

Der Widerruf eines anonymisierten Credentials erfolgt durch dessen Aussteller, d.h. in diesem Fall durch den Programmbetreiber. Damit eine unerwünschte Identifikation eines Nutzers und eine Verkettung seiner Transaktionen vermieden wird, werden für den Widerruf dynamische Akkumulatoren eingesetzt [CL02]. Ein dynamischer Akkumulator ist ein Wert, der über alle nicht-widerrufenen anonymisierten Credentials berechnet wird, indem deren Primzahl *e(Nutzer, Programmbetreiber)* dem Akkumulator hinzugefügt wird. Für den Nachweis, das ein anonymisiertes Credential nicht widerrufen wurde und daher in die Berechnung des zugehörigen Akkumulators eingegangen ist wird ein Zeugenwert (*witness*) benutzt. Dieser besagt, dass *e(Nutzer, Programmbetreiber)* in die Berechnung des Akkumulators eingegangen ist. Sobald ein anonymisiertes Credential widerrufen wurde, werden der Akkumulator und die Zeugenwerte zu den restlichen Credentials neu berechnet.

3.3.4.5 IBM idemix und die Erhebung persönlicher Daten

IBM idemix verfügt über zwei Protokolle zur Authentifikation mit einem anonymisierten Credential. Die erste Protokollvariante setzt voraus, dass ein Nutzer sich mit einem anonymisierten Credential gegenüber dem Dienst authentifiziert, der ihm dieses Credential ausgestellt hat. Dann muss er nur die Beziehung zwischen dem Credential und seinem Pseudonym nachweisen. Diese Protokollvariante eignet sich für den Einsatz, wenn der Nutzer die Dienstleistung des Programmbetreibers in Anspruch nehmen möchte und sich ihm gegenüber zu authentifizieren hat. Die zweite Protokollvariante wird dann eingesetzt, wenn ein Nutzer sich gegenüber einem weiteren Dienst und unter Verwendung eines anderen Pseudonyms ausweist. Dann muss der Nutzer zudem zeigen, dass das Pseudonym, auf das das Credential ausgestellt wurde, auch auf k_{Nutzer} basiert. Den Nachrichtenfluss der zweiten Protokollvariante zeigt die Abbildung 3.17.

Der Nutzer weist gegenüber dem Dienst des Partnerunternehmens D_i nach, dass seine elektronische Kundenkarte von dem Programmbetreiber ausgestellt wurde und dass dieses Credential auf denselben Schlüssel k_{Nutzer} basiert wie das Pseudonym $N(Nutzer, Partnerunternehmen\ D_i)$. Das Commitment A enthält das Credential und das Commitment B wird für den nachfolgenden ZKP benötigt. Durch den ZKP ist der Nutzer gegenüber dem Partnerunternehmen nur mit dem Pseudonym $N(Nutzer, Partnerunternehmen\ D_i)$ und der nachgewiesenen Aussage des Credentials bekannt. Er kann bei seiner Authentifikation selbst bestimmen, welche Angaben seines Credentials offen gelegt werden. So kann er z.B. seine Kun-

3.3 Identitätsmanagementsysteme und CRM

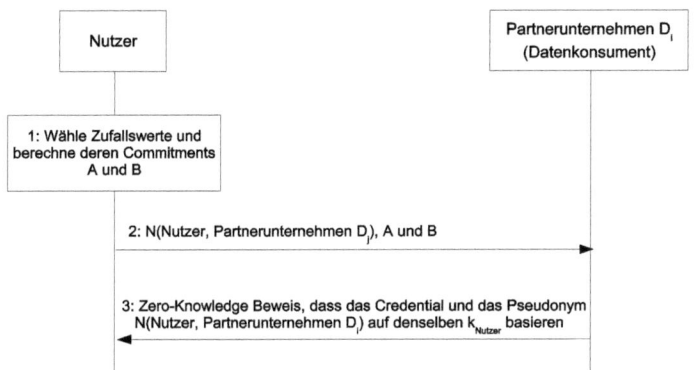

Abbildung 3.17: Erstmalige Erhebung von persönlichen Daten bei Verwendung von IBM idemix.

dennummer veröffentlichen oder nur die Mitgliedschaft in dem Kundenbindungsprogramm nachweisen. Die Erhebung der Rabattdaten im Fall eines Kundenbindungsprogramms ist davon unberührt.

Damit der Programmbetreiber die erhaltenen Rabattdaten dem Profil des Nutzers mit dem Pseudonym $N(Nutzer, Partnerunternehmen\ D_i)$ zuordnen kann, muss er die Kundennummer dieses Nutzers kennen. Hierfür eignet sich das De-Anonymisierungsverfahren von IBM idemix. IBM idemix unterstützt zwei Mechanismen zur Aufhebung der Anonymität. So kann entweder die Identität eines Nutzers oder sein Pseudonym, das er bei der Ausstellung eines Credentials verwendet hat, aufgedeckt werden. Der erste Fall betrifft alle Transaktionen des Nutzers und erreicht deren Zurechenbarkeit zu seiner Identität. Es handelt sich um eine globale De-Anonymisierung. Der zweite Fall bezieht sich auf die Verwendung eines bestimmten Credentials und die damit verbundenen Transaktionen, in denen dieses Credential verwendet wurde. Die Aufhebung der Anonymität ist lokal auf diese Transaktionen bezogen. Damit die Anonymität eines Nutzers aufgehoben werden kann, wird bei der Erstellung des Pseudonyms zusätzlich der Wert $Y(Nutzer, Programmbetreiber)$ mit dem geheimen Schlüssel k_{Nutzer} berechnet und veröffentlicht.

Für die Aufdeckung der Kundennummer eignet sich die lokale Aufhebung der Anonymität. Der Programmbetreiber nimmt zusätzlich die Rolle des De-Anonymisierers ein. Er benötigt von dem Partnerunternehmen das verwendete Pseudonym und die Mitschrift des Authentifikationsprotokolls. Daraus berechnet er den Wert $Y'(Nutzer, Programmbetreiber)$ und prüft, ob $Y(Nutzer, Programmbetreiber) = Y'(Nutzer, Programmbetreiber)$. Ist dies der Fall, so hat der Programmbetreiber das Pseudonym *N(Nutzer, Programmbetreiber)* gefunden, welches im Fallbeispiel CRM der Kundennummer des Nutzers entspricht.

3.3.4.6 IBM idemix und die Weitergabe persönlicher Daten

Für den Zugriff auf die persönlichen Daten des Nutzers, die von dem Programmbetreiber vorliegen, benötigt das Partnerunternehmen das Zugriffsrecht des Nutzers. Folglich benötigt das Partnerunternehmen die elektronische Kundenkarte dieses Nutzers, d.h. sein anonymisiertes Credential. Die Weitergabe von anonymisierten Credentials wird von IBM idemix explizit nicht unterstützt. Vielmehr sind mit der PKI-basierten und der Alles-oder-nichts Nicht-Transferierbarkeit von Credentials zwei Mechanismen vorgesehen, die eine Weitergabe von anonymisierten Credentials erschweren. Gibt ein Nutzer ein anonymisiertes Credential an das Partnerunternehmen D_i weiter, dann benötigt es auch den geheimen Schlüssel k_{Nutzer}, um den Besitz des Credentials gegenüber dem Programmbetreiber nachzuweisen.

Bei der PKI-basierten Nicht-Transferierbarkeit ist es dem Empfänger von k_{Nutzer} möglich, den privaten kryptographischen Schlüssel sk_{Nutzer} aufzudecken sowie zu verwenden und somit die Identität des Nutzers zu übernehmen. Im Prinzip wird sk_{Nutzer} mit k_{Nutzer} verschlüsselt und der Schlüsseltext von der CA veröffentlicht. Gleichzeitig zertifiziert die CA die Beziehungen zwischen dem zugehörigen öffentlichen Schlüssel pk_{Nutzer} und dem Nutzer. Erhält ein Partnerunternehmen den Schlüssel k_{Nutzer}, so hat er Zugriff auf sk_{Nutzer}.

Bei der Alles-oder-nichts Nicht-Transferierbarkeit von anonymisierten Credentials werden alle Credentials und Pseudonyme eines Nutzers an k_{Nutzer} gebunden. Erhält ein Partnerunternehmen nun den Schlüssel k_{Nutzer}, so kann es alle anonymisierten Credentials und Pseudonyme des Nutzers uneingeschränkt verwenden. Die Abbildung 3.18 stellt die Weitergabe eines anonymisierten Credentials bei der Verwendung der Alles-oder-Nichts Nicht-Weitergabeeigenschaft dar. In Schritt 4 gibt der Nutzer seinen Schlüssel k_{Nutzer} an das Partnerunternehmen D_i weiter, damit dieses sich in den Schritten 6 und 7 gegenüber dem Programmbetreiber mit der Zugriffsberechtigung des Nutzers authentifizieren und auf die Nutzerdaten zugreifen kann.

3.3.4.7 Ergebnis

Anonymisierte Credentials nach dem System IBM idemix eignen sich für die erstmalige Erhebung persönlicher Daten. Da anonymisierte Credentials digital von dem Programmbetreiber signiert werden, ist die Integrität und Authentizität der zertifizierten Kundennummer gesichert. Durch die Zertifizierung der Nutzer und

3.3 Identitätsmanagementsysteme und CRM

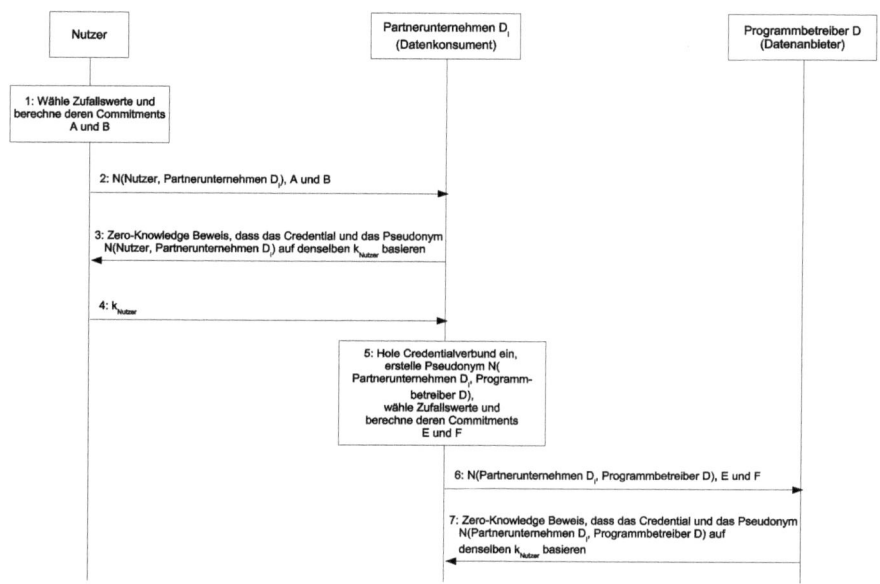

Abbildung 3.18: Weitergabe von k_{Nutzer} bei der Weitergabe eines anonymisierten Credentials mit IBM idemix.

die Bindung ihres anonymisierten Credentials an den Schlüssel k_{Nutzer} ist die Zurechenbarkeit ihrer Transaktionen und damit der erhobenen Daten gegeben. Mit dem Einsatz des ZKP-Beweisverfahrens wird zum Einen die Zurechenbarkeit erreicht und zum Anderen authentifizieren sich Nutzer ohne identifizierende Daten zu zeigen. Da nur der Besitzer von k_{Nutzer} den ZKP erfolgreich durchführen kann, ist die Transaktion eindeutig zu dem Besitzer des Pseudonyms $N(Nutzer, Partnerunternehmen D_i)$ zugeordnet. Aus der zweiten Eigenschaft des Zero-Knowledge Beweisverfahrens folgt, dass Nutzer den Partnerunternehmen nicht mehr vertrauen müssen. Sie können die Transaktionen der Nutzer nicht verketten, falls die Nutzer zusätzlich Transaktionspseudonyme verwenden. Allerdings müssen Nutzer dem Programmbetreiber vertrauen, da er ihre Transaktionen verketten muss, um ihnen die erhobenen Rabattdaten zuzuordnen. Dafür nimmt er die Rolle des De-Anonymisierers ein und hebt die Anonymität seiner Nutzer auch im Betrugsfall auf. Die Abbildung 3.19 zeigt dieses Vertrauensmodell. Im allgemeinen Fall, d.h. wenn eine Verkettung der Transaktionen nicht gefordert ist, müssen Nutzer keinem Diensteanbieter vertrauen.

Für die Weitergabe persönlicher Daten ist IBM idemix nicht geeignet. Durch

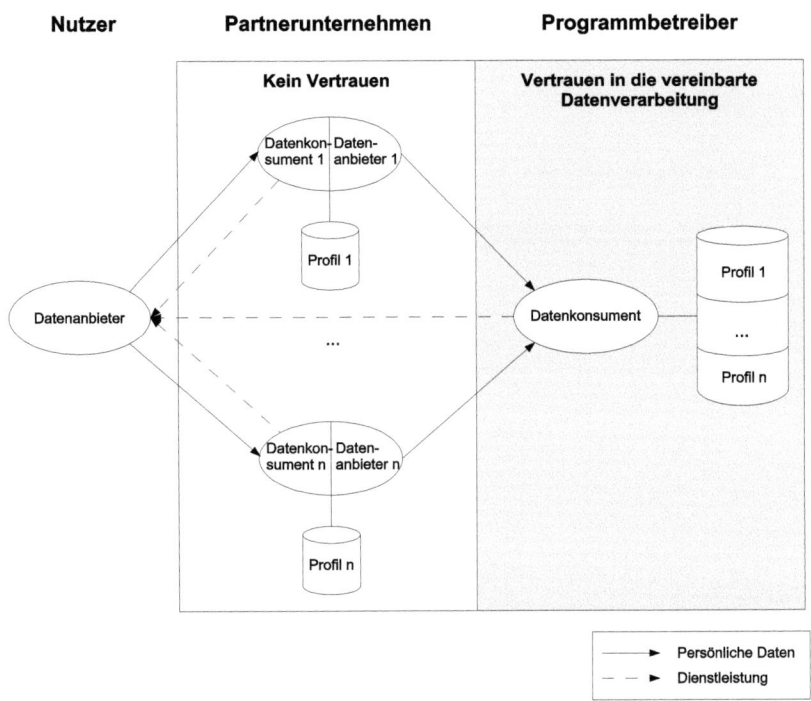

Abbildung 3.19: Nutzer müssen mit IBM idemix allein dem Programmbetreiber vertrauen.

dessen Nicht-Transferierbarkeit-Mechanismen wird bei der Delegation von Rechten mit anonymisierten Credentials je nach Mechanismus entweder die Identität des Nutzers aufgedeckt oder er verliert die Kontrolle über die Nutzung seiner gesamten Credentials und damit Zugriffsrechte. Es gibt für Nutzer keine Möglichkeit die Verwendung von k_{Nutzer} einzuschränken. Somit ist das einseitige Vertrauensmodell der Abbildung 3.20 realisiert.

Allerdings verfügt IBM idemix über drei interessante Eigenschaften für die Delegation von Rechten. Erstens, der Zweckbezug eines Credentials ist frei definierbar. IBM idemix gibt kein Datenformat für die Attribute eines anonymisierten Credentials vor. Zweitens, auch die Anzahl der erlaubten Nutzung eines delegierten Zugriffsrechtes könnte kryptographisch durchgesetzt werden, indem IBM idemix die einmalige Anwendung eines anonymisierten Credentials durch eine Protokollerweiterung durchsetzt. Ein Einmal-Credential (*one-show*) ist für genau einen Nachweis gültig. Für die Aufdeckung einer Mehrfachverwendung stehen

3.4 Ergebnis

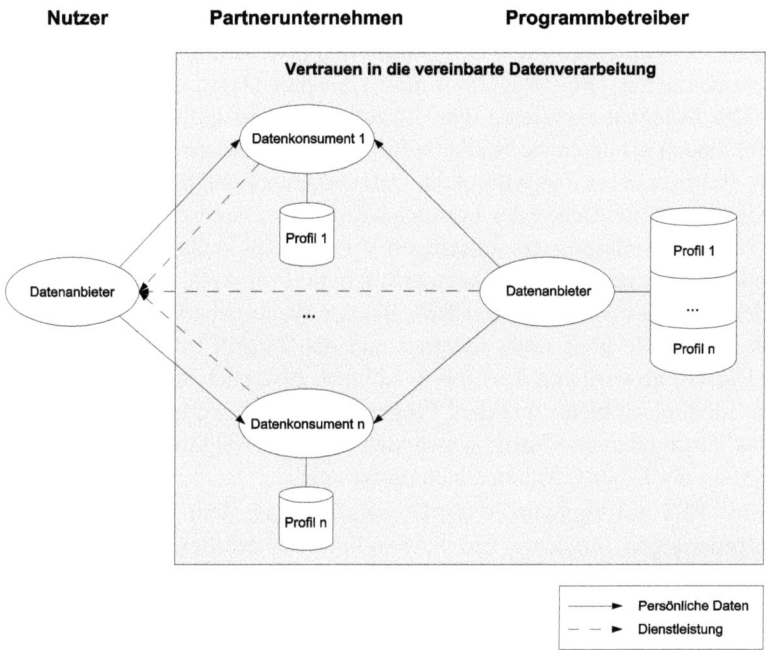

Abbildung 3.20: Das mit IBM idemix realisierte Vertrauensmodell für die Delegation von Rechten mit anonymisierten Credentials.

ein on-line als auch ein off-line Test analog zu den Tests für elektronische Münzen [CFN90] zur Verfügung. Im Falle eines off-line Tests wird der Schlüssel k_{Nutzer} aufgedeckt. Drittens unterstützt IBM idemix den Widerruf anonymisierter Credentials. So könnte im Fall der Weitergabe der Widerruf einer Einwilligung eines Nutzers technisch durch den Widerruf eines anonymisierten Credentials erfolgen.

3.4 Ergebnis

Keines der untersuchten Sicherheitssysteme erfüllt alle Anforderungen des mehrseitigen CRM. Allerdings stellen die Identitätsmanagementsysteme Mechanismen zur Verfügung, die in ihrer Kombination diese Anforderungen erfüllen könnten. Die Tabelle 3.2 fasst das Ergebnis der Untersuchung zusammen und nennt die verwendeten Mechanismen der betrachteten Identitätsmanagementsysteme. Sind in einem Feld zwei Mechanismen genannt, so bezieht sich der erste Mechanismus auf die Erhebung persönlicher Daten und der zweite Mechanismus auf die Weitergabe persönlicher Daten. Der Bindestrich bedeutet, dass dieses System den Fall nicht betrachtet. Die Delegations- und Transparenzsysteme sind außen vor gelassen. Die Delegationssysteme unterstützen zwar eine fallweise Delegation von Rechten, jedoch schützen sie Nutzer aufgrund der statischen Merkmale ihrer Credentials nicht vor einer unerwünschten Datenerhebung und damit Profilerstellung. Transparenzsysteme dienen der Formalisierung von Datenschutzerklärungen und tragen zu einer Änderung des einseitigen Vertrauensmodells der Praxis nicht bei. Für die Erhebung persönlicher Daten erfüllen die Protokolle von IBM idemix die Anforderungen des mehrseitigen CRM. Bei der Weitergabe verliert der Nutzer jedoch die Kontrolle über seine Identität und den Zugriff auf seine persönlichen Daten. Dieser Fall wird von der Liberty Alliance zusätzlich abgedeckt, wobei Nutzer dem Identitätsanbieter und dem Programmbetreiber vertrauen müssen. Daher wird das vorgeschlagene Vertrauensmodell für die Delegation von Rechten mit dem System der Liberty Alliance nicht umgesetzt.

Da eine PKI mit anonymisierten Credentials nach dem System IBM idemix die Anforderungen für den ersten Anwendungsfall erfüllen, stellen sie als Mechanismus die Grundlage für ein Identitätsmanagementsystem zur Umsetzung des mehrseitigen CRM bereit. Die Nutzung anonymisiertes Credentials muss nach den Regeln des mehrseitigen CRM erfolgen, welche als Policy formalisiert werden. Hierzu eignet sich eine Policysprache wie EPAL, die sie Obligationen unterstützt. Da sich nach dem Szenario eine Policy nicht nur vor und auf den Zeitpunkt der Delegation, sondern auch auf Operationen mit persönlichen Daten nach der Delegation bezieht, ist der Zeitpunkt ihrer Durchsetzung entsprechend unterschiedlich. Ein Beispiel für die Durchsetzung einer Regel in der Zukunft ist die erlaubte Anzahl der Nutzung von weitergegebenen, anonymisierten Credentials und damit der Zugriffe auf persönliche Daten.

Für die **ex ante** Durchsetzung einer Policy eignen sich Verifikations- und Testverfahren. Für die Delegation anonymisierter Credentials bedeutet dies, dass die beteiligten Dienste die Policy ausführen aber nicht dagegen verstoßen können. Für eine Verifikation wird das Modell des Dienstes und die Eigenschaften der Policy spezifiziert. Mit dem Einsatz von formalen Methoden wird die Einhaltung der Eigenschaften in diesem Modell bewiesen [Man01]. *Proof-Carrying Code* [Nec97] ist z.B. ein Verfahren, mit dem Nutzer sich selbst von den Eigenschaften eines Systems überzeugen können. In diesem Fall kann die Identität in Form von k_{Nutzer} an einen Dienstanbieter weitergegeben werden, da er k_{Nutzer} aufgrund den verifizierten Eigenschaften seines Dienstes nicht im Widerspruch zur Policy nutzen und weitergeben kann. Testverfahren überprüfen stichprobenartig einen Dienst auf die Einhaltung einer Policy [Mye82]. Allerdings ist es im Allgemeinen nicht mög-

3.4 Ergebnis

lich, einen Dienst vollständig zu testen. Somit besteht die Wahrscheinlichkeit von Fehlern, so dass mit einem getesteten Dienst trotzdem gegen eine Policy verstoßen werden kann [Lig03]. Ändert sich eine Policy, so muss der Dienst erneut verifiziert bzw. getestet werden. Da sich eine Policy auf eine Transaktion pro Dienstleistung eines Nutzers bezieht und mehrere Dienstleistungen von beliebig vielen Nutzern in Anspruch genommen werden ist die Anzahl der Instanzen einer Policy ebenfalls beliebig. Dies führt dazu, dass der Einsatz von Verfahren zur ex ante Durchsetzung einer Policy nicht praktikabel ist. Daher wird dieser Ansatz nicht weiter verfolgt.

Für die Durchsetzung einer Policy **während** einer Delegation eignen sich Monitore [GMW07]. Sie überwachen bzw. entscheiden Zugriffsanfragen zur Laufzeit [SdCdV01]. In diesem Fall sind es die Zugriffsanfragen auf k_{Nutzer} und die erforderlichen Credentials des Nutzers für den Zugriff auf seine Daten. Allerdings können Monitore nicht alle Regeln einer Policy durchsetzen. So sind z.B. die Regeln „Ein Credential bzw. der geheime Schlüssel k_{Nutzer} darf nicht weitergegeben werden" und „Ein Dienstanbieter darf maximal n mal auf die Daten des Nutzers zugreifen" von dem Referenzmonitor des Nutzers nicht durchsetzbar. Sie finden außerhalb seines Zugriffskontrollbereiches statt und können somit von ihm nicht durchgesetzt werden [HBP05]. Ein Ansatz für die Durchsetzung von zeitlich beschränkten Obligationen ist der Einsatz der Techniken des *Digital Rights Management (DRM)* [HBP05]. Diese Techniken setzen einen Referenzmonitor voraus, der von dem Datenanbieter (Nutzer) gesteuert wird [RTM01]. Für das Fallbeispiel bedeutet dies, dass jeder beteiligte Dienstanbieter einen vom Nutzer kontrollierbaren Referenzmonitor einsetzt. Dieser Eingriff in die IT-Systeme der Dienstanbieter erscheint nicht realistisch. Nutzer haben somit keinen Einfluss auf das Verhalten der Dienste der beteiligten Dienstanbieter und damit auf die Nutzung von k_{Nutzer}. Für die Delegation von Rechten in Form von anonymisierten Credentials ohne Weitergabe der Identität k_{Nutzer} eignet sich ein kryptographisches Protokoll. Das Ziel eines kryptographischen Protokoll ist es, die Anzahl der Vertrauensbeziehungen für ein bestimmtes Ziel zu minimieren [Pfi98, FS03]. Da nach der Annahme die Nutzer den Dienstanbietern in Bezug auf die Einhaltung der vereinbarten Regeln nicht vertrauen, ist ein kryptographisches Protokoll zu entwickeln mit dem Nutzer ihre Zugriffsregeln an Dienstanbieter delegieren ohne ihre Identität k_{Nutzer} mit ihnen zuteilen und folglich keine zusätzlichen Daten anfallen. Für die Durchsetzung der delegierten Zugriffsregeln, die sich auf die Zukunft beziehen, ist jedoch ein zusätzlicher Sicherheitsmechanismus notwendig.

Die **ex post** Durchsetzung einer Policy bezieht sich auf Zugriffsentscheidungen, die getroffen worden sind. Nachdem im vorherigen Abschnitt der Protokollansatz als eine Alternative für die Weitergabe von k_{Nutzer} eingeführt wurde, bezieht sich die ex post Durchsetzung auf die Einhaltung der Obligationen. Da die Zugriffsentscheidungen von dem Datendienstanbieter in der Rolle eines Datenanbieters getroffen werden, erfolgt bei ihm der Einsatz des Schutzmechanismus. Das Ziel ist es, Beweise für die Einhaltung einer Policy zu erstellen [HBP05, SSA06]. Durch einen Audit sind die Zugriffsentscheidungen mit den vereinbarten Regeln vom Nutzer abzugleichen, um ggf. eine Verletzung der Regeln zu identifizieren. Die Grundlage für ein Audit stellt ein Log der Zugriffsentscheidungen dar, das mit einer sicheren Logging-Komponente erstellt wird [Acc07].

3.4 Ergebnis

Anforderungen	Shibboleth	Liberty Alliance	iManager	IBM idemix
Zweckbezug	Policy / -	Policy / Credential	Teil-Identität / -	Commitment / -
Fallweise Einwilligung	Credential / -	Credential / Credential	Credential / -	Credential / -
Widerruf einer Einwilligung	-	-	-	Dynamischer Akkumulator
Datensparsame Delegation von Rechten	-	Credential	-	-
Zurechenbarkeit	Pseudonym & Authentifikationsgeheimnis / -	Pseudonym & Authentifikationsgeheimnis / Pseudonym & Authentifikationsgeheimnis	Pseudonym & digitale Signatur	Pseudonym & ZKP
Nachvollziehbarkeit	-	Audit	-	-

Tabelle 3.2: Identitätsmanagementsysteme und ihre Eignung für das mehrseitige CRM.

4 DREISAM: Identitätsmanagementsystem mit der Delegation von Rechten

Mit dem Identitätsmanagementsystem DREISAM wird in diesem Kapitel das technische Sicherheitswerkzeug zur Realisierung des mehrseitigen CRM vorgestellt. Es soll die kontrollierbare Erhebung und Weitergabe persönlicher Daten nach den Bedingungen und Obligationen für den Zugriff auf diese Daten ermöglichen. DREISAM baut auf dem mobilen Identitätsmanager iManager der Universität Freiburg und auf dem anonymisierten Credentialsystem IBM idemix auf und führt Protokolle für die Delegation und den Widerruf von Zugriffsrechten ein [WM06]. Die Zurechenbarkeit der Transaktionen eines Nutzers bzw. eines Partnerunternehmens soll durch ein Audit der CA bzw. des Programmbetreiber in Anlehnung an [Acc07] erfolgen. Der Entwurf der Protokolle folgt in Abschnitt 4.1. Daran schließt der Entwurf von DREISAM mit dessen Teil-Systemen und ihrem Zusammenspiel in Abschnitt 4.2 an. Das Zusammenspiel wird durch die Spezifikation des Protokolls zur Delegation von Rechten gezeigt. Die Funktionsweise des DREISAM-Systems für das Fallbeispiel CRM zeigt der Abschnitt 4.3 und ist das Ergebnis dieses Kapitels.

4.1 Protokolle zur Delegation von Rechten und zu deren Widerruf

Die Analyse von Kerberos hat gezeigt, dass Kerberos mit dem *proxiable* Ticket Granting Ticket ein spezielles Credential für die Delegation verwendet und damit die Weitergabe der Identität des Nutzers (k_{Nutzer}) umgeht. Dieses Konzept der Proxy Credentials nach [Neu93] macht sich DREISAM zu eigen. Proxy Credentials werden für die zweckbezogene Delegation von Zugriffsrechten verwendet, die einem Nutzer in Form von anonymisierten Credentials vorliegen.

4.1.1 Berechtigung für den Erhalt von Zugriffsrechten bei ihrer Delegation: Proxy Credential

Ein Proxy Credential muss sich auf die Delegation eines Zugriffsrechtes für einen bestimmten Zugriff auf Nutzerdaten und sich zugleich nachweisbar auf einen bestimmten Nutzer beziehen. Ein Proxy Credential setzt sich aus den folgenden Attributen zusammen und ist mit der digitalen Signatur des Ausstellers ein Attributzertifikat nach [FH02]:

- **Zweckbindung:** In diesem Verbund sind die Obligationen und Bedingungen für den Zugriff auf persönliche Daten angegeben. Sie spezifizieren dessen Verwendungszweck, wie z.b. die maximale Anzahl der erlaubten Zugriffe und die Datentypen auf denen zugegriffen werden darf. Auch ist hier der Anbieter des Datendienstes als der Datenanbieter genannt, gegenüber dem die Zugriffe erfolgen dürfen.

- **Datenkonsument:** An dieser Stelle werden die Empfänger $Proxy_i$ des Zugriffsrechtes mit ihrem öffentlichen Schlüssel pk_{Proxy_i} angegeben. Der Nutzer hat diese Schlüssel bei der Authentifikation der Diensteanbieter erhalten.

- **Transaktionsnummer (TID):** Sie ist eine eindeutige Nummer und stellt den Bezug zu der Dienstleistung und des zu delegierenden Zugriffsrechtes her. Diese Zahl identifiziert ein Proxy Credential eindeutig, um es u.a. im Falle eines Widerrufen zu identifizieren.

- **Delegation:** Mit diesem booleschen Wert gibt der Nutzer an, ob der Empfänger das Zugriffsrecht weitergegeben werden darf. Diese Angabe ist eine weitere Obligation für die Nutzung des Zugriffsrechtes.

- **Gültigkeitsdauer:** Dieses Attribut gibt den Zeitraum an, in dem das Proxy Credential gültig ist. Es setzt sich aus dem Anfangs- und Enddatum zusammen.

- **Aussteller:** Mit diesem Attribut wird der Aussteller genannt, der die Authentizität der Beziehung dieser Attribute mit seiner digitalen Signatur bestätigt.

Damit die Transaktionen eines Nutzers nicht mittels eines Proxy Credentials verkettet werden können, werden sie von einer CA ausgestellt. Sollte andernfalls ein Nutzer Proxy Credentials ausstellen, so signiert er sie digital mit seinem privaten Schlüssel sk_{Nutzer}. Seine zugehörigen Transaktionen sind folglich über die digitale Signatur bzw. deren Prüfung mit dem korrespondierenden öffentlichen

Schlüssel pk_{Nutzer} verkettbar. Eine CA ersetzt hingegen den Nutzer in dem Zertifizierungspfad zur Prüfung eines Proxy Credentials. Aus Sicht des Datendienstanbieters überprüft eine CA in dessen Auftrag, ob die Zugriffsrechte zu diesem Nutzer gehören und ob er zu ihrer Delegation berechtigt ist.

4.1.2 Teilnehmer und Annahmen

An den Protokollen nehmen ein Nutzer als Datenanbieter, ein Diensteanbieter als Datenkonsument, eine CA und der Datendienstanbieter als Datenanbieter teil. Die Aufhebung der Anonymität eines Nutzers bzw. des datenkonsumierenden Diensteanbieters erfolgt unverändert nach dem Protokoll aus [CL01] und erfordert daher eine De-Anonymisierungspartei. Ein Nutzer verfügt über den kryptographischen, symmetrischen Schlüssel k_{Nutzer}. Die beteiligten Diensteanbieter verfügen über ein eigenes asymmetrischen Schlüsselpaar (pk_i, sk_i) und über einen eigenen symmetrischen Schlüssel k_i.

Es wird davon ausgegangen, dass eine PKI für anonymisierte Credentials nach [CH02] besteht. Der Datendienstanbieter vertraut der CA, dass sie gemäß ihren Zertifizierungsregeln Proxy Credentials und anonymisierte Credentials ausstellt. Die Kommunikation des Nutzers mit den Diensteanbietern ist gegenüber Dritten durch den Einsatz von Anonymitätsdiensten unbeobachtbar. Weiterhin wird angenommen, dass sich die Teilnehmer vor einer Kommunikation gegenseitig authentifizieren. Sollte ein Teilnehmer am Protokoll einen Fehler im Protokollablauf entdecken, so wird er seinen Kommunikationspartner unverzüglich darüber informieren und den Protokollablauf abbrechen. Weiterhin wird davon ausgegangen, dass der Nutzer über das anonymisierte Credential zum weiterzugebenden Zugriffsrecht verfügt.

4.1.3 Phasen der Protokolle

Im Folgenden werden die Protokolle für die Delegation und den Widerruf von Rechten in ihren Phasen vorgestellt. Sie verwenden die Protokolle des Systems IBM idemix als Teil-Protokolle.

4.1.3.1 Phasen der Delegation eines Zugriffsrechtes

Eine Delegation eines Zugriffsrechtes und dessen Anwendung erfolgt mit DREISAM in vier Phasen. Die Abbildung 4.1 stellt den zeitlichen Ablauf der Phasen und die beteiligten Parteien dar.

Die **Phase A** betrachtet die Anfrage eines Diensteanbieters an einen Nutzer nach seinen persönlichen Daten. In dieser Phase entscheidet der Nutzer über den Zugriff auf die gewünschten Daten und damit über die Delegation des erforderlichen Zugriffsrechtes an den Diensteanbieter. Es wird die Zugriffskontrolle in dem Zugriffskontrollbereich des Nutzers realisiert.

Die **Phasen B und C** realisieren die Delegation von Rechten über die Ausstellung eines anonymisierten Credentials für den Diensteanbieter. Die Ausstellung erfolgt durch die CA. Das Ziel der **Phase B** ist die Ausstellung und Weitergabe des Proxy Credentials an einen Diensteanbieter, so dass er die entsprechenden Zugriffsrechte des Nutzers verwenden und deren Authentizität gegenüber dem Datendienstanbieter ohne Kenntnis des geheimen Schlüssels k_{Nutzer} nachweisen kann.

Die **Phase C** zielt auf die Übertragung der Zugriffsrechte des Nutzers an den datenkonsumierenden Diensteanbieter ab. In dieser Phase entscheidet die CA über die Ausstellung eines anonymisierten Credentials in Abhängigkeit des Proxy Credentials des Diensteanbieters. Bei einer positiven Entscheidung werden die Zugriffsrechte in Form eines anonymisierten Einmal-Credentials mit dessen Bedingungen und Obligationen an den geheimen Schlüssel k_{Proxy} des Diensteanbieters gebunden.

Mit der **Phase D** wird die Delegation abgeschlossen. Diese Phase zielt auf den zweckbezogenen Zugriff auf persönliche Daten des Nutzers nach den delegierten Zugriffsrechten ab. Sie realisiert die Zugriffskontrolle in dem Zugriffskontrollbereich des Datendienstanbieters.

4.1.3.2 Phasen des Widerrufs eines delegierten Zugriffsrechtes

Das Ziel eines Widerrufs ist es, dass delegierte Zugriffsrechte und damit die zugehörigen Credentials nicht mehr genutzt werden können, so dass dieser Zugriff auf persönliche Daten nicht mehr erfolgt. Die CA soll die betreffenden Credentials nach ihrem Widerruf nicht mehr ausstellen, und der Datendienstanbieter soll eine Zugriffsanfrage unter Verwendung eines widerrufenen Credentials abweisen. Somit bezieht sich der Widerruf sowohl auf das Proxy Credential des Diensteanbieters als auch auf die für ihn ausgestellten anonymisierten Credentials. Die drei Phasen eines Widerrufs zeigt die Abbildung 4.2.

Das Ziel der **Phase E** ist die Initiierung des Widerrufs mit dem Nachweis, dass der Anfragesteller für den Widerruf berechtigt ist. Die Anfrage wird an die CA gestellt. Sie prüft, ob der Anfragesteller für den Widerruf berechtigt ist. Dies ist dann der Fall, wenn er identisch zu dem Nutzer ist, für den die Berechtigung ausgestellt wurde, oder der Datendienstanbieter ist, der dem Nutzer diese Zugriffsrechte zugewiesen hat.

4.1 Protokolle zur Delegation von Rechten und zu deren Widerruf   83

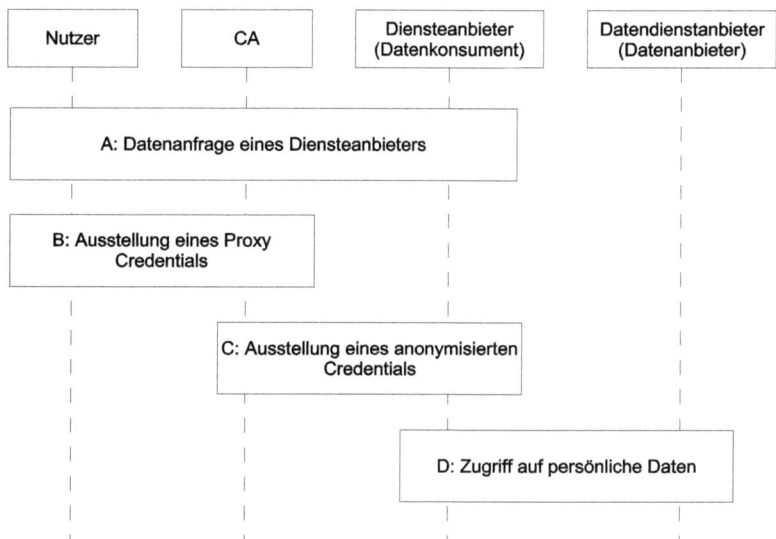

Abbildung 4.1: Die Protokollphasen der Delegation eines Zugriffsrechts mit DREISAM.

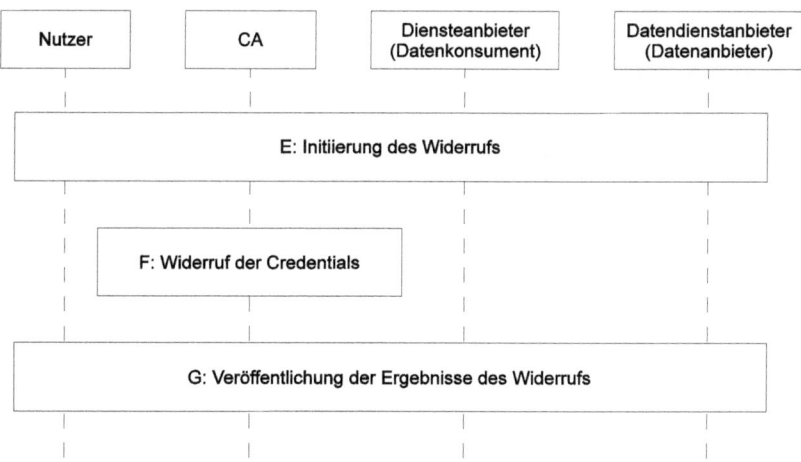

Abbildung 4.2: Die Protokollphasen des Widerrufs eines delegierten Zugriffsrechtes mit DREISAM.

Das Ziel der **Phase F** ist die Durchführung des Widerrufs des Proxy Credentials und der zugehörigen anonymisierten Einmal-Credentials der Diensteanbieter. Dazu werden gegenwärtige Widerrufsmechanismen für herkömmliche Attributzertifikate, wie z.b. eine Zertifikatswiderrufsliste (CRL) [FB97], mit dem Mechanismus für den Widerruf anonymisierter Credentials, ein dynamischer Akkumulator nach [CL02], kombiniert eingesetzt.

Das Ziel der **Phase G** ist die Veröffentlichung der Ergebnisse des Widerrufs. Der Widerruf des Proxy Credentials wird von der CA als Teil der aktualisierten CRL veröffentlicht. Der Akkumulator wird als Teil des öffentlichen Schlüssel pk_{CA} der CA veröffentlicht, z.b. über ihren Verzeichnisdienst.

4.1.4 DREISAM-Delegationsprotokoll

Der Nachrichtenfluss zwischen den Teilnehmern bei einer Delegation wird im Folgenden nach den vier Phasen des Protokolls beschrieben. Für die Zugriffskontrolle der CA in Bezug auf die Ausstellung anonymisierter Credentials wird eine Zugriffskontrollliste namens *Delegationsliste* eingeführt. Ferner wird davon ausgegangen, dass der Datendienstanbieter seine Zugriffsentscheidungen protokolliert und die Rolle des De-Anonymisierers einnimmt, um eine Anfrage dem Profil des betroffenen Nutzers zuordnen zu können.

4.1.4.1 Phase A: Datenanfrage eines Diensteanbieters

Die **Phase A** wird durch die Protokollschritte 1-3 realisiert. Sie zeigt die Abbildung 4.3. Im ersten Schritt fordert der Nutzer eine Dienstleistung eines Diensteanbieters an, der später in die Rolle des Proxy wechseln wird. Der Nutzer tritt gegenüber dem Diensteanbieter mit dem *pseudonym(Nutzer, Proxy)* auf. Dies ist eine Bedingung für die Verwendung anonymisierter Credentials (s. Kapitel 3. Im zweiten Schritt fordert der Diensteanbieter bestimmte Daten des Nutzers an, die er für seine Dienstleistung benötigt. Im dritten Schritt entscheidet der Nutzer über den Zugriff. Die Entscheidung trifft entweder der Identitätsmanager des Nutzers automatisch durch eine vorgegebene Regel oder der Nutzer entscheidet explizit über den Zugriff durch eine Interaktion mit seinem Identitätsmanager. Entscheidet sich der Nutzer für den Zugriff auf die angefragten Daten, so wird mit der Phase B fortgefahren.

4.1.4.2 Phase B: Ausstellung eines Proxy Credentials

Die **Phase B** wird durch die Schritte 4-16 realisiert (s. Abbildung 4.4). Im vierten Schritt fordert der Nutzer bei der CA ein Proxy Credential für den Diensteanbieter

4.1 Protokolle zur Delegation von Rechten und zu deren Widerruf   85

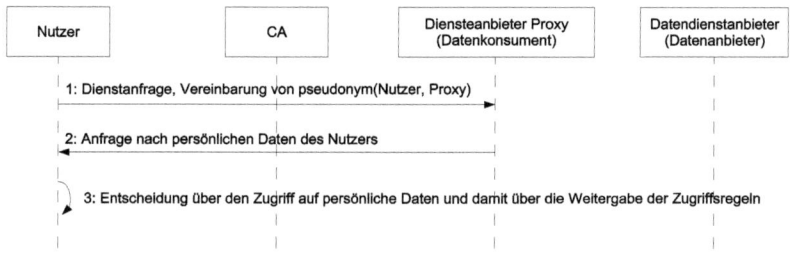

Abbildung 4.3: Phase A: Datenanfrage eines Diensteanbieters.

an. Mit der Anfrage übermittelt er die vereinbarten Regeln zur Nutzung der Zugriffsrechte. Gegenüber der CA tritt der Nutzer mit *pseudonym(Nutzer, CA)* auf. Die Erstellung des Pseudonyms entfällt, wenn der Nutzer bereits mit der CA ein Pseudonym vereinbart hat und eine Beziehung zu einer früheren Transaktion über das Pseudonym herstellen möchte. Im fünften Schritt fordert die CA den Nutzer zum Nachweis der Beziehung zwischen den Zugriffsrechten und seinem Pseudonym auf.

Die Schritte 6-9 bereiten den Nachweis im zehnten Schritt vor. Sie befassen sich mit dem Beweis, dass das anonymisierte Credential des Nutzers nicht widerrufen wurde. Für den Nachweis eines nicht-widerrufenen anonymisierten Credentials wird ein Zeugenwert verwendet. Dieser wird von dem Aussteller des anonymisierten Credentials berechnet. Je nachdem, ob ein Zugriffsrecht das erste Mal oder ein bereits delegiertes Recht weitergegeben wird, wird der Akkumulator von dem Datendienstanbieter oder der CA verwendet. Den Akkumulator des Diensteanbieters erhält der Nutzer im siebten Schritt. Er ist nach [CL02] Teil des öffentlichen Schlüssels $pk_{Datendienstanbieter}$. Im achten Schritt ist der Zeugenwert mit *witness w(e(credential(Zugriffsrechte, pseudonym(Nutzer, Datendienstanbieter))), Datendienstanbieter)* bezeichnet. Dabei entspricht *e(credential(Zugriffsrechte, pseudonym(Nutzer, Datendienstanbieter)), Datendienstanbieter))* der Primzahl des anonymisierten Credentials zu den Zugriffsrechten des Nutzers. Der Zeugenwert bezieht sich auf den Akkumulator *accumulator(v, Datendienstanbieter)*, der von dem Datendienstanbieter ausgestellt und gepflegt wird. Ob der Zeugenwert überhaupt aktualisiert werden muss, d.h. ob sich der Akkumulator geändert hat, wird in den Schritten sechs bis acht geprüft. Da der aktuelle Akkumulator Bestandteil des öffentlichen Schlüssels $pk_{Datendienstanbieter}$ ist, wird dieser im siebten Schritt an den Nutzer geschickt. Im achten Schritt wird dann überprüft, ob der Zeugenwert aktuell ist. Dies erfolgt anhand der Prüfung des erhaltenen Akkumulator, der dazu über eine Seriennummer verfügt. Ist der Zeugenwert nicht auf dem Stand des aktuellen Akkumulator, dann wird er im neunten Schritt aktualisiert. Sollte der Zeugenwert aktuell sein, dann entfällt der neunte Schritt.

Im zehnten Schritt weist schließlich der Nutzer seine Beziehung zu den Zugriffsrechten nach. Dabei wird der Besitz des zugehörigen Zeugenwertes und damit die Zugehörigkeit der Primzahl *e(credential(Zugriffsrechte, pseudonym(Nutzer, Datendienstanbieter), Datendiensteanbieter), Datendienstanbieter)* zum aktuellen Akkumulator durch ein Zero-Knowledge-Beweisverfahren nachgewiesen [CL02]. Die Primzahl wird nicht an die CA zur Berechnung des Zeugenwertes geschickt, da sie sonst die Ausstellung des anonymisierten Credentials mit der Delegation der Zugriffsrechte auf denselben Nutzer zurückführen kann. Im elften Schritt fordert sie den aktuellen Akkumulator des Datendienstanbieters an, den sie im zwölften Schritt erhält. Die Prüfung des anonymisierten Credentials erfolgt im dreizehnten Schritt, wobei das ZKP-Protokoll von IBM idemix zwischen der CA und dem Nutzer abläuft.

Ist das Credential gültig, so fügt die CA in Schritt 14 einen Eintrag in ihre Delegationsliste hinzu. Ein Eintrag bezieht sich auf eine Delegation bestimmter Zugriffsrechte eines Nutzers, die in der Anfrage des Nutzers angegebenen sind. Der Bezug zwischen einem Eintrag in der Delegationsliste und einem Proxy Credential wird durch den eindeutigen Transaktionsbezeichner TID hergestellt. Damit eine CA Dispute zwischen Nutzer und Diensteanbieter in Bezug auf eine Delegation auflösen kann, wird zudem das zugehörige Credential des Nutzers in dem Eintrag gespeichert. Zur Kontrolle über die maximale Anzahl der Anwendungen der weitergegebenen Zugriffsrechte wird für jede Delegation die Anzahl der Weitergaben aufgezeichnet. Ein Eintrag einer Delegationsliste setzt sich aus den folgenden Attributen zusammen:

- Dem eindeutigen Transaktionsbezeichner (TID),

- *pseudonym(Nutzer, CA)* des Nutzers,

- seine zu übertragenen Zugriffsrechte,

- sein zugehöriges anonymisiertes Credential *credential(Zugriffsrechte, pseudonym(Nutzer, Datendienstanbieter), Datendienstanbieter)*,

- die Policy mit den Bedingungen und Obligationen zur Delegation und Nutzung der Zugriffsrechte,

- die Namen der Diensteanbieter, die bereits anonymisierte Credentials zu dem zugehörigen Proxy Credential erhalten haben und

4.1 Protokolle zur Delegation von Rechten und zu deren Widerruf

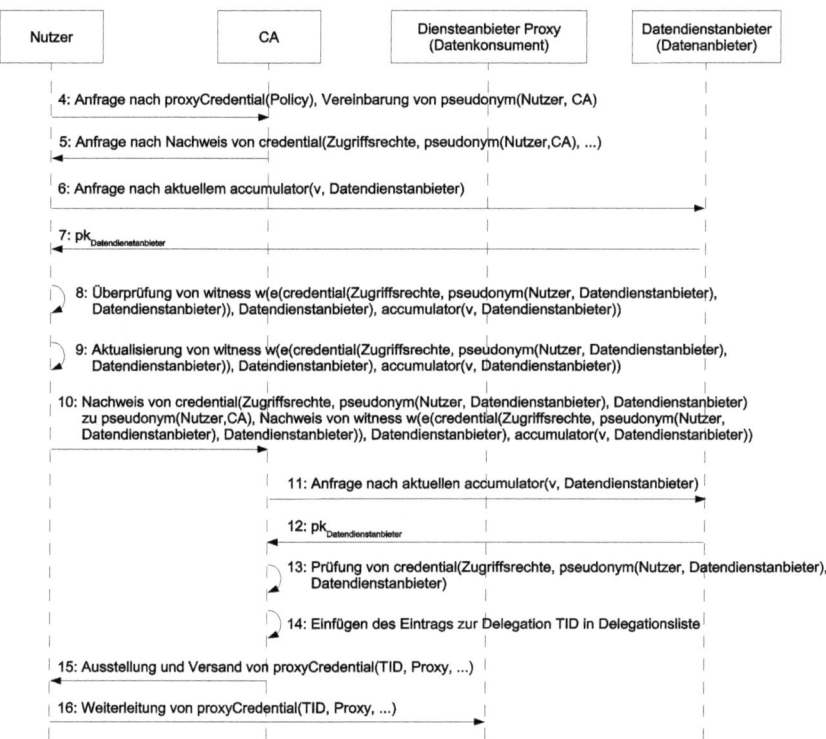

Abbildung 4.4: Phase B: Ausstellung eines Proxy Credentials.

- für jeden Diensteanbieter die Anzahl der ausgestellten anonymisierten Credentials.

In Schritt 15 stellt die CA das angefragte Proxy Credential für den angegebenen Diensteanbieter aus und schickt es als Bestätigung des Vorgangs an den Nutzer. Damit kann der Nutzer nachvollziehen, welche seiner Zugriffsrechte von der CA übertragen werden. Das Proxy Credential bezieht sich auf den öffentlichen Schlüssel pk_{Proxy} des Diensteanbieters, den der Nutzer bei der Authentifizierung des Diensteanbieters vor Beginn des Delegationsprotokolls erhalten und mit der Anfrage im vierten Schritt an die CA weitergegeben hat. Der Nutzer leitet zum Abschluss der Phase B das Proxy Credential an den Diensteanbieter weiter.

4.1.4.3 Phase C: Ausstellung eines anonymisierten Credentials

Die **Phase C** wird durch die Schritte 17-25 realisiert (s. Abbildung 4.5). In Schritt 17 fordert der Diensteanbieter das anonymisierte Credential zu der Zugriffsberechtigung an, auf die sich sein Proxy Credential bezieht. Der Diensteanbieter weist seine Berechtigung zur Nutzung dieser Zugriffsrechte nach, indem er den Besitz des zugehörigen Proxy Credential durch die digitale Signatur der Anfrage unter Verwendung von sk_{Proxy} nachweist. Zusätzlich vereinbart der Diensteanbieter mit der CA *pseudonym(Proxy, CA)*, an den sein anonymisiertes Credential gebunden wird. Im Schritt 18 überprüft die CA, ob das Proxy Credential gültig und ob eine Bindung der Zugriffsrechte an seine Identität erlaubt ist. Dies erfolgt durch den Abgleich des erhaltenen Proxy Credentials über seine TID mit dem zugehörigen Eintrag der Delegationsliste. Ist das Proxy Credential gültig, dann erstellt die CA für den Diensteanbieter ein anonymisiertes Credential mit den zu delegierenden Zugriffsrechten.

Die Attribute des anonymisierten Credentials sind die übertragenen Zugriffsrechte, das Pseudonym des Diensteanbieters, die Mitschrift des Protokollablaufs zum Nachweis des anonymisierten Credentials mit dem Nutzer aus Schritt zehn, die Angabe der CA und der Zeitraum, in dem das Credential gültig ist. Die Mitschrift des Protokollablaufs benötigt der Datendienstanbieter, um das Zugriffsrecht dem Datenbestand dieses Nutzers zuordnen zu können. Der Zeitraum des erlaubten Zugriffs ist durch ein Anfang- und Enddatum angegeben. Sind anonymisierte Credentials einmal ausgestellt, so hat weder der Nutzer noch die CA die Möglichkeit, die Verwendung zu kontrollieren. So könnten sie von einem Diensteanbieter beliebig oft genutzt werden. Daher stellt die CA ausschließlich anonymisierte Einmal-Credentials für die Delegation von Zugriffsrechten aus. Die Schritte 19-24 beziehen sich auf die Ausstellung des anonymisierten Einmal-Credentials für einen Diensteanbieter. Die Nutzungsrechte zur Verwendung des anonymisierten Einmal-Credentials sind mit dem Attribut *Einschränkungen* Bestandteil des Credentials.

Der Anreiz für einen Diensteanbieter ein anonymisiertes Einmal-Credential maximal einmal zu verwenden liegt in der Integration eines Geheimnisses des Diensteanbieters und dessen Veröffentlichung bei einer Mehrfachverwendung [CL01]. Für diesen Zweck wird k_{Proxy} in das anonymisiertes Einmal-Credential kodiert. Der Datendienstanbieter erkennt eine Mehrfachverwendung und sollte die damit verbundene Zugriffsanfrage abweisen. Zu einer uneingeschränkten Nutzung kann es weiterhin kommen, wenn ein Diensteanbieter auf jede Anfrage an die CA ein anonymisiertes Einmal-Credential erhält. Um dies zu verhindern, protokolliert die CA ihre Ausstellungen von anonymisierten Einmal-Credentials zu einem Proxy

4.1 Protokolle zur Delegation von Rechten und zu deren Widerruf

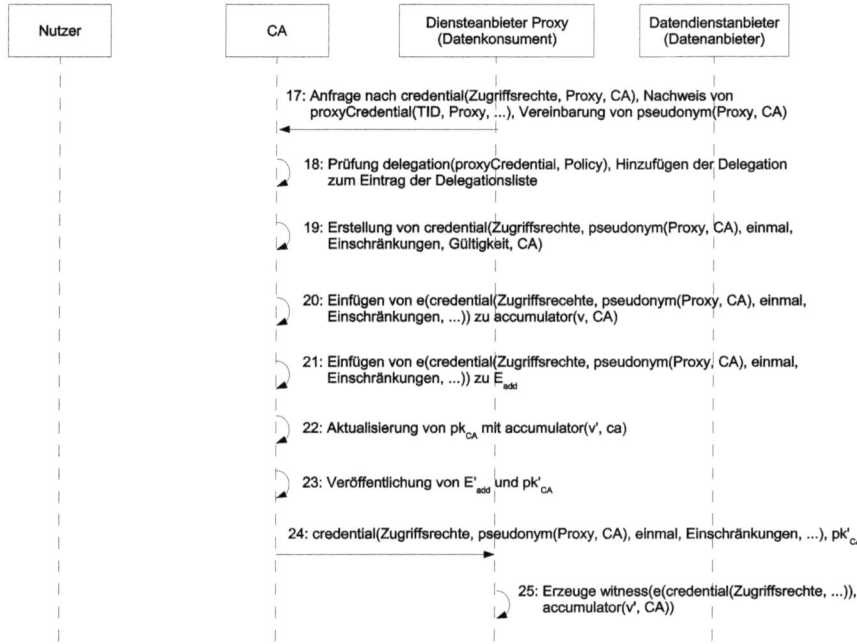

Abbildung 4.5: Phase C: Ausstellung eines anonymisierten Credentials.

Credential und gleicht diese Anzahl mit der oberen Schranke an zulässigen Ausstellungen ab.

In Schritt 20 fügt die CA ihrem Akkumulator *accumulator(v, CA)* die Primzahl *e(Proxy, CA)* des anonymisierten Einmal-Credential hinzu. In Schritt 21 wird der aktualisierte Akkumulator dem Verzeichnisdiensteintrag E_{add} hinzugefügt. Schritt 22 aktualisiert pk'_{CA}, indem der alte Akkumulator durch die neue Version ersetzt wird. Schritt 23 veröffentlicht den aktualisierten Verzeichnisdiensteintrag E'_{add} und pk'_{CA}. Das erstellte Credential wird in Schritt 24 an den Diensteanbieter zusammen pk'_{CA} geschickt. Der Schlüssel pk'_{CA} wird in Form eines Schlüsselzertifikates übertragen, um dessen Authentizität zu sichern. Abschließend erstellt der Diensteanbieter den Zeugenwert zu diesem Credential. Der aktuelle Akkumulator wird aus pk'_{CA} extrahiert. Der Schritt 25 muss vor der ersten Verwendung des erhaltenen anonymisierten Einmal-Credentials ausgeführt werden, um dessen Nachweis erbringen zu können [CL02].

4.1.4.4 Phase D: Zugriff auf persönliche Daten

Die abschließende **Phase D** wird durch die Schritte 26-35 realisiert (s. Abbildung 4.6). In Schritt 26 fordert der Diensteanbieter beim Datendienstanbieter den Zugriff auf bestimmte Daten des Nutzers an und vereinbart mit ihm *pseudonym(Proxy, Datendienstanbieter)*. In Schritt 27 fordert der Datendienstanbieter genau diesen Nachweis an. Schritte 28 bis 31 bereiten die Prüfung vor, ob das anonymisierte Einmal-Credential des Diensteanbieters widerrufen wurde. Diese Prüfung wird in Schritt 34 erfolgen. Es wird ein Akkumulatorwert *accumulator'(v, CA)* berechnet sowie mit dem aktuellen *accumulator(v, CA)* verglichen. Den aktuellen Akkumulatorwert fordert der Datendienstanbieter in Schritt 28 von der CA an und erhält ihn in Schritt 29. Mit den Schritten 30 und 31 erhält der Diensteanbieter den aktuellen Akkumulatorwert der CA anhand dessen er in Schritt 32 überprüft, ob der Zeugenwert *witness w(e(credential(Attribute, pseudonym(Proxy, CA), einmal, Einschränkungen, ...)), CA)* aktuell ist. Dazu wird ein Zeugenwert *witness w'* berechnet. Er ist dann aktuell, wenn er gleich *witness w* ist. In diesem Fall entfällt Schritt 33. Ansonsten wird der alte Zeugenwert *witness w* durch den aktuellen Wert *witness w'* ersetzt. Schritt 34 führt letztendlich den Beweis durch, dass die Zugriffsberechtigung zum Diensteanbieter gehört, indem die Gültigkeit des anonymisierten Einmal-Credentials und die Echtheit der zertifizierten Berechtigung nachgewiesen wird. Durch die Aufhebung der Anonymität des Nutzers identifiziert der Datendienstanbieter das Profil, auf das zugegriffen werden soll. Für die Aufdeckung wird die Mitschrift des Protokolls aus dem zehnten Schritt benötigt, welche Bestand des anonymisierten Einmal-Credentials des Diensteanbieters ist. Die Aufhebung erfolgt mit dem De-Anonymisierungsverfahren aus [CL01]. Aufgrund des Ergebnisses von Schritt 34 und der Rechtezuweisung in der Zugriffskontrollliste des Datendienstanbieters wird dem Diensteanbieter in Schritt 35 entweder der Zugriff auf die angefragten Daten des Nutzers gewährt oder seine Anfrage wird abgewiesen.

4.1.5 DREISAM-Widerrufsprotokoll

Zum Widerruf delegierter Zugriffsrechte kann es aufgrund unterschiedlicher Ereignisse kommen. In Abhängigkeit des eingetretenen Ereignisses ist der Initiator des Widerrufes unterschiedlich. So widerruft der Datendienstanbieter ein anonymisiertes Credential, wenn die zertifizierten Zugriffsrechte dem Nutzer nicht mehr zugeordnet sind. Dies ist z.B. bei einer Kündigung der Teilnahme an einem Kundenbindungsprogramm der Fall. Der Fall, dass ein Nutzer delegierte Zugriffsrechte widerruft, tritt dann ein, wenn die Dienstleistung zeitlich vor dem geplanten Ende

4.1 Protokolle zur Delegation von Rechten und zu deren Widerruf 91

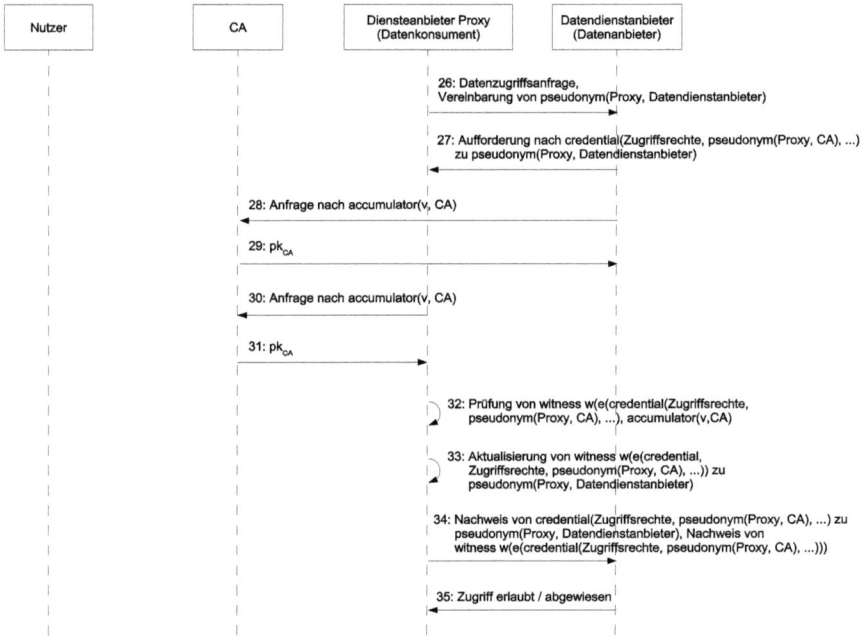

Abbildung 4.6: Phase D: Zugriff auf persönliche Daten.

erbracht wurde oder der Diensteanbieter die erhaltenen Zugriffsrechte missbraucht hat. Im Folgenden wird davon ausgegangen, dass ein Nutzer den Widerruf initiiert.

Ein Widerruf bezieht sich auf das zugehörige Proxy Credential und auf alle anonymisierten Einmal-Credentials, die aufgrund dieses Proxy Credentials ausgestellt wurden. Bei einem Widerruf dürfen nach der Anforderung des mehrseitigen CRM keine identifizierenden Daten über den Nutzers anfallen, anhand denen seine Transaktionen in Verbindung gebracht werden können.

4.1.5.1 Phase A: Initiierung des Widerrufs

Die Protokollschritte 1-8 bilden die ersten Phase des Widerrufs. Deren Ablauf stellt die Abbildung 4.7 dar. Im ersten Schritt wird zusammen mit der Anfrage das betreffende Proxy Credential an die CA übertragen. Mit den Angaben des Proxy Credentials erkennt die CA die betreffende Delegation und die zugehörigen anonymisierten Einmal-Credentials. Die eindeutige Identifizierung des Eintrags der Delegationsliste geschieht über die TID. Zusätzlich gibt der Nutzer mit der Anfra-

4 DREISAM: Identitätsmanagementsystem mit der Delegation von Rechten

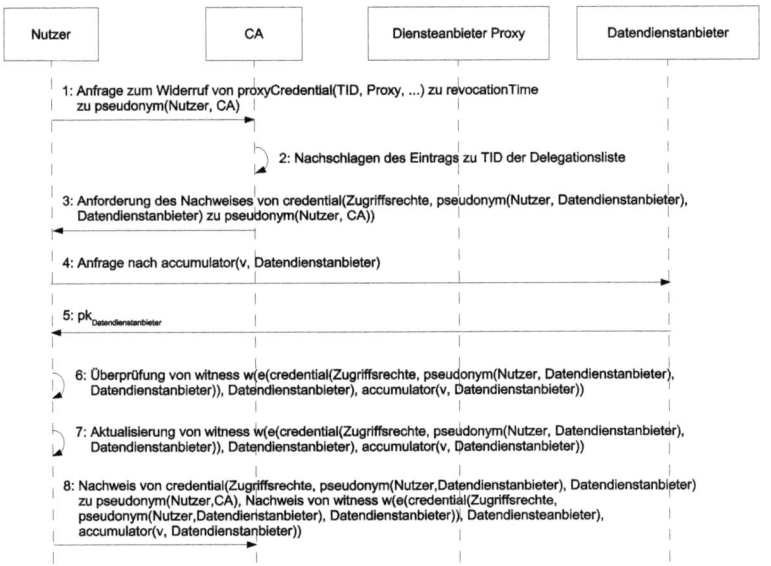

Abbildung 4.7: Phase A: Initiierung des Widerrufs.

ge den gewünschten Zeitpunkt (*revocationTime*) an, zu dem die damit verbundenen anonymisierten Credentials widerrufen sein sollen. Der Nutzer tritt gegenüber der CA unter *pseudonym(Nutzer, CA)* auf, das er auch für die Anfrage nach einem Proxy Credential verwendet hat.

Im nächsten Schritt sucht die CA die anonymisierten Einmal-Credentials und den Diensteanbieter aus der Delegationsliste heraus. Doch bevor der Widerruf durchgeführt wird, vergewissert sich die CA, ob der Nutzer zu *pseudonym(Nutzer, CA)* für diesen Widerruf befugt ist. Daher wird der Nutzer im dritten Schritt dazu aufgefordert, die Beziehung zwischen seiner Person und den Zugriffsrechten, auf die sich der Widerruf bezieht, nachzuweisen. Die nachfolgenden Schritte beziehen sich auf die Prüfung und ggf. Aktualisierung des Zeugenwertes *witness w(e(credential(Zugriffs-rechte, pseudonym(Nutzer, Datendienstanbieter), Datendienstanbieter)), Datendienstanbieter)* und dem Nachweis des anonymisierten Credentials *credential(Zugriffsrechte, pseudonym(Nutzer, Datendienstanbieter), Datendienstanbieter)* zu *pseudonym(Nutzer, CA)*.

4.1.5.2 Phase B: Widerruf der Credentials

Das Ergebnis der Schritte 9-12 ist der Widerruf des Proxy Credentials und der zugehörigen anonymisierten Einmal-Credentials. Alle Schritte werden von der CA ausgeführt (s. Abbildung 4.8). Da ein Proxy Credential im Format eines Attributzertifikates nach [FH02] vorliegt, können die Widerrufsmechanismen einer PKI verwendet werden (vgl. [FB97]). In diesem Fall wird eine Zertifikatswiderrufsliste (CRL) verwendet. Dieser Widerrufsmechanismus ist für die prinzipielle Funktionsweise des Protokolls nicht notwendig und kann durch alternative Mechanismen ersetzt werden. Im neunten Schritt fügt die CA das betreffende Proxy Credential der Widerrufsliste hinzu. Im zehnten Schritt werden sämtliche anonymisierten Einmal-Credentials, die aufgrund des in Schritt 9 widerrufenen Proxy Credentials ausgestellt wurden, widerrufen. Für jedes dieser anonymisierten Einmal-Credentials werden die folgenden Schritte nach [CL02] ausgeführt:

- Schritt 10.1: Die Primzahl e des anonymisierten Einmal-Credentials *credential(Zugriffsrechte, pseudonym(Proxy, CA), einmal, ..., CA)* wird aus *accumulator(v', CA)* entfernt.

- Schritt 10.2: Die Primzahl e wird aus dem Verzeichnisdiensteintrag E_{add} der Primzahlen gültiger anonymisierter Credentials entfernt und

- Schritt 10.3: in den Verzeichnisdiensteintrag E_{delete} der widerrufenen anonymisierten Credentials eingefügt.

Im elften Schritt aktualisiert die CA ihren Akkumulator und fügt ihn anschließend ihrem öffentlichen Schlüssel pk_{CA} hinzu. Sind alle Protokollschritte der Phase B korrekt durchgeführt, so wird der Eintrag der Delegation in der Delegationsliste mit dem Zeitpunkt des Widerrufes (*revocationTime*) als widerrufen markiert. Spätere Anfragen des Diensteanbieters mit dem widerrufenen Proxy Credential werden als ungültig erkannt und abgewiesen. Ferner kann durch die Protokollierung des Zeitpunktes *revocationTime* ein späterer Gebrauch delegierter Zugriffsrechte erkannt werden.

4.1.5.3 Phase C: Veröffentlichung der Ergebnisse eines Widerrufs

Die letzte Phase veröffentlicht den Widerruf in den Schritten 13-19 (s. Abbildung 4.9). Schritt 13 gibt die aktualisierten Verzeichnisdiensteinträge zur Veröffentlichung frei. Durch die zeitgleiche Veröffentlichung der Werte wird ein konsistenter Datenbestand der CRL und dem aktualisierten Akkumulator gewährleistet. Als

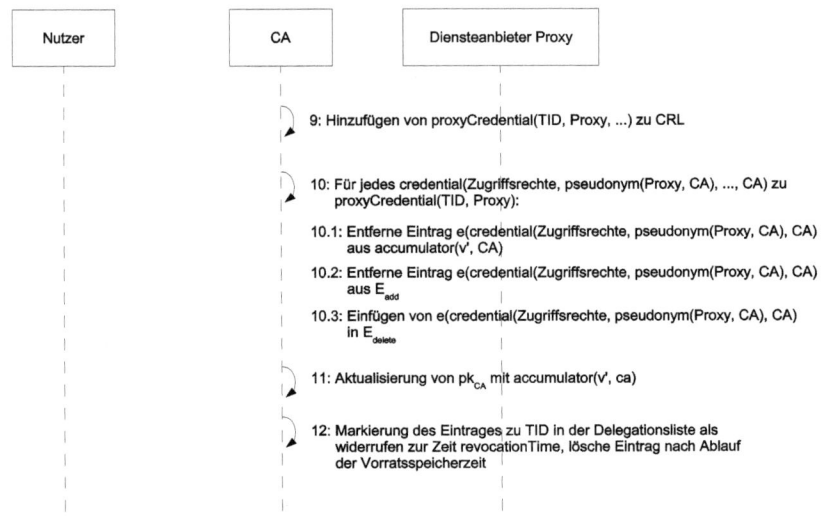

Abbildung 4.8: Phase B: Widerruf der Credentials.

Rückmeldung an den Initiator des Widerrufes gibt die CA das Ergebnis des Widerrufes zusammen mit dem aktuellen Akkumulator als Teil von pk_{CA} zurück. Das Ergebnis des Widerrufes ist im Erfolgsfall *revoked* und sonst *denied*. Schritt 14 wird dann ausgeführt, wenn auch das anonymisierte Credential des Nutzers widerrufen wurde. In diesem Fall aktualisiert der Nutzer den Zeugenwert zu diesem Credential in Abhängigkeit zu dem aktualisierten Akkumulator aus $pk'_{Datendienstanbieter}$. Diesen Akkumulator erhält der Nutzer in Schritt 16 aufgrund seiner Anfrage aus Schritt 15. Schritt 18 leitet das Ergebnis des Widerrufes an den Diensteanbieter weiter, damit dieser in Schritt 19 seine Zeugenwerte aktualisieren kann.

4.2 Systementwurf

Der Systementwurf spezifiziert die DREISAM-Protokolle und Teil-Systeme der Beteiligten. Anhand der nachfolgenden Anwendungsfälle werden die Teil-Systeme mit ihren Modulen identifiziert. Das DREISAM-Delegationsprotokoll zeigt ihr Zusammenspiel für die Weitergabe von persönlichen Daten.

4.2 Systementwurf 95

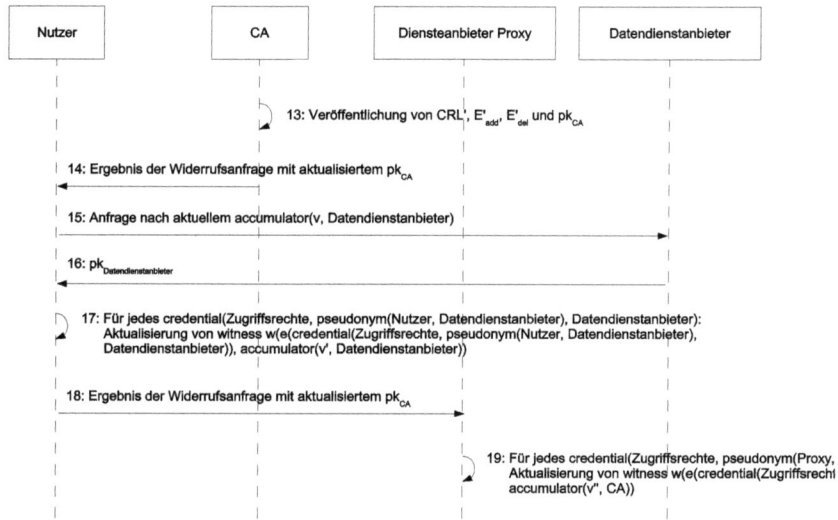

Abbildung 4.9: Phase C: Veröffentlichung der Ergebnisse des Widerrufs.

4.2.1 Anwendungsfälle

Die Abbildung 4.10 stellt die fünf Anwendungsfälle für DREISAM und ihre Teilnehmer dar. Zur Initialisierung des Systems werden die Anwendungsfälle „Ausstellung eines elektronischen Identitätsausweises" und „Ausstellung von Zugriffsrechten" eingeführt. Der erste Anwendungsfall dient der Feststellung der Identität eines Nutzers; der zweite Anwendungsfall behandelt seine Autorisierung für den Zugriff auf seine Daten, die von dem Datendienstanbieter verwaltet werden. Die CA beglaubigt die Identität des Nutzers und damit seiner Daten, die für seine allgemeine Authentifikation verwendet werden. Der Datendienstanbieter stellt die Zugriffsrechte für seine Nutzer aus.

4.2.1.1 Ausstellung eines elektronischen Identitätsausweises

Das Ziel dieses Anwendungsfalls ist die Feststellung der Identität eines Nutzers. Das Ergebnis ist der elektronische Identitätsausweis, welcher durch ein anonymisiertes Credential implementiert ist. Dieses wird an k_{Nutzer} gebunden. Ein elektro-

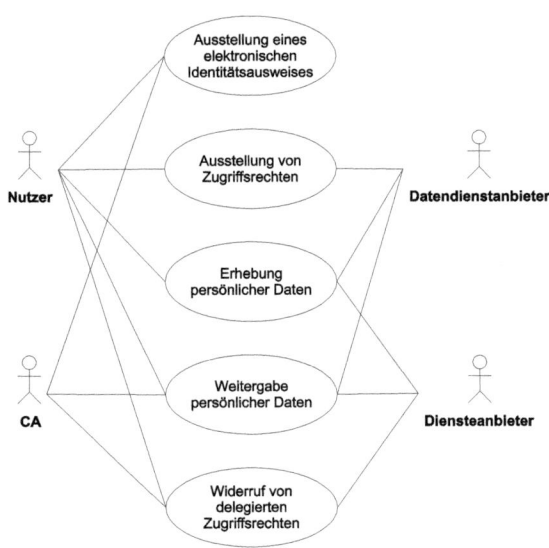

Abbildung 4.10: Die Anwendungsfälle von DREISAM.

nischer Identitätsausweis enthält den vollständigen Namen des Nutzers, seine Anschrift, Geburtsdatum, Nationalität, den Gültigkeitszeitraum des Ausweises, eine eindeutige Seriennummer und den Namen der CA als Aussteller des Ausweises. Die CA überprüft die Zugehörigkeit dieser Daten. Der ausgestellte elektronische Identitätsausweis wird sowohl vom Nutzer als auch von der CA gespeichert, wobei ihn die CA veröffentlicht. Die Abbildung 4.11 zeigt die Aktivitäten und die Systemkomponenten, die für die Feststellung der Identität eines Nutzers benötigt werden. Wird für eine Aktivität eine Systemkomponente verwendet, so ist dies mit der Beziehung «*uses*» dargestellt.

Die Ausstellung des anonymisierten Credentials erfordert sowohl beim Nutzer als auch bei der CA eine Bibliothek mit den kryptographischen Primitiven und Protokollen zur Ausstellung anonymisierter Credentials. Dazu wird das anonymisiertes Credentialsystem IBM idemix wiederverwendet. Die Eingaben zur Erstellung eines anonymisierten Credentials erfordert die genannten Daten des Nutzers, das erstellte *pseudonym(Nutzer, CA)* und k_{Nutzer}.

Für die Auswahl dieser Daten und deren geschüzen Speicherung wird auf Nutzerseite ein Identitätsmanager benötigt. Dafür wird der Freiburger iManager verwendet, da er diese Funktionalität mit der Konfiguration von Teil-identitäten zur Verfügung stellt [WJGtM+04]. Ferner ist das ausgestellte Pseudonym und das an-

4.2 Systementwurf

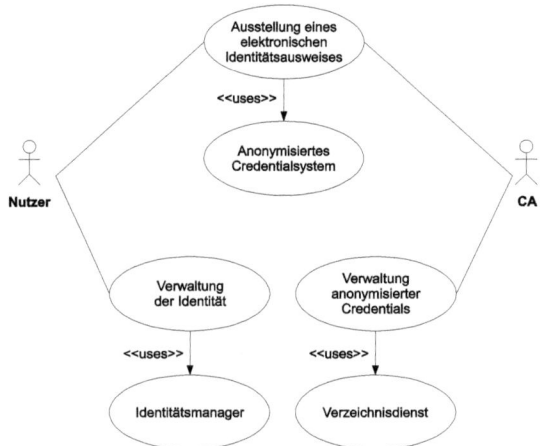

Abbildung 4.11: Aktivitäten und Systemkomponenten zur Feststellung der Identität eines Nutzers.

onymisierte Credential vom Nutzer zu verwalten und für dessen Nutzung auszuwählen. Der iManager ist um das System IBM idemix zu erweitern.

Auf der Seite der CA ist ein Modul zur Verwaltung der ausgestellten anonymisierten Credentials notwendig, so dass ihre Ausstellung und deren Widerruf erfolgen kann. Für die Veröffentlichung anonymisierter Credentials wird eine Datenbank benötigt, deren Inhalt öffentlich ist. Dies ist in der Regel ein Verzeichnisdienst [FB97].

4.2.1.2 Ausstellung von Zugriffsrechten

Das Ziel ist die Autorisierung eines Nutzers für den Zugriff auf seine persönlichen Daten, die von dem Datendienstanbieter verwaltet werden. Die Autorisierung richtet sich nach den rechtlichen Anforderungen, d.h. der Nutzer hat die Rechte seine Daten zu ändern, zu löschen und für eine weitere Nutzung zu sperren (s. Kapitel 2). Die Zugriffsrechte werden von dem Datendienstanbieter an ein anonymisiertes Credential gebunden. Die benötigten Aktivitäten und Teil-Systeme zeigt die Abbildung 4.12.

Für die Registrierung hat der Nutzer seine Identität gegenüber dem Datendienstanbieter nachzuweisen. Dies geschieht durch den Nachweis seines elektronischen Identitätsausweises. Da dieser als anonymisiertes Credential vorliegt, werden die Teil-Protokolle für den Nachweis anonymisierter Credentials und für die

98   4 DREISAM: Identitätsmanagementsystem mit der Delegation von Rechten

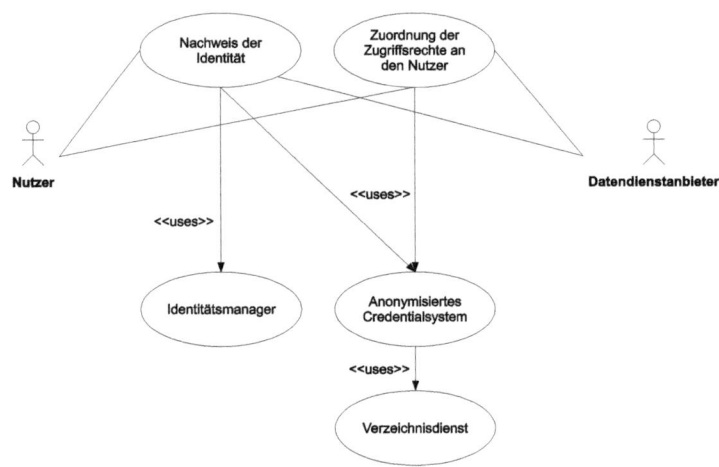

Abbildung 4.12:
Aktivitäten und Systemkomponenten für die Ausstellung von Zugriffsrechten.

Erstellung eines Pseudonyms [CL01] sowohl beim Nutzer als auch beim Datendienstanbieter benötigt. Der Nutzer wählt das Credential über den Identitätsmanager aus, indem er die zugehörige Teil-Identität auswählt.

Die Autorisierung des Nutzers erfordert die Teil-Protokolle für die Ausstellung und den Widerruf anonymisierter Credentials. Die Eingabeparameter sind die Zugriffsrechte, *pseudonym(Nutzer, Datendienstanbieter)*, die Attribute der persönlichen Daten, die Angabe, ob der Nutzer die Zugriffsrechte weitergeben darf, der Prüfwert des Pseudonyms zwischen dem Nutzer und dem Datendienstanbieter und k_{Nutzer}. Das ausgestellte Credential wird gemäß der Spezifikation der Protokolle [CL01] von dem Datendienstanbieter veröffentlicht. Hierfür wird wiederum ein Verzeichnisdienst eingesetzt.

4.2.1.3 Erhebung persönlicher Daten

Dieser Anwendungsfall bezieht sich auf das Zugriffskontrollmodell der 1:1 Beziehung. Die Aktivitäten und notwendigen Module zeigt die Abbildung 4.13. Der Nutzer meldet sich mit seinem anonymisierten Credential, das er von dem Datendienstanbieter erhalten hat, an den Dienst des Diensteanbieters an. Er weist ihm damit gegenüber nach, das er in dem Dienstleistungsprogramm registriert ist. Die Auswahl des anonymisierten Credential erfolgt über die Auswahl der geeigneten Teil-Identität und mit Hilfe des Identitätsmanagers. Für die Authentifikation

4.2 Systementwurf 99

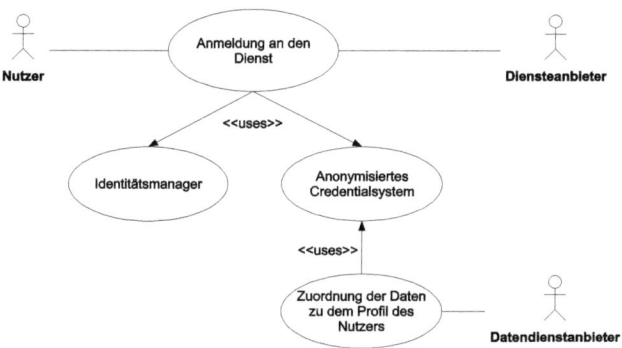

Abbildung 4.13: Aktivitäten und Systemkomponenten für die erstmalige Erhebung von persönlichen Daten.

des Nutzers werden die Teil-Protokolle zur Erstellung eines Pseudonyms und zum Nachweis eines anonymisierten Credentials benötigt. Folglich verwendet das Teil-System des Nutzers als auch des Diensteanbieters das anonymisierte Credentialsystem.

Da der Nutzer gegenüber dem Diensteanbieter mit einem Pseudonym auftritt, sind die erhobenen Daten pseudonymisiert. Damit der Datendienstanbieter die erhobenen Daten dem Profil des Nutzers zuordnen kann, muss er sie seiner eindeutigen Nummer, im Fallbeispiel CRM ist dies die Kundennummer, zuordnen. Zur Identifizierung dieser Nummer wird für den Datendienstanbieter die Funktionalität des anonymisierten Credentialsystem zur Aufhebung der Anonymität eines Nutzers verwendet [CL01].

4.2.1.4 Weitergabe persönlicher Daten

Dieser Anwendungsfall bezieht sich auf das Zugriffskontrollmodell der 1:n Beziehung. Die Aktivitäten richten sich nach dem DREISAM-Delegationsprotokoll aus (s. Abbildung 4.14).

Für den **Nachweis der Zugriffsrechte** müssen wiederum die Teil-Protokolle zur Erstellung von Pseudonymen und für den Nachweis eines anonymisierten Credentials durchführbar sein. Folglich müssen die Teil-Systeme der vier Teilnehmer über das anonymisierte Credentialsystem verfügen.

An der **Zuordnung delegierter Zugriffsrechte** sind nach dem DREISAM-Delegationsprotokoll der Nutzer, die CA und der datenkonsumierende Diensteanbieter beteiligt. Die Aufteilung dieser Aktivität zeigt die Abbildung 4.15. Für die

100   4 DREISAM: Identitätsmanagementsystem mit der Delegation von Rechten

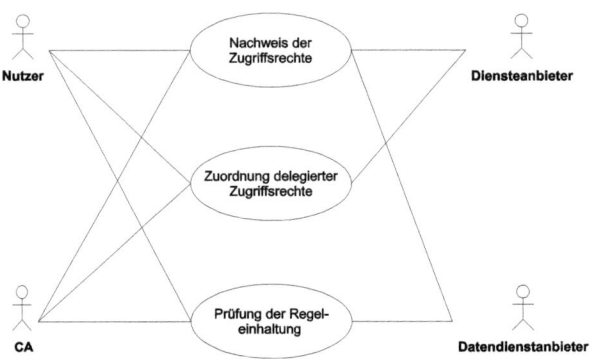

Abbildung 4.14: Die Aktivitäten für die Weitergabe persönlicher Daten durch die Delegation von Rechten.

Ausstellung eines Proxy Credentials benötigt die CA kryptographische Primitive der digitalen Signatur. Der Nutzer benötigt den Identitätsmanager, um die Regeln für eine Delegation eines Zugriffsrechtes zu definieren und den öffentlichen Schlüssel des Diensteanbieters an die CA weiterzugeben. Außerdem verwaltet er mit seinem Identitätsmanager das ausgestellte Proxy Credential in Bezug zu der verwendeten Teil-Identität. Diensteanbieter sind an dieser ersten Aktivität mit dem Empfang des Proxy Credentials beteiligt. Sie benötigen eine Anwendung zur Verwaltung ihrer Credentials. An dem Nachweis eines Proxy Credentials und an der Ausstellung von anonymisierten Einmal-Credentials sind die CA und der Diensteanbieter beteiligt. Da sich der Diensteanbieter gegenüber der CA mit einer von ihm digital signierten Nachricht authentifiziert, benötigen die CA und der Diensteanbieter eine Bibliothek mit kryptographischen Primitiven zur Schlüsselverwaltung und digitalen Signatur. Die Ausstellung der anonymisierten Credentials und des Pseudonyms für den Diensteanbieter erfordert wiederum auf beiden Seiten ein anonymisiertes Credentialsystem. Die Eingabe des Diensteanbieters ist sein symmetrischer Schlüssel k_{Proxy}; die Eingaben der CA sind das Zugriffsrecht des Nutzers und dessen Regeln zu ihrer Nutzung.

Die **Prüfung der Regeleinhaltung** unterteilt sich in die Prüfung der Ausstellung anonymisierter Credentials und der Zugriffsentscheidungen auf die persönlichen Daten des Nutzers. Diese Anwendungsfälle erweitern («*extends*») den Ersten, da sie dasselbe Ziel verfolgen. Die CA verwendet für den Nachweis ihres regelkonformen Verhaltens die Delegationsliste und der Datendienstanbieter seine Zugriffskontrollliste. Die Grundlage für diese beiden Prüfungen ist das sichere Logging [Acc06] dieser Entscheidungen. Die geforderten Eigenschaften sind die

4.2 Systementwurf

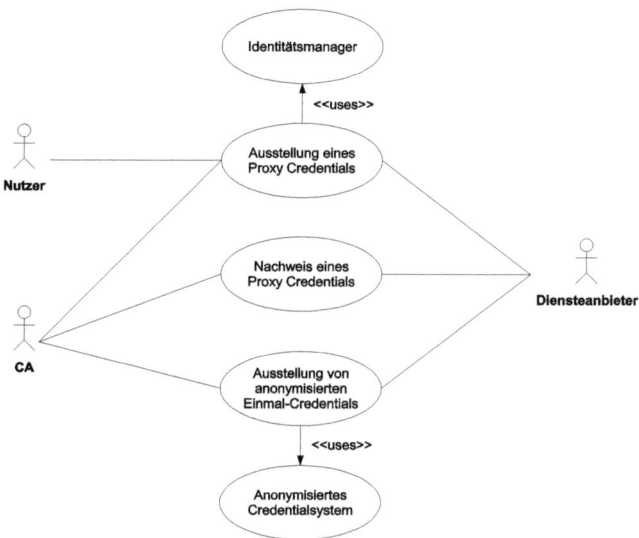

Abbildung 4.15: Aktivitäten und Systemkomponenten für die Zuordnung eines delegierten Zugriffsrechtes.

Authentizität und die Integrität der protokollierten Daten [Acc07]:

- die Liste ist **vollständig**, d.h. alle Entscheidungen sind in der Liste eingetragen und es gibt keine „Schattenliste" mit abweichenden Entscheidungsergebnissen und

- ihre Einträge sind **authentisch**, d.h. ihre Integrität ist geschützt und nur der betreffende Nutzer und Datendienstanbieter haben einen Einblick in die sie betreffenden Einträge

Es wird angenommen, dass die Logdaten vollständig sind. Diese Eigenschaften sollen mit einem Referenzmonitor erreicht werden, der über sämtliche Zertifizierungs- bzw. Zugriffsanfragen entscheidet und jede Entscheidung protokolliert. Dieser Referenzmonitor ist Teil des Systems der CA und des Datendienstanbieters. Nutzer bzw. der Datendienstanbieter müssen einen Zugriff auf die Logdaten haben und sie mit den vereinbarten Regeln vergleichen können, um das konforme Verhalten des Datendienstanbieters bzw. der CA oder einen Widerspruch zu den Regeln festzustellen. Damit die CA und der Datendienstanbieter den Einsatz dieses Referenzmonitors nachweisen können, benötigen beide ein Attestierungsverfahren wie

102   4 DREISAM: Identitätsmanagementsystem mit der Delegation von Rechten

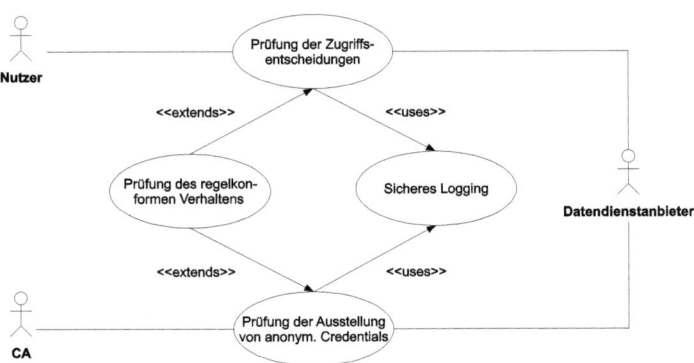

Abbildung 4.16: Aktivitäten und Systemkomponenten für die Prüfung der Zugriffsentscheidungen.

es die Trusted Computing Group spezifiziert [Tru03] und um attestierte Dienstzugangspunkte erweitert in [AH06, Hoh06] eingesetzt wird. Die Abbildung 4.16 zeigt die Aktivitäten und Systemkomponenten für die Prüfung des regelkonformen Verhaltens.

4.2.1.5 Widerruf von delegierten Zugriffsrechten

Dieser Anwendungsfall realisiert das DREISAM-Protokoll für den Widerruf delegierter Zugriffsrechte. Dazu werden die Aktivitäten aus Abbildung 4.17 ausgeführt. Für die Initiierung des Widerrufs wählt der Nutzer das Proxy Credential aus, mit dem die zu widerrufenden Zugriffsrechte an Diensteanbieter delegiert wurden. Für die Auswahl wird der Identitätsmanager benötigt. Da der Nutzer gegenüber der CA nachweist, dass ihm diese Zugriffsrechte delegiert wurden, benötigt diese Aufgabe das Teil-Protokoll für den Nachweis anonymisierter Credentials und folglich das anonymisierte Credentialsystem.

Die CA widerruft das Proxy Credential und die ausgestellten anonymisierten Einmal-Credentials. Für den Widerruf von Proxy Credentials wird eines der Widerrufsverfahren einer PKI gebraucht. Diese Verfahren, z.B. die Ausstellung, Aktualisierung und Veröffentlichung einer Zertifikatswiderrufsliste, sind von dem Modul der Zertifikatsverwaltung zur Verfügung zu stellen. Für den Widerruf anonymisierter Credentials werden dynamische Akkumulatoren eingesetzt, die von dem anonymisierten Credentialsystem zur Verfügung gestellt werden.

Für die Aktualisierung der Zeugenwerte der nicht-widerrufen anonymisierten Credentials des Nutzers und des Diensteanbieters wird wiederum das anonymi-

4.2 Systementwurf

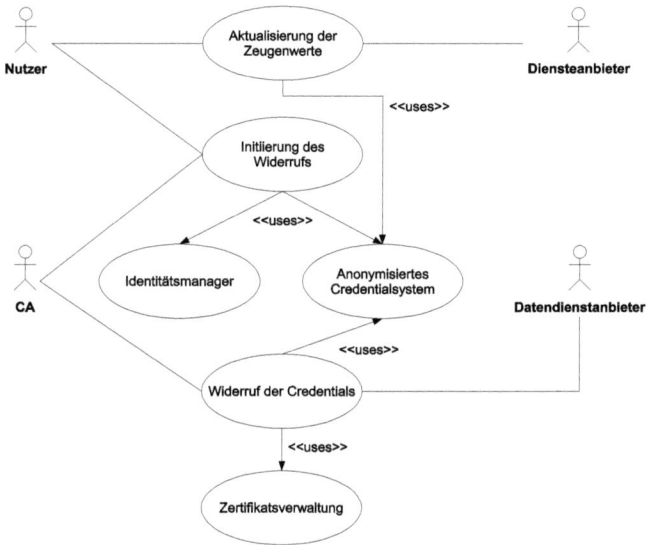

Abbildung 4.17: Der Widerruf von delegierten Zugriffsrechten.

sierte Credentialsystem benötigt. Dieses hat die kryptographischen Primitive in Bezug auf die Berechnung eines Zeugenwertes nach [CL02] zur Verfügung zu stellen. Wird dem Nutzer sein Zugriffsrecht entzogen, so ist sein anonymisiertes Credential zu widerrufen. Da dies von seinem Aussteller geschieht, d.h. dem Datendienstanbieter, benötigt er auch die Funktionalität zur Pflege von dynamischen Akkumulatoren.

4.2.2 Systemarchitektur

Die Systemarchitektur von DREISAM zeigt die Teil-Systeme der Teilnehmer aus den beschriebenen Anwendungsfällen. Die Kommunikation zwischen den DREISAM-Komponenten der Teil-Systeme verläuft mit den vorgestellten Protokollen für die Delegation und den Widerruf von Zugriffsrechten.

4.2.2.1 Teil-System des Nutzers

Das Teil-System des Nutzers baut auf der Systemarchitektur des iManager nach [tMWM03] auf. Neu ist die Verwaltung seiner Zugriffsrechte auf persönliche Daten, die von Datendienstanbietern verwaltet werden, und der Delegation dieser

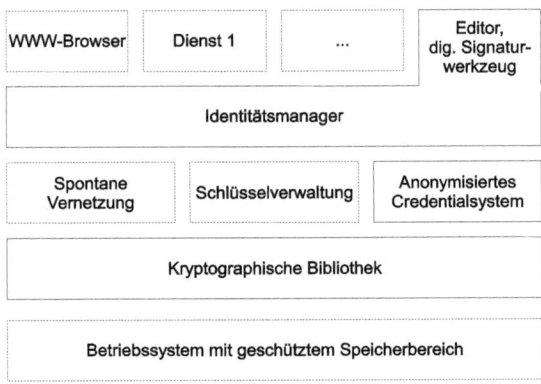

Abbildung 4.18: Systemarchitektur des erweiterten iManager.

Zugriffsrechte. Die Abbildung 4.18 zeigt die Systemarchitektur des erweiterten iManager. Die von der Erweiterung betroffenen Komponenten sind mit durchgezogenen Kanten dargestellt.

Der iManager ist um die Teil-Protokolle für die Anfrage, Weiterleitung und den Widerruf von Proxy Credentials zu erweitern. Die Zertifizierung von Teil-Identitäten erfolgt entgegen der Version von [tMWM03] nicht mehr durch Attributzertifikate nach [FH02], sondern durch anonymisierte Credentials nach dem System IBM idemix [CH02]. Daher wird dem iManager das anonymisierte Credentialsystem IBM idemix hinzugefügt. Der Schlüssel k_{Nutzer} wird über die Schlüsselverwaltung angesprochen. Gespeichert wird dieser Schlüssel zusammen mit den Pseudonymen und anonymisierten Credentials des Nutzers sowie den Proxy Credentials in dem geschützten Speicherbereich des Betriebssystems. Die Schlüsselverwaltung und das System IBM idemix implementieren selbst keine kryptographischen Primitive wie sie für Commitments und das ZKP-Beweisverfahren benötigt werden. Sie greifen die kryptographische Klassenbibliothek zurück. Die Klassenbibliothek muss mindestens über das RSA-Verfahren [RSA78], über Primitive zur Berechnung diskreter Logarithmen und die Primitiven für die Erstellung und den Widerruf symmetrischer und asymmetrischer Schlüssel verfügen [CL01, CH02]. Das Betriebssystem muss über eine Zugriffskontrolle verfügen, so dass ausschließlich der iManager Zugriff auf den geschützten Speicherbereich hat. Andernfalls könnte der symmetrische Schlüssel k_{Nutzer} von einer bösartigen Anwendung des Gerätes ausgelesen und weitergegeben werden.

4.2 Systementwurf 105

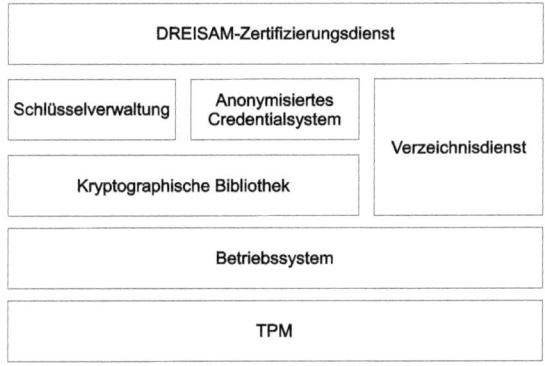

Abbildung 4.19: Systemarchitektur der CA.

4.2.2.2 Teil-System der CA

Die Aufgaben der CA werden durch das Teil-System erfüllt, welches die Abbildung 4.19 in seiner Systemarchitektur darstellt. Der DREISAM-Zertifizierungsdienst implementiert die Operationen zur Ausstellung, zum Nachweis und zum Widerruf von Proxy und anonymisierten Credentials sowie zur Erstellung von Pseudonymen. Ferner wird jede Ausstellung und jeder Widerruf in Bezug auf eine Delegation in der Delegationsliste protokolliert. Sie ist ebenfalls Bestandteil des DREISAM-Zertifizierungsdienstes. Es wird davon ausgegangen, dass der Dienst gegen die Eigenschaften der Integriät und Authentizität der Log-Dateien zertifiziert ist.

Für die Erstellung und den Widerruf von Credentials greift der DREISAM-Zertifizierungsdienst auf die Funktionalität der Schlüsselverwaltung zurück. Für die Teil-Protokolle hinsichtlich der anonymisierten Credentials wird das anonymisierte Credentialsystem IBM idemix verwendet. Beide Komponenten verwenden die kryptographischen Primitive und Protokolle der kryptographischen Bibliothek. Es werden an sie dieselben Anforderungen gestellt wie an die Bibliothek des iManager, so dass diese Bibliothek für die CA wiederverwendet wird. Ausgestellte Credentials, erstellte Pseudonyme, die Zertifikatswiderrufsliste und der dynamische Akkumulator der CA werden über den Verzeichnisdienst der CA veröffentlicht.

Für den Nachweis des zertifizierten DREISAM-Autorisierungsdienst wird das Hardwaremodul TPM (*Trusted Plattform Module*) [Tru03] zusammen mit der Erweiterung um die attestierten Dienstzugangspunkte nach [HLZ05, Hoh06] eingesetzt. Damit ist sichergestellt, dass Nutzer zum Zeitpunkt einer Delegation und

106   4 DREISAM: Identitätsmanagementsystem mit der Delegation von Rechten

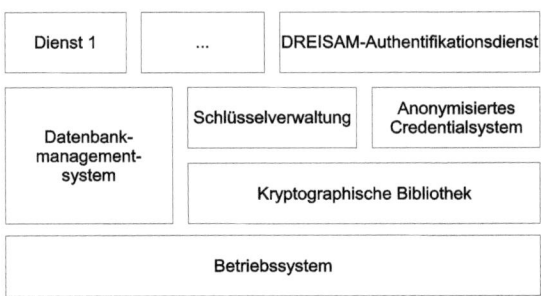

Abbildung 4.20: Systemarchitektur der Diensteanbieter.

eines Widerrufs und mit dem DREISAM-Autorisierungsdienst kommuniziert und der Datendienstanbieter die Logdaten zu den Zertifizierungen von dem DREISAM-Zertifizierungsdienst erhält.

4.2.2.3 Teil-System der Diensteanbieter

Die Systemarchitektur des Teil-Systems eines Diensteanbieters zeigt die Abbildung 4.20. Diensteanbieter stellen eine Menge von Diensten zur Verfügung. Für die Verwendung von Proxy Credentials und anonymisierten Credentials ist der DREISAM-Authentifikationsdienst zuständig. Dieser ermöglicht die Auswahl und den Nachweis dieser Credentialtypen und stellt die Implementierung der Teil-Protokolle von DREISAM zur Verfügung, an denen ein Diensteanbieter beteiligt ist. Für die erstmalige Erhebung persönlicher Daten protokolliert der DREISAM-Authentifikationsdienst die Nachrichten, die bei einem Nachweis des anonymisierten Credentials eines Nutzers anfallen und gibt sie zusammen mit den erhobenen Daten an den Datendienstanbieter weiter.

Die Auswahl seines kryptographischen öffentlichen Schlüssel pk und seines symmetrischen Schlüssels k erfolgt über das Modul der Schlüsselverwaltung. Da Diensteanbieter gegenüber der CA und dem Datendienstanbieter Pseudonyme erstellen und anonymisierte Credentials erhalten und benutzen ist das anonymisierte Credentialsystem IBM idemix auch ein Bestandteil des Systems. Die benötigten kryptographischen Schlüssel erhält das System von der Schlüsselverwaltung. Die notwendigen kryptographischen Operationen für Credential und Pseudonyme werden von der kryptographischen Klassenbibliothek zur Verfügung gestellt. Ein weiteres Mal handelt es sich um die Verfahren von RSA und für ZKP, Commitments und für die digitale Signatur. Persönliche Daten seiner Nutzer werden von einem Datenbankmanagementsystem verwaltet.

4.2 Systementwurf

4.2.2.4 Teil-System des Datendienstanbieters

Die primäre Dienstleistung eines Datendienstanbieters ist die Speicherung und Weitergabe von persönlichen Daten seiner Nutzer. Die Schnittstelle dieser Dienstleistung bietet der Datendienst an. Die Daten werden von einem Datenbankmanagementsystem gespeichert. Zusätzliche Dienste sind möglich, sie werden hier aber nicht weiter betrachtet. Damit persönliche Daten an Diensteanbieter weitergegeben werden, muss der Datendienst auf diese Daten zugreifen können. Ein Zugriff erfolgt ausschließlich über den DREISAM-Autorisierungsdienst. Dieser überprüft jede Zugriffsanfrage, ob der anfragende Diensteanbieter oder Nutzer für den gewünschten Zugriff autorisiert ist. Eine weitere Aufgabe des DREISAM-Autorisierungsdienstes ist die Prüfung der Zertifizierungsentscheidungen der CA für die Delegation von Rechten.

Der DREISAM-Autorisierungsdienst verwendet für die Prüfung einer Zugriffsberechtigung die Protokolle des anonymisierten Credentialsystems IBM idemix. Es sind die Teil-Protokolle für die Erstellung von Pseudonymen, für den Nachweis anonymisierter Credentials und für die Aufdeckung einer Mehrfachnutzung anonymisierter Credentials notwendig. Für die Ausstellung von Zugriffsberechtigungen wird außerdem das Protokoll zur Ausstellung anonymisierter Credentials verwendet. Damit der Datendienstanbieter die erhobenen Daten den betreffenden Nutzer zuordnen können, verwendet dieser Dienst zudem die De-Anonymisierungsfunktionalität von IBM idemix.

Weiterhin protokolliert der DREISAM-Autorisierungsdienst jede seiner Zugriffsentscheidungen und stellt sie dem betreffenden Nutzer lesend bereit. Der Nutzer muss sich für einen Zugriff mit seinem anonymisierten Credential ausweisen, dass er von dem Datendienstanbieter erhalten hat. Damit wird sichergestellt, dass der Nutzer für den Zugriff autorisiert ist. Es wird davon ausgegangen, dass der DREISAM-Autorisierungsdienst in Bezug auf die Protokollierung der Zugriffsentscheidungen dieselben Eigenschaften wie der DREISAM-Zertifizierungsdienst der CA aufweist und auch dagegen verifiziert ist. Für die Prüfung der Regeleinhaltung seitens der CA stellt er ihr die Anfrage nach den angefallenen Logdaten. Die weiteren Module sind in Bezug auf ihre Anforderungen identisch zu denen der CA. Die Abbildung 4.21 zeigt die Systemarchitektur dieses Teil-Systems.

4.2.3 Zusammenspiel der Teil-Systeme für die Delegation von Rechten

Die Spezifikation der vier Phasen des DREISAM-Delegationsprotokolls erfolgt durch vier Teil-Protokolle zwischen je zwei Parteien. Die verwendeten Module

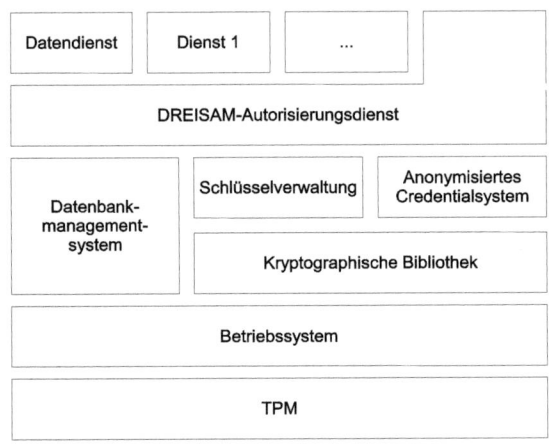

Abbildung 4.21: Systemarchitektur des Datendienstanbieters.

sind der iManager, der DREISAM-Authentifikations-, der DREISAM-Zertifizierungs- und der DREISAM-Autorisierungsdienst. Die Abbildung 4.22 zeigt die Teil-Protokolle und ihre Beziehungen zu diesen Systemkomponenten. Die Teil-Protokolle laufen als Sequenz von Funktionsaufrufen des Protokollclients auf einem vom Server zur Verfügung gestellten Zugangsobjekt ab, welches die jeweilige Protokollschnittstelle implementiert. Die Operationen der Protokollschnittstellen zeigt die Abbildung 4.23. Die Funktionsaufrufe stellen die Anfragen des Clients dar, während die Rückgabewerte die Antworten des Servers sind.

Das *RootServiceProtocol* entspricht der Phase A des Delegationsprotokolls. Das *ProxyCredentialIssuanceProtocol* liefert das Proxy Credential für den Diensteanbieter S und spezifiziert die Phase B. Mit dem *DelegationIssuanceProtocol* erhält der Diensteanbieter von der CA ein anonymisiertes Einmal-Credential, so dass dieses Teil-Protokoll die Phase C spezifiziert. Mit dem *SubServiceProtocol* stellt der Diensteanbieter S die Zugriffsanfrage an den Datendienstanbieter S_i und verwendet das erhaltene anonymisierte Einmal-Credential. Das Ergebnis dieses Teil-Protokolls ist die Zugriffsentscheidung des Datendienstanbieter. Mit diesem Teil-Protokoll ist die Phase D spezifiziert.

4.2.3.1 Integration von IBM idemix

Jedes anonymisierte Credential besitzt einen Typ

$$T = (identifier, A)$$

4.2 Systementwurf

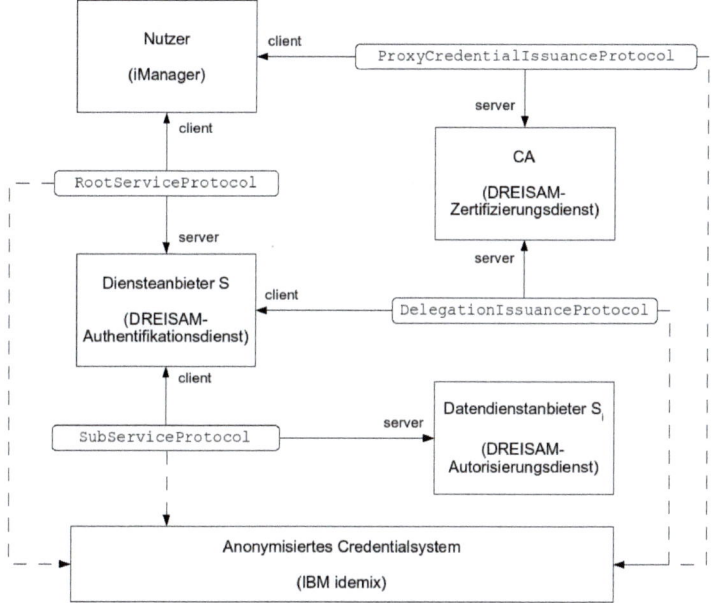

Abbildung 4.22: Teil-Protokolle für die Delegation und die involvierten Komponenten der Teil-Systeme.

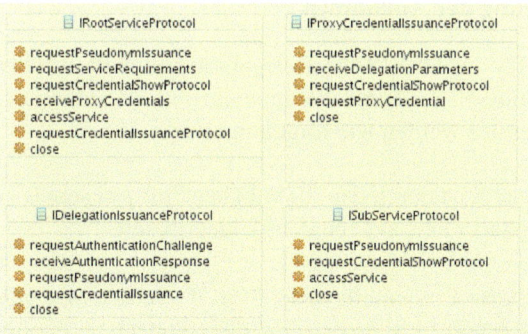

Abbildung 4.23: Die Schnittstellendefinition der Teil-Protokolle zur Delegation.

, wobei *identifier* der Bezeichner des Credentialtyps ist und A ein Tupel von Attributdefinitionen $A = (a_1, \ldots, a_n)$ darstellt. Eine Attributdefinition ist ein Tupel

$$a = (identifier', type, revealExpression)$$

, wobei *identifier'* den Bezeichner des Attributs und $type \in (String, int, byte[])$ den Typ des Attributwertes in einem anonymisierten Credential vom Typ T festlegt. Der Wert *revealExpression* $\in$ {REVEALED, NOT_REVEALED} entscheidet, ob bei der Ausstellung eines anonymisierten Credentials der Aussteller (REVEALED) oder der Empfänger (NOT_REVEALED) über die Aufdeckung des jeweiligen Attributwertes entscheidet.

Ein Teil jeder Protokollsitzung ist die Durchführung folgender Protokolle zur Erstellung und Prüfung von Pseudonymen und anonymisierten Credentials:

- *PseudonymIssuance* für die Vereinbarung von Pseudonymen

- *CredentialIssuance* für die Ausstellung von anonymisierten Credentials

- *CredentialShow* für den Nachweis anonymisiertes Credentials

Diese Protokolle laufen zwischen einem *Receiver* und einem *Issuer* (*PseudonymIssuance*, *CredentialIssuance*) bzw. einem *Prover* und einem *Verifier* (*CredentialShow*)-Objekt ab. Die Abbildung 4.24 zeigt die Integration des Protokolls *PseudonymIssuance* in eine DREISAM-Protokollsitzung. Die Integration der Protokolle *CredentialIssuance* und *CredentialShow* folgt dem gleichen Muster.

4.2.3.2 Umsetzung der Annahmen

Die Annahmen für das DREISAM-Delegationsprotokoll in Bezug auf die kryptographischen Schlüssel, der Semantik anonymisierter Credentials und der Funktionalität eines Dienstes werden wie folgt umgesetzt:

V1 Jeder Dienst S ist durch den öffentlichen Teil pk_S seines kryptographischen Schlüsselpaars (pk_S, sk_S) eindeutig identifiziert.

V2 Anonymisierte Credentials eines Typs T werden von genau einem Dienst $S_i(T)$ ausgestellt, d.h. es existiert eine eindeutige Zuordnung $S_i(T) \leftrightarrow T$. Aus V1 folgt dann auch die eindeutige Zuordnung $T \leftrightarrow pk_{S_i}$.

V3 Ein Dienst stellt genau eine parametrisierte Funktion zur Verfügung. Die Typen der einzelnen Parameter sind beliebig, jedoch muss eine Parameterbelegung in Form eines Strings `key=value` serialisierbar sein. Sind mehrere Funktionen erforderlich, so wird dies durch einen Parameter erreicht.

4.2 Systementwurf   111

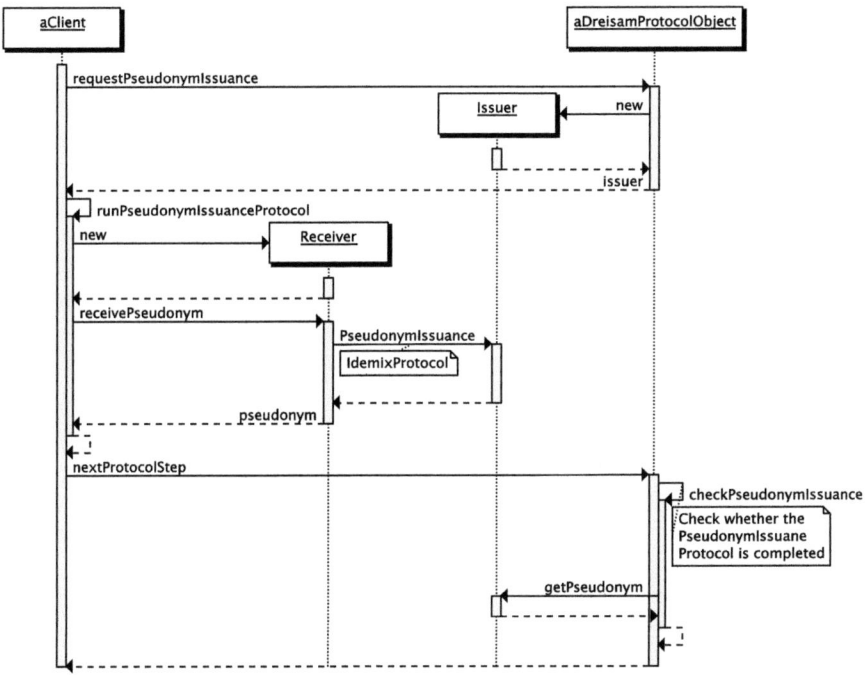

Abbildung 4.24: Einbettung des Protokolls *PseudonymIssuance*.

4.2.4 Teil-Protokolle für die Delegation von Rechten

Im Folgenden werden die Phasen des Protokolls zur Delegation von Rechten durch die Methodenaufrufe der DREISAM-Komponenten und der Protokollobjekte für den Nachrichtenaustausch spezifiziert.

4.2.4.1 *RootServiceProtocol*

Das benötigte Zugriffsrecht und damit das notwendige Proxy Credential fordert der Diensteanbieter mit einem ISeviceRequirements-Objekt an. Durch ein ISubServiceDescriptor-Objekt teilt der Diensteanbieter dem Nutzer die Zugriffsanfrage auf die Funktion des durch den öffentlichen Schlüssel pk_{S_i} identifizierbaren Datendienstes mit den Parametern *parameters* mit. Die hierzu benötigten Zugriffsrechte werden über die Relation *reqs* spezifiziert. Der Nutzer wird nun das Zugriffsrecht an diesen Diensteanbieter delegieren, d.h. diesem das entsprechende

112   4 DREISAM: Identitätsmanagementsystem mit der Delegation von Rechten

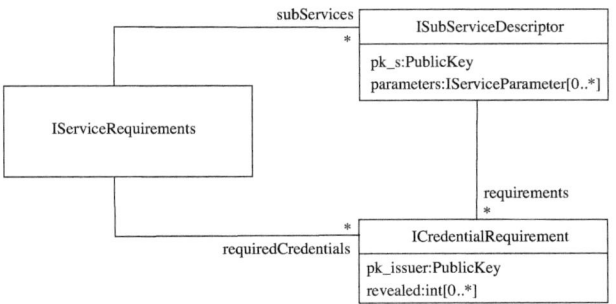

Abbildung 4.25: Die `IServiceRequirements`-Schnittstelle teilt dem Nutzer die benötigten Zugriffsrechte sowie die vom Diensteanbieter verwendeten Dienste mit.

Proxy Credential übertragen.

Die Abbildung 4.25 zeigt die Beziehungen eines Objektes vom Typ `IServiceRequirements`. Für jedes `ICredentialRequirement`-Objekt, das Teil der Relation *requiredCredentials* ist, muss der Nutzer der CA den Besitz des anonymisierten Credentials zu den Zugriffsrechten nachweisen und dabei diejenigen Attribute aufdecken, deren Indizes im Attribut *revealedAttributes* enthalten sind. Der Nachweis erfolgt durch die Ausführung des *ProxyCredentialIssuanceProtocol*.

Die folgende Sequenz von Funktionsaufrufen entspricht der Ausführung des *RootServiceProtocols*:

1. `requestPseudonymIssuance() -> Issuer`
   Diese Methode liefert dem Client (iManager) den Endpunkt des Protokolls für die Vereinbarung von *pseudonym(Nutzer, Diensteanbieter)*. Es wird das Protokoll *PseudonymIssuance* ausgeführt.

2. `requestServiceRequirements() -> IServiceRequirements`
   Dem iManager wird die Menge der zu übertragenden Zugriffsrechte und die zugehörigen anonymisierten Credentials des Nutzers mitgeteilt.

3. `receiveProxyCredentials(Vector<IProxyCredential> p)`
   Der iManager überträgt alle Proxy Credentials, die für die Delegation der Zugriffsrechte erforderlich sind. Spätestens zu diesem Zeitpunkt muss der Nutzer diese Proxy Credentials besitzen. Dies impliziert, dass er vor diesem Schritt gegebenenfalls das *ProxyCredentialIssuanceProtocol* (s. 4.2.4.2) ausgeführt hat.

4. `accessService() -> Object`

4.2 Systementwurf

Diese Methode implementiert die Anfrage nach dem Ergebnis der Dienstleistung. Spätestens zu diesem Zeitpunkt muss der Nutzer alle angeforderten Proxy Credentials übertragen haben. Ist dies nicht der Fall, so erhält der Nutzer keinen Zugriff auf die Dienstfunktion des Diensteanbieters. Die Methode gibt dann eine *DreisamException* mit einem der folgenden Fehlercodes aus:

- CREDENTIAL_SHOW_ERROR: Das Protokoll *CredentialShow*-Protokoll von IBM idemix wurde nicht erfolgreich durchgeführt, d.h. der Nachweis eines bestimmten anonymisierten Credentials ist fehlgeschlagen.

- MISSING_PROXY_CREDENTIAL: Der Nutzer hat an den Diensteanbieter nicht alle geforderten Proxy Credentials übertragen.

Im fehlerfreien Fall wird der Diensteanbieter nun für jedes erhaltene Proxy Credential das *DelegationIssuanceProtocol* durchführen, um das anonymisierte Credential mit den geforderten Zugriffsrechten zu erhalten. Mit Hilfe dieser Zugriffsrechte erhält der Diensteanbieter anschließend über das *SubServiceProtocol* den Zugriff auf die gewünschten persönlichen Daten des Nutzers. Tritt in einem der durchgeführten Protokolle ein Fehler auf, so wird dieser Fehler an den Client weitergeleitet. Der Client erhält kein Ergebnisobjekt.

Konnte der Diensteanbieter mit Hilfe der übertragenen Proxy Credentials und der dadurch erhaltenen Rechte den Zugriff auf die gewünschten Daten erhalten, dann erhält der Nutzer das Ergebnis der Dienstfunktion, d.h. die Dienstleistung, als ein Ergebnisobjekt.

5. close()
   Der iManager beendet die Protokollsitzung.

Die Abbildung 4.26 zeigt einen Ausschnitt des Protokollablaufs. Die Klasse RootServiceProtocol implementiert die Schnittstelle IRootServiceProtocol. Für den Zugriff auf den Dienst des Diensteanbieters verwendet diese die Schnittstelle IRootServiceProtocolHandler. Die Klasse RootServiceProtocolClient implementiert die Clientseite des *RootServiceProtocols*. Insbesondere übernimmt sie die Ausführung des *ProxyCredentialIssuanceProtocols*, um die Proxy Credentials für den Diensteanbieter zu erhalten. Hierzu wird die Client-Implementierung des *ProxyCredentialIssuanceProtocols* verwendet. Die Auswahl der benötigten anonymisierten Credentials und die Anfrage an den Nutzer zu der Delegation ihrer Zugriffsrechte übernimmt die Schnittstelle IServiceRequirementsRequestHandler.

114   4 DREISAM: Identitätsmanagementsystem mit der Delegation von Rechten

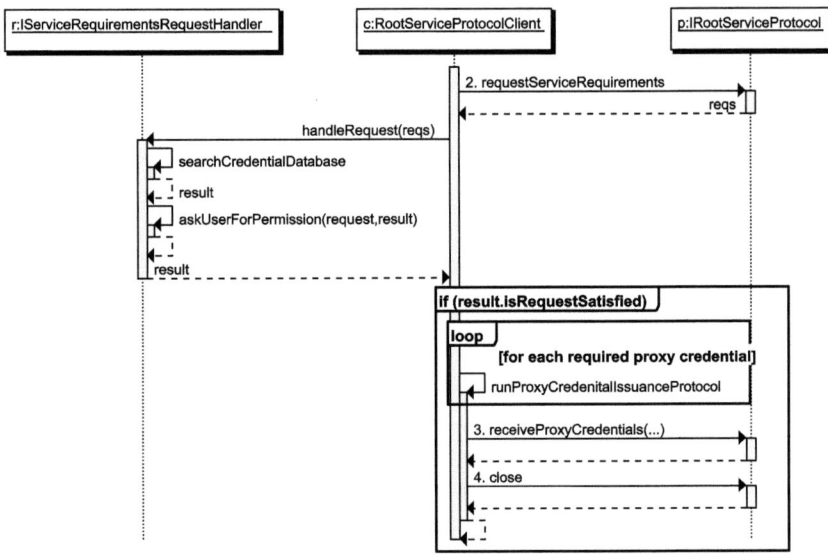

Abbildung 4.26: Die Implementierung des *RootServiceProtocol*-Clients verwendet die Schnittstelle `IServiceRequirementsRequestHandler` zur Auswahl der benötigten Credentials.

4.2.4.2 *ProxyCredentialIssuanceProtocol*

Das *ProxyCredentialIssuanceProtocol* definiert für die Ausstellung eines Proxy Credentials die Kommunikationsregeln zwischen einem Nutzer und der CA. Der iManager erhält von dem DREISAM-Zertifizierungsdienst ein Protokollobjekt, welches die Schnittstelle `IProxyCredentialIssuanceProtocol` implementiert. Die Klasse `ProxyCredentialIssuanceProtocol` ist die Implementierung der Schnittstelle `IProxyCredentialIssuanceProtocol`. Die vom iManager übertragene Policy *p*, das ausgestellte Proxy Credential und die aufgedeckten Attributwerte sind für den DREISAM-Zertifizierungsdienst zur Erstellung des Delegationskontextes zugänglich.

Die Klasse `ProxyCredentialIssuanceProtocolClient` ist die Implementierung der Clientseite, die von dem iManager für die Durchführung des *ProxyCredentialIssuanceProtocols* verwendet wird. Ein Client-Objekt wird zunächst über die Methode `initialize()` mit dem von der CA erhaltenen Protokollobjekt, dem anonymisierten Credentials des Nutzers sowie den Delegationsparametern initialisiert. Die Methode `run()` startet die Protokollsequenz und liefert nach erfolg-

4.2 Systementwurf

reicher Durchführung das von der CA erhaltene Proxy Credential als Objekt vom Typ IProxyCredential zurück. Aufgetretene Protokollfehler werden an die aufrufende Instanz weitergeleitet.

Zur Verfolgung des Protokollablaufs wird das *EMF Notification Framework* [Ecl07] eingesetzt, das die CA über den jeweils aktuellen Protokollzustand benachrichtigt. Die Abbildung 4.27 zeigt den schematischen Ablauf einer Protokollsitzung unter Verwendung der Schnittstellenimplementierung. Die folgende Sequenz der Funktionsaufrufe spezifiziert das *ProxyCredentialIssuanceProtocol*:

1. requestPseudonymIssuance() -> Issuer
   Der Aufruf dieser Methode liefert dem iManager den Endpunkt des Idemix-Protokolls für die Vereinbarung des Pseudonyms *pseudonym(Nutzer, CA)*. Es wird das Protokoll *PseudonymIssuance* ausgeführt.

2. receiveDelegationParameters(IDelegationPolicy p)
   Der iManager überträgt die vereinbarte Policy *p* an die CA:

   - *proxy*: Dieses Attribut wird mit dem öffentlichen Schlüssel pk_{Proxy} des Dienstanbieters, an den die Zugriffsrechte delegiert werden sollen, belegt.

   - *revealedAttributes*: An dieser Stelle sind die Attribute des anonymisierten Credentials angegeben, die der Nutzer bei dessen Nachweis aufdecken soll.

   - *valNotBefore, valNotAfter*: Diese beiden Attribute definieren den Zeitintervall innerhalb dessen die Nutzung der Zugriffsrechte erlaubt ist.

   - *maxIssuance*: Der Wert entspricht der Anzahl der anonymisierten Einmal-Credentials, die der Dienstanbieter im Rahmen dieser Delegation von der CA erhalten darf.

   - *receiver*: Mit dem Attribut *receiver* wird der öffentliche Schlüssel des Datendienstanbieters, bei dem der Dienstanbieter für den Zugriff berechtigt werden soll, festgehalten.

   - *restrictions*: Diese Liste enthält die Einschränkungen für den Zugriff des Dienstanbieters auf den Datendienst und damit auf die persönlichen Daten des Nutzers.

   - *forwardPermission*: Dieser boolesche Wert bestimmt, ob der Dienstanbieter ein in seinem Besitz befindliches Zugriffsrecht weitergeben darf.

   In diesem Schritt wird überprüft, ob das Idemix-Protokoll *PseudonymIssuance* erfolgreich durchgeführt wurde. Andernfalls wird die Ausnahme *Drei-*

samException mit dem Fehlercode `PSEUDONYM_ISSUANCE_ERROR` ausgegeben.

3. `requestCredentialShowProtocol() -> Verifier`
   Der Aufruf dieser Methode liefert den Endpunkt des Protokolls *CredentialShow* für den Nachweis des anonymisierten Credentials zu den Zugriffsrechten des Nutzers, und das Protokoll *CredentialShow* wird ausgeführt. Dabei müssen alle Attribute aufgedeckt werden, die in Punkt 2 als öffentlich gekennzeichnet wurden. Ist in dem Lauf des Protokolls *CredentialShow* ein Fehler aufgetreten, so wird die Ausnahme *DreisamException* mit dem Fehlercode `CREDENTIAL_SHOW_ERROR` ausgegeben.

4. `requestProxyCredential() -> IProxyCredential`
   Der iManager erhält von der CA das Proxy Credential als ein Objekt vom Typ `IProxyCredential`.

5. `close()`
   Der iManager beendet die Protokollsitzung.

Die Ausführung des Protokolls führt zu einem Eintrag in der Delegationsliste, dem *Delegationskontext*. Ein Delegationskontext besteht aus den folgenden Daten:

- *TID*: Die eindeutige Transaktionsnummer des Delegationskontextes.

- *issued*: Die Anzahl der in diesem Kontext bereits an den Diensteanbieter ausgestellten anonymisierten Einmal-Credentials. Dieser Wert ist bei der Erstellung eines neuen Delegationskontextes gleich Null und wird nach der Ausstellung eines anonymisierten Einmal-Credentials um eins inkrementiert.

- *p*: Die vom Nutzer im zweiten Schritt übertragene Policy zur Nutzung der Zugriffsrechte.

- *revealedAttributes*: Die Werte der vom Nutzer aufgedeckten Attribute, d.h. die zu delegierenden Zugriffsrechte.

Die Verwaltung der Delegationskontexte erfolgt durch eine Liste von Delegationsobjekten (s. Abbildung 4.28). Ein Objekt vom Typ `Delegation` verwaltet genau einen Delegationskontext und besteht aus einer Referenz zu genau einem `ProxyCredentialIssuance`-Objekt sowie einer Referenz zu mehreren Objekten vom Typ `DelegationIssuance`.

4.2 Systementwurf

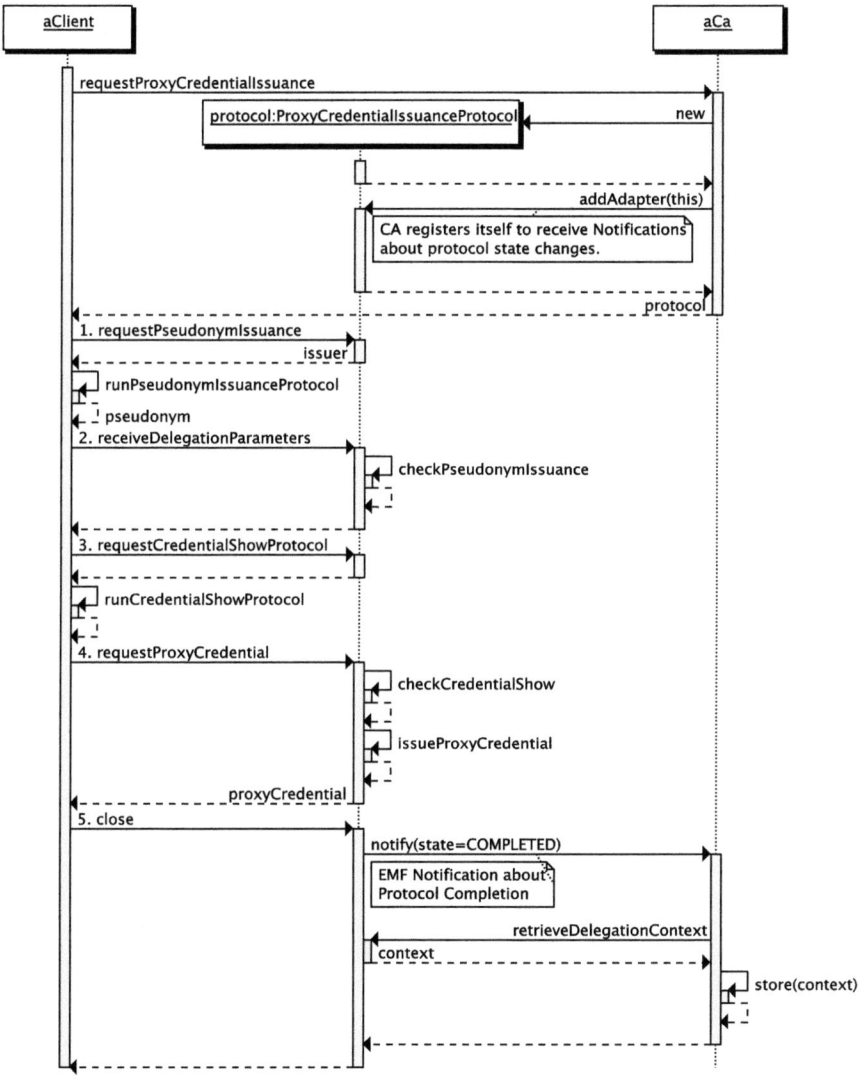

Abbildung 4.27: Schematischer Ablauf des *ProxyCredentialIssuanceProtocols*.

Nach einer erfolgreichen Protokollsitzung erhält der Identitätsmanager ein Objekt der Klasse `IProxyCredential`, welches dem angeforderten Proxy Credenti-

118   4 DREISAM: Identitätsmanagementsystem mit der Delegation von Rechten

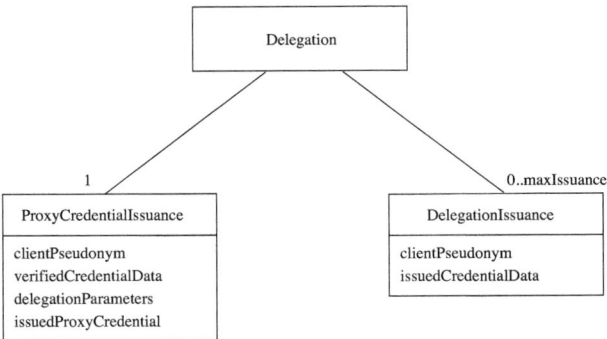

Abbildung 4.28: Die Realisierung der Delegationsliste durch eine Liste von Delegationsobjekten.

al entspricht. Die Schnittstelle `IProxyCredential` gewährt einen Lesezugriff auf die Daten des betreffenden Delegationskontextes.

4.2.4.3 DelegationIssuanceProtocol

Das *DelegationIssuanceProtocol* bestimmt die Kommunikationsregeln zwischen einem Diensteanbieter und der CA für die Ausstellung eines anonymisierten Einmal-Credentials innerhalb eines Delegationskontextes. Als Ergebnis einer Protokollsitzung erhält der Diensteanbieter ein anonymisiertes Einmal-Credential, dessen Typ $del(T)$ vom Typ $T = (identifier, (a_1, \ldots, a_n))$ von dem zugrunde-liegenden Credential des Nutzers abgeleitet ist:

$$del(T) := (identifier.\texttt{Certificate}, (a_{receiver}, a_{restrictions}, a_{id}, a'_1, \ldots, a'_n))$$

Die Attributdefinitionen $a'_1, \ldots, a'_n$ entsprechen bis auf den *revealExpressions* den Attributdefinitionen $a_1, \ldots, a_n$. Die Attributdefinitionen $a_{receiver}$, $a_{restrictions}$ und a_{id} dienen zur Realisierung der Zugriffskontrolle, mit denen die Verwendung von delegierten Zugriffsrechten eingeschränkt wird:

- $a_{receiver} := (receiver, String, \text{REVEALED})$
  Die dient zur Spezifikation des Datendienstes gegenüber dem der Dienstanbieter sein anonymisiertes Einmal-Credential verwenden darf.

- $a_{restrictions} := (restrictions, String, \text{REVEALED})$
  Dies ist die Spezifikation der Parameter mit denen der Diensteanbieter unter

4.2 Systementwurf

Verwendung seines anonymisierten Einmal-Credentials auf die Funktion des unter $a_{receiver}$ spezifizierten Dienstes zugreifen darf.

- $a_{id} := (id, String, \text{REVEALED})$
  Damit wird die Einmal-Verwendungseigenschaft von anonymisierten Credentials realisiert.

Der Wert *revealExpression* aller Attribute ist REVEALED. Alle Werte eines anonymisierten Einmal-Credentials werden von dem DREISAM-Zertifizierungsdienst in Abhängigkeit vom Delegationskontext nach den folgenden Regeln gesetzt:

R1 Hat der Nutzer beim Nachweis seines anonymisierten Credentials das Attribut a_i aufgedeckt, so wird der aufgedeckte Wert aus dem Delegationskontext übernommen. Wurde das Attribut hingegen nicht aufgedeckt, so wird abhängig vom Typ des Attributs der Wert (`'NOT_REVEALED'`, `0`, `byte[0]`) gewählt. Ein Diensteanbieter erhält damit lediglich das Wissen über die Attributwerte, die vom Nutzer gegenüber der CA aufgedeckt wurden.

R2 Der Wert des Attributs $a_{receiver}$ ist gleich dem SHA-1 Hashcode des *receiver*-Datums aus dem Delegationskontext.

R3 Der Wert des Attributs $a_{restrictions}$ ist eine Stringrepräsentation des *restrictions*-Datums aus dem Delegationskontext.

R4 Der Wert des Attributs a_{id} ist eine eindeutige Identifikationsnummer für anonymisierte Einmal-Credentials eines Diensteanbieters, anhand derer ihre Mehrfachverwendung erkannt wird.

Mit einem Protokollablauf erhält ein Diensteanbieter von der CA ein Protokollobjekt, das die Schnittstelle `IDelegationIssuanceProtocol` implementiert. Die folgende Sequenz von Funktionsaufrufen spezifiziert eine Sitzung des *DelegationIssuanceProtocols*:

1. `receiveTransactionID(byte[] tid)`
   Der Diensteanbieter überträgt die Transaktionsnummer seines Proxy Credentials. Die CA stellt nun den durch die Transaktionsnummer bestimmten Delegationskontext für die nun folgenden Protokollschritte her. Dabei überprüft sie die Gültigkeit des Delegationskontextes, die bei Erfüllung folgender Bedingungen gegeben ist:

   - Die Anzahl der bereits in diesem Kontext, d.h. für diesen Diensteanbieter, ausgestellten anonymisierten Einmal-Credentials *issued* ist kleiner als die maximale Anzahl der auszustellenden Credentials *maxIssuances*.

- Die Anfrage des Diensteanbieter ist innerhalb des Gültigkeitszeitraums des Delegationskontextes.

Ist die übertragene Transaktionsnummer nicht mit einem Delegationskontext assoziiert oder ist der Delegationskontext ungültig, so gibt die Methode eine *DreisamException* mit dem Fehlercode `ACCESS_DENIED` aus.

2. `requestAuthenticationChallenge() -> byte[]`
   Diese Methode stellt die Anfrage an den Diensteanbieter zu dessen Authentifizierung dar. Die CA generiert eine Zufallszahl *nonce*, verschlüsselt sie mit dem öffentlichen Schlüssel des Diensteanbieters und schickt ihm das Ergebnis.

3. `receiveAuthenticationResponse(byte[])`
   Der Diensteanbieter überträgt die entschlüsselte Zufallszahl an die CA. Entspricht dieser Wert der im vorherigen Schritt generierten Zahl *nonce*, so gilt der Diensteanbieter als authentifiziert und ist zum Erhalt der Zugriffsrechte berechtigt. Im anderen Fall schlägt die Authentifizierung fehl und die Methode gibt eine *DreisamException* mit dem Fehlercode `ACCESS_DENIED` aus.

4. `requestPseudonymIssuance() -> PseudonymIssuerProxy`
   Sie liefert dem DREISAM-Authentifikationsdienst des Diensteanbieters den Endpunkt für das Protokoll für die Vereinbarung des Pseudonyms *pseudonym(Proxy, CA)*. Es wird das Protokoll *PseudonymIssuance* des Systems IBM idemix ausgeführt.

5. `requestCredentialIssuance() -> Issuer`
   Diese Methode liefert dem DREISAM-Zertifizierungsdienst den Endpunkt für das Protokoll *CredentialIssuance* zur Ausstellung des anonymisierten Einmal-Credentials. Das ausgestellte Credential wird an das im ersten Schritt vereinbarte Pseudonym gebunden. Alle Attributwerte des Credentials werden von der CA gemäß den Regeln R1 bis R4 gesetzt.

6. `close()`
   Der DREISAM-Authentifikationsdienst beendet die Protokollsitzung.

Mit der Klasse `DelegationIssuanceProtocol` wird die Implementierung der Protokollschnittstelle bereit gestellt. Die Schnittstelle *IDelegationRequestHandler* dient der Herstellung des Delegationskontexts. Die Abbildung 4.29 zeigt den Protokollablauf unter Verwendung der Schnittstellenimplementierung. Die Abbildung 4.30 zeigt die Zustandsänderungen während einer Protokollsitzung.

4.2 Systementwurf

Die Klasse `DelegationIssuanceProtocolClient` kapselt die Sequenz von Funktionsaufrufen durch ein Protokollobjekt und vereinfacht die Durchführung einer Protokollsitzung: Die Methode

```
initialize(IDelegationIssuanceProtocol protocol,
           PublicKey caPublicKey,
           IPseudonymReceiver pseudonymReceiver,
           IAuthenticationHandler aHandler,
           byte[] transactionID)
```

initialisiert ein `DelegationIssuanceProtocolClient`-Objekt mit dem von der CA erhaltenen Protokollobjekt, ihrem öffentlichen Schlüssel, einem Hilfsobjekt zur Durchführung des Protokolls für die Erstellung von Pseudonymen, einem Hilfsobjekt für die Entschlüsselung der des verschlüsselten Zufallswertes und der Transaktionsnummer. Die Methode `run()` startet die Protokollsitzung und liefert erstellte anonymisierte Einmal-Credential an den DREISAM-Authentifikationsdienst. Auftretende Protokollfehler werden an die aufrufende Instanz weitergeleitet. Das `ProxyCredentialIssuance`-Objekt speichert die aus dem ausgeführten *ProxyCredentialIssuanceProtocol* anfallenden Daten:

- *clientPseudonym*: Das vereinbarte Pseudonym *pseudonym(Nutzer, CA)*.

- *verifiedCredentialData*: Die vom Nutzer aufgedeckten Attribute seines anonymisiertes Credentials.

- *delegationParameters*: Die vom Nutzer übertragenen Delegationsparameter.

- *issuedProxyCredential*: Eine Kopie des an den Nutzer übertragenen Proxy Credentials. Die Transaktionsnummer des Delegationskontexts ist über dieses Datum abgeleitet.

Ein `DelegationIssuance`-Objekt speichert die folgenden Daten, die innerhalb dieses Delegationskontextes durchgeführten *DelegationIssuanceProtocols* angefallen sind:

- *clientPseudonym*: Das vereinbarte Pseudonym *pseudonym(Proxy, CA)*.

- *issuedCredentialData*: Das an den Diensteanbieter ausgestellte anonymisierte Einmal-Credential.

4.2.4.4 SubServiceProtocol

Der Datendienstanbieter spezifiziert die zu erbringenden Autorisierungsnachweise durch eine Menge von Anforderungen $reqs = \{R_1, \ldots R_n\}$. Jede Anforderung R besteht aus der Spezifikation eines Credentialtyps $T(R)$ und einer Indexmenge $I(R) \subseteq \{1, \ldots |A|\}$, wobei $|A|$ die Anzahl der Attributdefinitionen von $T(R)$ darstellt. Um einen Zugriff auf bestimmte persönliche Daten eines Nutzers zu erhalten, muss der Anfragesteller für jede Anforderung R einen Nachweis über den Besitz eines Credentials vom Typ $T(R)$ erbringen und dabei genau die Attribute $a_i : i \in I(R)$ aufdecken. Der Datendienst S_i ermöglicht einen Zugriff, indem er für den Diensteanbieter den Zugangspunkt bereitstellt. Gegenüber dem Diensteanbieter weist er den Besitz seiner anonymisierten Credentials der Typen $del(T(R_1)), \ldots, del(T(R_n))$ nach. Bei jedem Nachweis müssen alle Attribute eines Credentials aufgedeckt werden.

Der Datendienstanbieter S_i soll den in den anonymisierten Einmal-Credentials unter den Attributen $a_{receiver}$, $a_{restrictions}$ und a_{id} kodierten Regeln zur Nutzung der Zugriffsrechte folgen. Demnach erhält ein Diensteanbieter genau dann Zugriff auf die Funktion von S_i mit den Parameterwerten $key_1 = value_1, \ldots key_k = value_k$, wenn die folgenden Eigenschaften für jedes nachgewiesene Credential gegeben sind:

E1 Die unter $a_{receiver}$ gespeicherte Zeichenkette ist identisch zu dem Hashwert des öffentlichen Schlüssels des Dienstes. Damit erhält ein Diensteanbieter nur den Zugriff auf den Datendienst, der von dem Nutzer spezifiziert wurde.

E2 Die unter $a_{restrictions}$ gespeicherte Zeichenkette ist eine durch ein Semikolon getrennte Repräsentation der einzelnen Parameterwerte $key_i = value_i, \forall i \in \{1, \ldots, k\}$, d.h. ein Diensteanbieter muss die vom Nutzer spezifizierten Parameter für den Aufruf der Dienstfunktion verwenden.

E3 Der Diensteanbieter zeigt sein anonymisiertes Credential zum ersten Mal. Damit ist dessen Attributwert a'_{id} gleich dem Attributwert a_{id} des aktuellen Credentials. Zur Durchführung dieses Vergleichs muss S_i über eine Historie der vorgezeigten Credentials verfügen.

Die Schnittstelle `ISubServiceProtocol` definiert die Kommunikationsregeln für den Zugriff eines Diensteanbieters auf den Datendienst des Anbieters S_i wie folgt:

1. `requestPseudonymIssuance() -> PseudonymIssuerProxy`
   Diese Methode liefert dem DREISAM-Authentifikationsdienst für die Ver-

4.2 Systementwurf

einbarung von *pseudonym(Proxy, Datendienstanbieter)* den Endpunkt des Protokolls *PseudonymIssuance*.

2. `requestCredentialShowProtocol(PublicKey issuer) -> Verifier`
   Diese Methode stellt die Forderung des Datendienstanbieters an den Diensteanbieter, das benötigte Zugriffsrecht anhand eines anonymisierten Credentials nachzuweisen. Als Parameter wird der öffentliche Schlüssel des Dienstes übertragen, der das *Originalcredential* ausstellt. Für den Nachweis des anonymisierten Credentials liefert die Methode den Endpunkt des Protokolls *CredentialShow* zurück. Es werden die Werte aller Credentialattribute aufgedeckt. Überträgt der Diensteanbieter den Schlüssel des Ausstellers nicht, so gibt die Methode eine *DreisamException* mit dem Fehlercode `CREDENTIAL_SHOW_ERROR` aus.

   Dieser Schritt wird so lange wiederholt, bis alle von S_i verlangten Credentials nachgewiesen wurden.

3. `requestAccess() -> Object`
   Diese Methode stellt die Anfrage nach dem Ergebnis der Dienstfunktion da. Spätestens zu diesem Zeitpunkt muss vom DREISAM-Autorisierungsdienst überprüft worden sein, dass alle verlangten Credentials erfolgreich nachgewiesen wurden und für jedes dieser Credentials die Eigenschaften E1, E2 und E3 gelten. Ist dies nicht der Fall, so erhält der Diensteanbieter keinen Zugriff auf die Dienstfunktion und damit auf die geforderten Daten des Nutzers. Die Methode gibt in diesem Fall eine *DreisamException* mit dem entsprechenden Fehlercode aus:

   - `CREDENTIAL_SHOW_ERROR`, falls der Diensteanbieter das Protokoll *CredentialShow* für mindestens eines der verlangten Credentials nicht durchgeführt hat.
   - `RECEIVER_VIOLATION`, falls die Eigenschaft E1 für mindestens eines der anonymisierten Credentials des Diensteanbieters verletzt ist.
   - `RESTRICTION_VIOLATION`, falls die Eigenschaft E2 für mindestens eines der anonymisierten Credential des Diensteanbieters verletzt ist.
   - `CREDENTIAL_WAS_SHOWN_BEFORE`, falls die Eigenschaft E3 für mindestens eines der anonymisierten Credential des Diensteanbieters verletzt ist.

   Im anderen Fall ist der Diensteanbieter für den Zugriff berechtigt und der Funktionsaufruf liefert das Ergebnisobjekt der Dienstfunktion und damit die geforderten Daten des Nutzers zurück.

4. `close()`
   Der DREISAM-Authentifikationsdienst beendet die Protokollsitzung.

Mit der Klasse `SubServiceProtocolClient` wird die Implementierung für den DREISAM-Authentifikationsdienst bereit gestellt. Ein Objekt vom Typ `SubServiceProtocolClient` über die Methode

```
initialize(ISubServiceProtocol protocol,
           IPseudonymReceiver receiver,
           Vector<Credential> delegatedCredentials)
```

mit dem vom Dienst erhaltenen Protokollobjekt, einem Hilfsobjekt zur Durchführung des Protokolls *PseudonymIssuance* und den geforderten anonymisierten Credentials initialisiert. Die Methode `run()` startet anschließend die Ausführung des Protokolls. Tritt während der Protokollsitzung ein Fehler auf, so gibt die Methode eine *DreisamException* mit dem entsprechenden Fehlercode aus. Bei erfolgreicher Durchführung wird das Ergebnis der Dienstfunktion zurückgeliefert.

Die Klasse `SubServiceProtocol` setzt die Schnittstelle `ISubServiceProtocol` um. Sie nutzt die Schnittstelle `ISubServiceHandler`, die die folgenden Aufgaben übernimmt:

- Überprüfung der Eigenschaft E3 aller vom Diensteanbieter nachgewiesenen Credentials.

- Bereitstellung des Zugangs zur Funktion des Datendienstes.

Durch die Verwendung der Schnittstelle `ISubServiceHandler` ist die Unabhängigkeit der Protokollimplementierung sowohl von der Implementierung der Protokollhistorie, d.h. zur Prüfung von E3, als auch der Implementierung der Dienstfunktion gewährleistet. Die Abbildung 4.31 zeigt den Teil des *SubServiceProtocols*, in dem die Schnittstelle verwendet wird.

4.3 Implementierung

Die Implementierung von DREISAM ist nach der *Model Driven Architecture*[1] erfolgt. Das Metamodell ermöglicht die Anpassung des DREISAM-Systementwurfs an Instanzen des Szenarios, wie z.B. an das Fallbeispiel CRM. Das DREISAM-Metamodell unterscheidet zur Repräsentation der Diensteanbieter zwischen drei

---
[1] http://www.omg.org/mda

4.3 Implementierung   125

Diensttypen: *RootService*, *SubService* und *Ca*. Die Abbildung 4.32 zeigt das DREISAM-Metamodell nach der Modellierungssprache *Ecore* [Ecl07]. Eine Instanz des Metamodells wird mit Hilfe des *Eclipse Modeling Frameworks* erstellt. In der Laufzeitumgebung entsteht die Objektstruktur der Instanz: ein *Scenario* und dessen *RootServices*, *SubServices* und *Cas*.

Für die Implementierung des Metamodells wurde die Entwicklungsumgebung *IBM Eclipse 3.2.0* mit der Erweiterung *Eclipse Modeling Framework 2.2.0* eingesetzt.[2] Als Programmiersprache ist *Java SDK 1.5*[3] zum Einsatz gekommen. Aufgrund des prototypischen Charakters der Implementierung wird auf die Netzwerkfunktionalität verzichtet. Doch ist die Implementierung innerhalb einer lokalen Laufzeitumgebung einsetzbar. Zur Erweiterung der Implementierung um die Netzwerkfunktionalität bietet sich aufgrund des objektorientierten Entwurfs der Protokolle das *Java Remote Method Invocation Framework*[4] an.

4.3.1 Diensttypen

Ein *RootService* repräsentiert einen Diensteanbieter und stellt dem iManager über das *RootServiceProtocol* den Zugangspunkt für die Nutzung seiner Dienste zur Verfügung. Ein Dienst ist spezifisch für eine Instanz eines *RootService* und muss daher für jede Instanz eines Szenarios implementiert werden. Implementierte Dienste werden einer *RootService*-Instanz über die Adapterklasse *RootServiceAdapter* zur Verfügung gestellt. Für das Fallbeispiel CRM wird für jedes Partnerunternehmen eine *RootService*-Instanz kreiert. Ein Datendienstanbieter, z.B. ein Programmbetreiber, wird mit einem *SubService* implementiert. Die Beziehung zwischen einem *SubService* und einem *RootService* ist über die Relation *subServices* modelliert, so dass für jeden *RootService* während der Initialisierung ein entsprechender *ServiceDescriptor* erstellt wird. Darüber erhält ein *RootService* die Angabe der Rechte, die für einen bestimmten Zugriff auf die persönlichen Daten eines Nutzers benötigt werden. Mit der Relation *credentialRequirements* erhält der iManager von einem *RootService* die Angabe der geforderten Credentials. Der Diensttyp *Ca* realisiert die CA. Die Delegation von Rechten wird mi den Methoden *requestProxyCredentialIssuance()* und *requestDelegationIssuance()* ausgeführt. Sie liefern die Protokollinstanzen *IProxyCredentialIssuanceProtocol* bzw. *IDelegationIssuanceProtocol* zurück.

Für die Anbindung der implementierten Dienste an einen Diensttyp steht jeweils eine Adapterklasse als Schnittstelle zur Verfügung. Die Abbildung 4.33 zeigt die

---
[2] http://www.eclipse.org
[3] http://www.java.com
[4] http://java.sun.com/javase/technologies/core/basic/rmi/index.jsp

Adapterklassen *RootServiceAdapter*, *SubServiceAdapter* und *CaAdapter*. Sie ermöglichen eine dienstspezifische Implementierung der Diensttypen in zweierlei Hinsicht:

- **Initialisierung von Protokollobjekten:** Die Implementierung eines Diensttyps verwendet die Adapterschnittstelle während der Initialisierung und der Ausführung des DREISAM-Delegationsprotokolls, um spezifische Protokolleingaben zu erhalten. Hierzu gehört bspw. die Selektion von Attributwerten für die Ausstellung von Credentials oder die Berechnung des Ergebnisobjekts einer Dienstfunktion.

- **Ereignisbehandlung:** Die Adapterschnittstellen ermöglichen eine dienstspezifische Behandlung von Ereignissen in der Delegationsliste der CA und der Zugriffskontrollliste des Datendienstanbieter. Hierzu gehört u.a. die Visualisierung von Protokollabläufen über eine graphische Benutzungsschnittstelle.

4.3.2 Schnittstelle zum iManager

Der iManager greift über die Schnittstelle IUserAgent auf die Dienste einer Metamodellinstanz zu. Die Abbildung 4.34 zeigt die Schnittstellendefinition der Klasse IUserAgent. Mit der Methode runRootServiceProtocol() erfolgt der Zugriff auf einen *RootService*. Ist der Zugriff erfolgreich, so liefert die Methode das Ergebnisobjekt des *RootService* zurück. Während eines Protokollablaufs werden anfallende Rückfragen an den Nutzer über mehrere Schnittstellen abgewickelt die als *Callback-Handler* fungieren. Der iManager implementiert diese Schnittstellen, stellt anfallende Rückfragen auf seiner Benutzungsschnittstelle dar und liefert die Antworten des Nutzers zurück.

Stellt ein *RootService* anonymisierte Credentials aus, wobei ein oder mehrere Attributwerte des Credentials vom Nutzer frei wählbar sind, dann geschieht die Auswahl dieser Werte über die selectXXXAttributeValue()-Methoden der Schnittstelle IAttributeContentSelectionHandler. Diese Methode wird dann gebraucht, wenn auch Diensteanbieter einen Nutzer registrieren dürfen.

Ist der Zugriff auf einen *RootService* eingeschränkt, so sucht die *IUserAgent*-Implementierung in der Credentialdatenbank des Nutzers die Credentials aus, die für den Zugriff auf den *RootService* berechtigen. Besitzt der Nutzer diese Credentials, so wird der Nutzer über den Aufruf der Methode permissionGranted() der Schnittstelle IPermissionHandler über deren vorgesehene Verwendung in Kenntnis gesetzt. Der Nutzer stimmt dann über den iManager der Verwendung entweder zu oder verweigert sie dem *IUserAgent*. Im zweiten Fall wird der Zugriff auf den *RootService* abgebrochen.

Werden Zugriffsrechte von einer *IUserAgent*-Implementierung für ihre Delegation ausgewählt, dann bestimmt der Nutzer eine Menge von Regeln, die die Verwendung der dieser Zugriffsrechte für ihren Empfänger einschränkt. Mit dem Aufruf der Methode configurePolicy() der Schnittstelle IPolicyConfigurationHandler erhält die *IUserAgent*-Implementierung diese Regeln.

4.4 Ergebnis

DREISAM implementiert die Funktionalität der Erhebung und Weitergabe persönlicher Daten durch die Delegation von Rechten für CRM. Dies zeigt die Instanz des DREISAM-Metamodells für das Fallbeispiel CRM. Das Beispiel besteht aus vier Partnerunternehmen vom Diensttyp *RootService*, einem Programmbetreiber vom Diensttyp *SubService*, einer CA vom Typ *Ca* und dem Identitätsmanager des Nutzers vom Typ *IUserAgent*. Bei den Partnerunternehmen handelt es sich um eine Apotheke, einem Fitnesscenter und den beiden Versicherungsunternehmen *SECURE* und *INSURE*. Der Programmbetreiber *LoyaltyProvider* betreibt das Kundenbindungsprogramm *Playback*. Jede Instanz eines Diensttypes verfügt über eine eigene Benutzungsschnittstelle. Der implementierte Geschäftsprozess ist die Angebotserstellung für eine Krankenversicherung, wobei über das Internet kommuniziert wird.

Der Nutzer möchte die Angebote der Versicherungen *SECURE* und *INSURE* vergleichen. Für die individuelle Angebotserstellung fragen die Versicherungen nach seinen persönlichen Daten, die bei seiner Nutzung des Fitnesscenters angefallen sind. Diese Daten werden von dem Programmbetreiber *LoyaltyProvider* verwaltet. Der Nutzer delegiert seine Zugriffsrechte auf diese Daten an die beiden Versicherungen. Mit den erhaltenen anonymisierten Credentials greifen sie dann auf die angefragten Daten zu. Den Datenfluss und die erbrachten Dienstleistungen dieses beispielhaften Geschäftsprozesses zeigt die Abbildung 4.35. Bei den Daten des Fitnesscenters handelt es sich um das Profil 3.

Der iManager informiert den Nutzer über diese Anfrage. Die Abbildung 4.36 stellt die Auswahl des zu delegierenden Zugriffsrechtes für den gewünschten Zugriff des Partnerunternehmens *INSURE* und die Regeln zu deren Nutzung dar. Der Nutzer hat für diese Dienstnutzung seine Teil-Identität *Playback-ID* ausgewählt. Damit ist die Phase A des DREISAM-Delegationsprotokolls abgeschlossen.

Das Ergebnis der Delegation des Zugriffsrechte und damit der Phasen B und C des DREISAM-Delegationsprotokolls zeigt die Abbildung 4.37. Sie stellt den zugehörigen Eintrag in der Delegationsliste der CA dar. Der Nutzer hat sich gegenüber der CA mit dem Pseudonym 243806209 und seiner elektronischen Kundenkarte ausgewiesen und ihr damit das Zugriffsrecht zusammen mit den Regeln *p* zu dessen Nutzung übertragen. Die CA hat diese Angaben zusammen mit dem ausgestellten Proxy Credential und dem anonymisierten Einmal-Credential für die Versicherung *INSURE* protokolliert.

Das Partnerunternehmen *INSURE* erhält mit seinem anonymisierten Credential den geforderten Zugriff auf die persönlichen Daten des Nutzers. Die Abbildung 4.38 zeigt die erhaltenen Daten zu dem Nutzer und seinem Profil 3. Aufgrund dieser Daten stellt sie das individuelle Angebot für den Nutzer aus. Der Programmbetreiber *LoyaltyProvider* hat seine Entscheidung zu der Zugriffsanfrage der Versicherung *INSURE* protokolliert. Die Abbildung 4.39 zeigt die protokollierten Daten. Sie zeigt u.a. die weitergegebenen Daten des Nutzers und den Namen des anfragenden Partnerunternehmens. In diesem Fall hat das Pseudonym *pseudonym(Proxy, Datendienstanbieter)* den Wert 637440995. Damit ist die Phase D des DREISAM-Delegationsprotokolls abgeschlossen.

4.4 Ergebnis

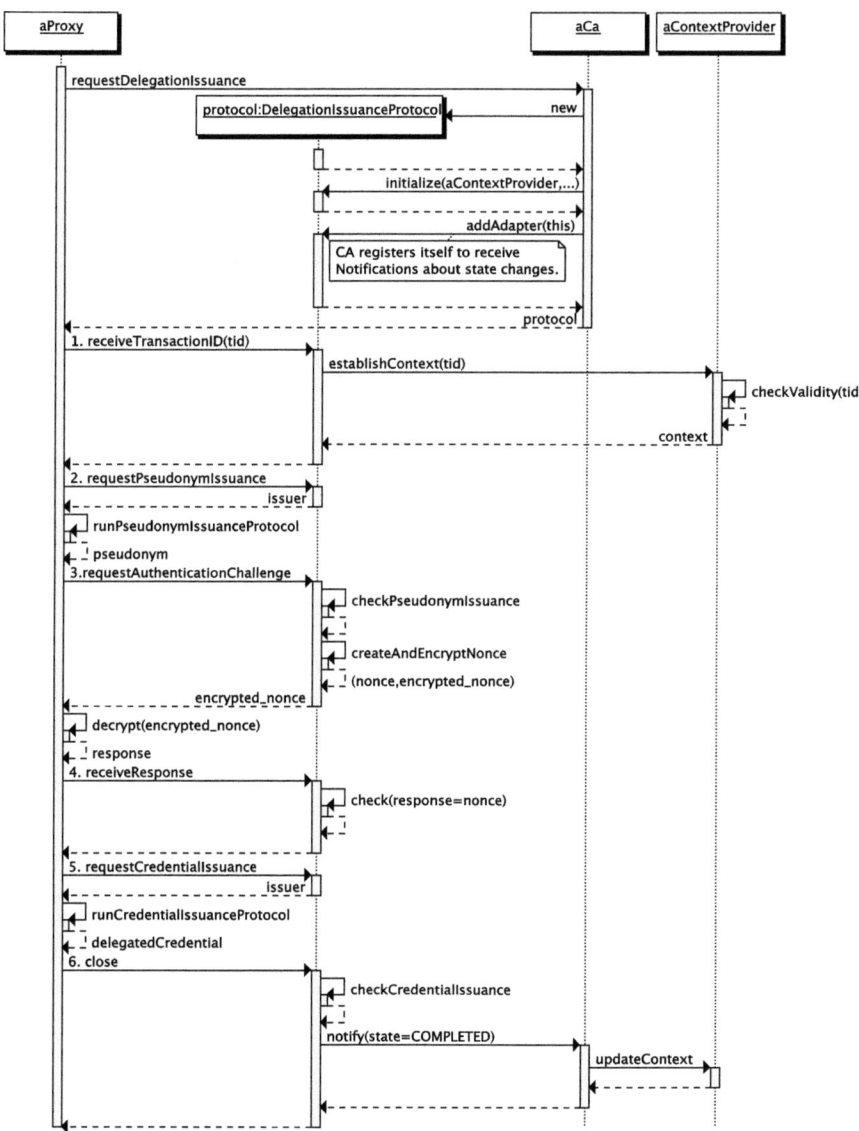

Abbildung 4.29: Protokollablauf des *DelegationIssuanceProtocols* unter der Verwendung der Schnittstellenimplementierung.

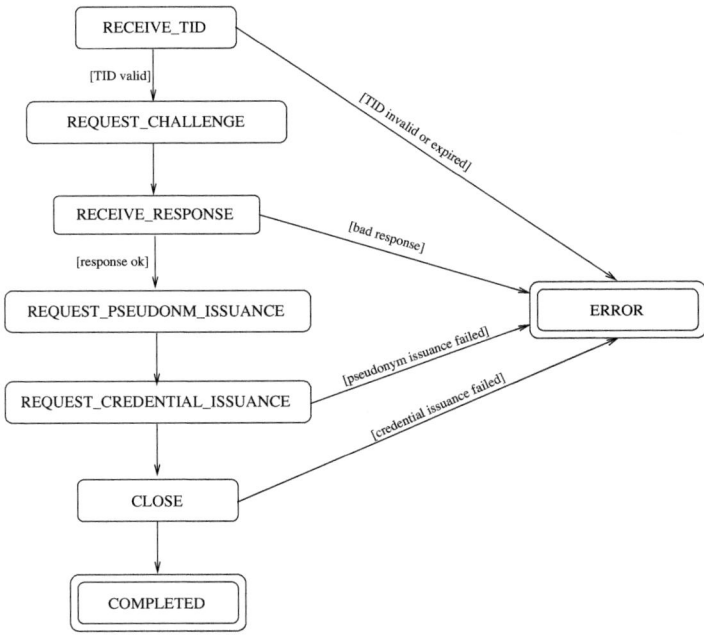

Abbildung 4.30: Die Zustände der *DelegationIssuanceProtocol*-Implementierung.

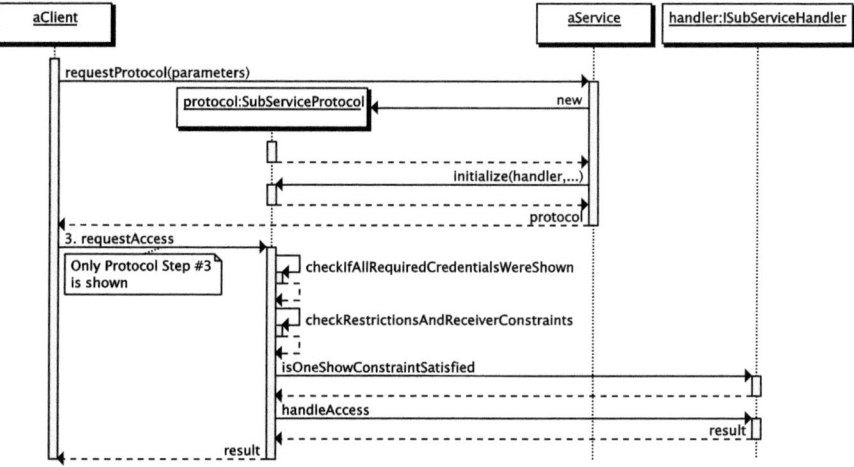

Abbildung 4.31: Die Implementierung der ISubServiceProtocol-Schnittstelle verwendet die ISubServiceHandler-Schnittstelle.

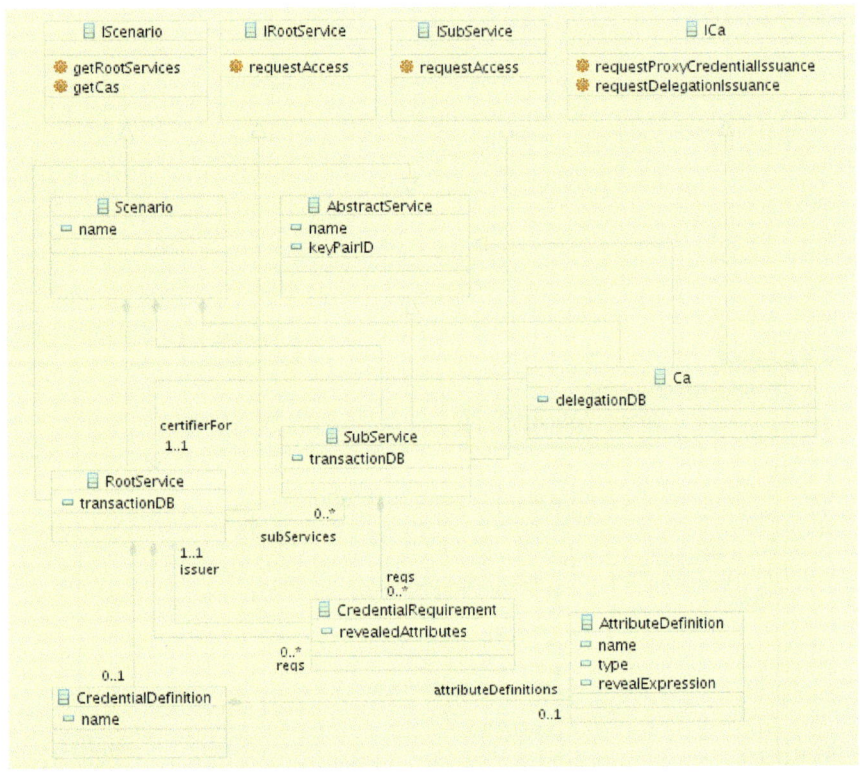

Abbildung 4.32: Das DREISAM-Metamodell.

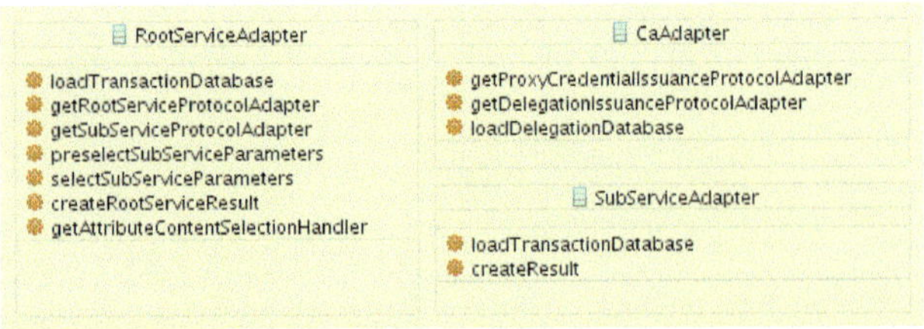

Abbildung 4.33: Die Adapterschnittstellen des DREISAM-Metamodells.

4.4 Ergebnis

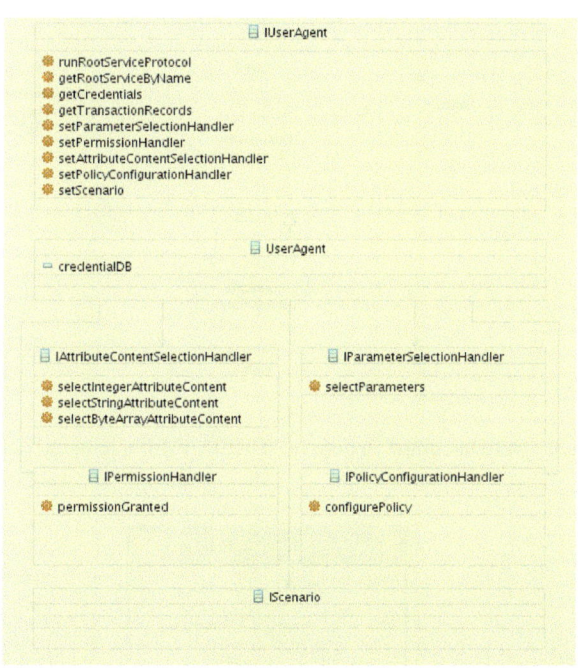

Abbildung 4.34: Die Schnittstelle **IUserAgent** zum Identitätsmanager.

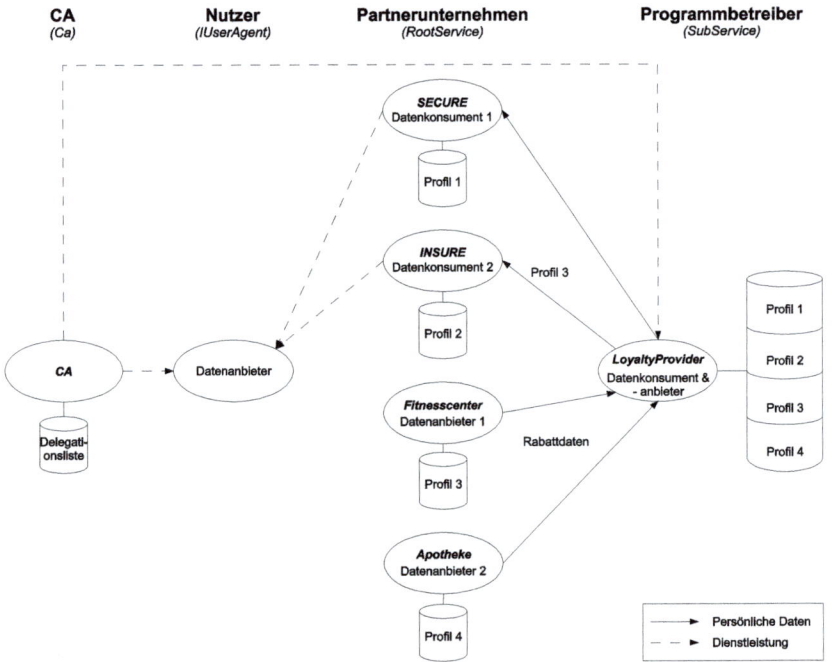

Abbildung 4.35: Der Datenfluss in dem mit DREISAM implementierten Fallbeispiel.

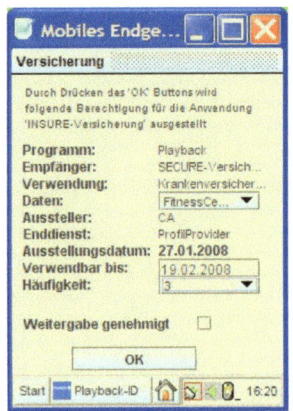

Abbildung 4.36: Die Konfiguration der Regeln einer Delegation mit dem iManager.

4.4 Ergebnis

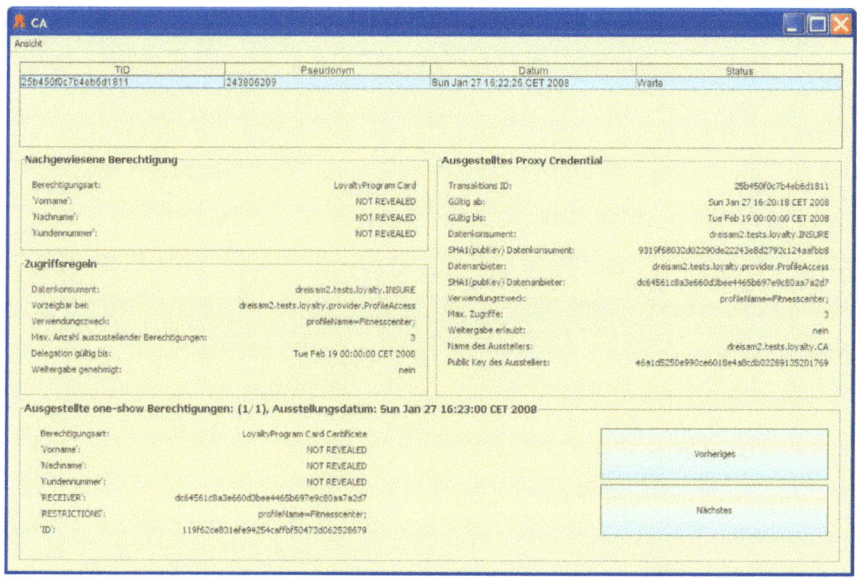

Abbildung 4.37: Der Eintrag der Delegationsliste für die Delegation eines Zugriffsrechtes an das Partnerunternehmen *INSURE*.

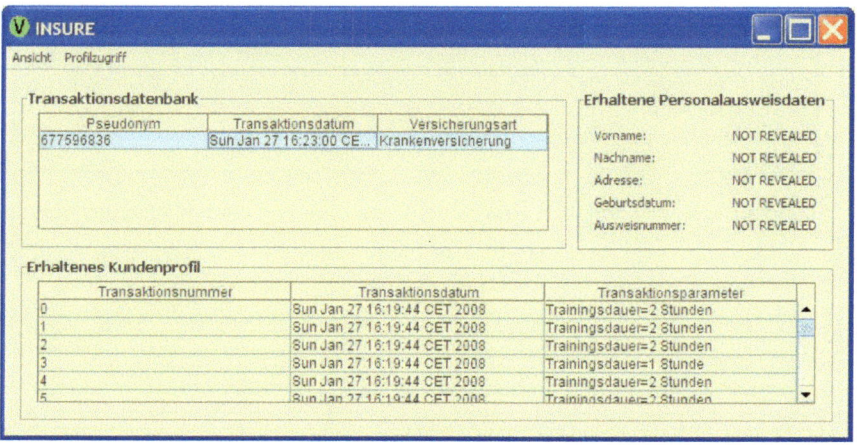

Abbildung 4.38: Das Partnerunternehmen *INSURE* hat die persönlichen Daten des Nutzers erhalten.

136   4 DREISAM: Identitätsmanagementsystem mit der Delegation von Rechten

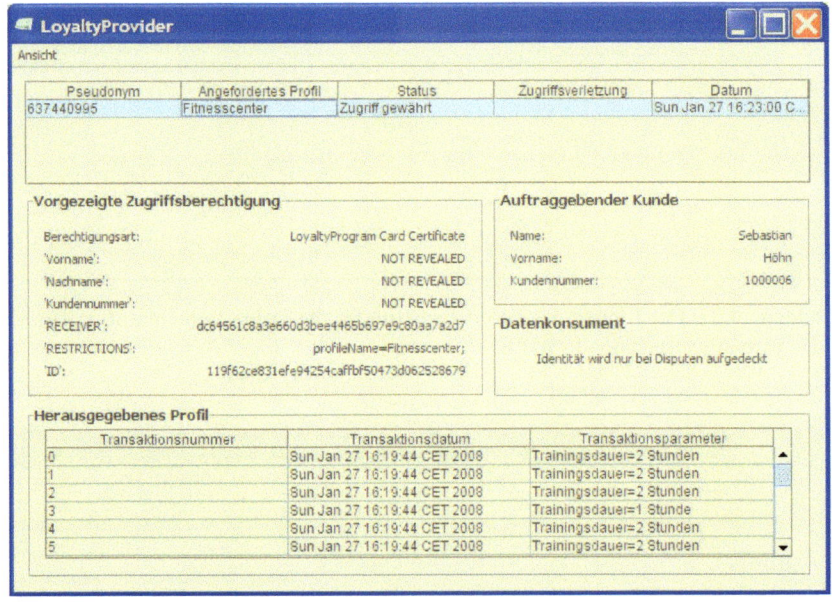

Abbildung 4.39: Die Logdaten zu der Zugriffsentscheidung des Programmbetreibers.

5 Evaluation von DREISAM

Das Ziel der Evaluation von DREISAM ist es nachzuweisen, dass DREISAM die Anforderungen des mehrseitigen CRM erfüllt und damit die Erhebung und Weitergabe persönlicher Daten für seine Nutzer kontrollierbar ist. Die Regeln des mehrseitigen CRM sind die Untersuchungsziele. Da die Bedrohungsanalyse für die informationelle Selbstbestimmung in CRM auf dem Baustein *Datenschutz* des IT-Grundschutz-Katalogs basiert, werden aus dessen definierten Gefährdungen in Abschnitt 5.1 Angriffsfälle entwickelt. Die Angriffsfälle werden auf das DREISAM-System ausgeführt. In Abschnitt 5.2 wird die Schutzwirkung von DREISAM nachgewiesen und mit der DREISAM-Implementierung für das Fallbeispiel CRM veranschaulicht. Der Abschnitt 5.3 schließt dieses Kapitel mit dem Beitrag von DREISAM ab.

5.1 Angriffsfälle nach dem IT-Grundschutz

Der Baustein *Datenschutz* [Bun06] des IT-Grundschutz-Katalogs betrachtet 13 Gefährdungen der informationellen Selbstbestimmung. Eine Gefährdung ist nach dem IT-Grundschutz-Katalog eine Bedrohung, die sich konkret auf ein Objekt bezieht. In diesem Fall sind die Objekte die persönlichen Daten eines Nutzers. In Bezug auf die Erhebung und Weitergabe persönlicher Daten sind fünf Gefährdungen relevant. Aus diesen Gefährdungen werden im Folgenden Angriffsfälle abgeleitet. Die anderen acht Gefährdungen richten sich an rechtliche und organisatorische Maßnahmen oder werden durch die Annahme, dass Datendienstanbieter die persönlichen Daten ihrer Nutzer durch den Einsatz eines Zugriffskontrollmechanismus schützen, entkräftet.

So besteht die Gefährdung *G6.1 Fehlende Zulässigkeit der Verarbeitung personenbezogener Daten* nicht, da im Fallbeispiel CRM die Programmbetreiber ihre Datenverarbeitung auf das Bundesdatenschutzgesetz beziehen und somit eine Rechtsgrundlage besteht und die, wenn auch pauschale, Einwilligung ihrer Nutzer vorliegt. Mit der Einwilligung ihrer Nutzer ist auch die Gefährdung *G6.6 Fehlende oder nicht ausreichende Vorabkontrolle* entkräftet. Liegt eine Einwilligung vor, so ist eine Vorabkontrolle nicht notwendig. Durch den Einsatz einer Zugriffskontrolle durch den Datendienstanbieter sind die Gefährdungen *G6.8 Fehlende oder unzu-*

reichende Absicherung der Datenverarbeitung im Auftrag bei der Verarbeitung personenbezogener Daten, *G6.10 Gefährdung vorgegebener Kontrollziele bei der Verarbeitung personenbezogener Daten* und *G6.11 Fehlende oder unzureichende Absicherung der Verarbeitung personenbezogener Daten im Ausland* nicht relevant. Die Gefährdung *G6.7 Gefährdung der Rechte Betroffener bei der Verarbeitung personenbezogener Daten* führt dann zu einem erfolgreichen Angriff, wenn die CA und der Datendienstanbieter ihre Zugriffsentscheidungen nicht vollständig protokollieren. Folglich erhält der Nutzer nicht das vollständige Wissen über die Weitergabe seiner Daten. Da jedoch das sichere Logging nach [Acc07] durch den DREISAM-Zertifizierungsdienst und dem DREISAM-Autorisierungsdienst mit einer Attestierung auf Dienstzugangspunktebene nach [Hoh06] angenommen wird, wird diese Gefährdung nicht weiter betrachtet. Die Gefährdungen *G6.8 Fehlende Transparenz für den Betroffenen und die Datenschutz-Kontrollinstanzen* und *G6.13 Fehlende oder unzureichende Datenschutzkontrolle* werden nicht betrachtet, da sie sich nicht auf die Technik beziehen. G6.6 bezieht sich auf die Information der Nutzer über die Prozessabläufe und G6.13 auf die Organisation eines Diensteanbieters, d.h. auf die Kontrolle der Datenverarbeitung durch einen Datenschutzbeauftragten.

5.1.1 Verkettung der Transaktionen eines Nutzers

Aus den Gefährdungen *G6.2 Nichteinhaltung der Zweckbindung bei der Verarbeitung personenbezogener Daten* und *G6.4 Fehlende oder unzureichende Datenvermeidung und Datensparsamkeit bei der Verarbeitung personenbezogener Daten* ist der Angriff der Verkettung der Transaktionen eines Nutzers abgeleitet. Der Angriff bezieht sich auf die Daten eines Nutzers, die bei ihrer Erhebung oder bei der Delegation eines Zugriffsrechtes anfallen.[1] Mit DREISAM fallen über einem Nutzer seine Pseudonyme, der Inhalt seiner Einträge in der Delegationsliste und die Angaben seiner Proxy Credentials als auch seiner anonymisierten Credentials an. Nicht-vertrauenswürdige Diensteanbieter versuchen anhand dieser Daten mehrere Transaktionen eines Nutzers zu verketten. Hat der betroffene Nutzer für die Verkettung keine Einwilligung gegeben, so liegt ein Missbrauch dieser Daten vor. Sie werden nicht nur für eine Dienstleistung, sondern u.a. auch für die Vereinigung seiner bestehenden Profile verwendet. Im Extremfall kombinieren die beteiligten Partnerunternehmen die Profile ihrer Nutzer, so dass sie über denselben Datenbestand wie der Datendienstanbieter verfügen. Der Datendienstanbieter wird aussen

---

[1] Mit den Kommunikationsdaten des Nutzers, die in den Schichten unterhalb der Anwendungsschicht des TCP/IP-Referenzmodells (vgl. [MEK02]) anfallen, ist eine Verkettung aufgrund der Verwendung von Anonymitätsmechanismen nicht möglich (s. Annahme aus Kapitel 2).

5.1 Angriffsfälle nach dem IT-Grundschutz

vor gelassen, da die Verkettung der Transaktionen für seine Dienstleistung notwendig ist. Wird dieser Angriff mit DREISAM abgewehrt, so sind die Regeln zum Zweckbezug, zur fallweisen Einwilligung, zu dessen Widerruf und zur datensparsamen Delegation von Rechten durchgesetzt.

5.1.2 Zweckentfremdete Nutzung eines gültigen Credentials

Die Gefährdung *G6.3 Überschreitung des Erforderlichkeitsgrundsatzes bei der Verarbeitung personenbezogener Daten* tritt dann ein, wenn ein Diensteanbieter Zugriff auf persönliche Daten eines Nutzers hat, die er für die angeforderte Dienstleistung nicht benötigt. Für den Angriff auf DREISAM bedeutet dies, dass ein Diensteanbieter ein an ihn delegiertes Zugriffsrecht für den Zugriff auf Nutzerdaten entgegen den vereinbarten Regeln verwendet. Der Angriff hat Erfolg, wenn der Zugriff gelingt. Neben dem anfragenden Diensteanbieter sind die weiteren Angreifer in Abhängigkeit des Credentials entweder die CA oder der Datendienstanbieter. Somit teilt sich der Angriff in zwei Variationen auf.

Die **erste Variation** bezieht sich auf das Proxy Credential. Ein Diensteanbieter fordert mit seinem Proxy Credential ein anonymisiertes Credential

- zu anderen oder erweiterten Zugriffsrechten,

- für den Zugriff auf einen anderen Datendienst oder

- für einen anderen Diensteanbieter als Empfänger der Zugriffsrechte an.

Erhält dieser Diensteanbieter, der auch die CA selbst sein kann, das gewünschte anonymisierte Credential, so wurden von der CA die Zugriffsrechte für den zweckentfremdeten Zugriff, d.h. im Widerspruch zu den Regeln des Nutzers, delegiert. Damit ist die CA ebenfalls ein Angreifer. Ein Betrug durch den Datendienstanbieter ist für den erfolgreichen Angriff nicht notwendig, da ein gültiges anonymisiertes Credential vorliegt.

Die **zweite Variation** bezieht sich auf den Missbrauch eines anonymisierten Credentials durch einen nicht-vertrauenswürdigen Diensteanbieter. Dieser Diensteanbieter fordert beim Datendienstanbieter den Zugriff auf persönliche Daten an, für den er mit seinem anonymisierten Credential nicht berechtigt ist. Erhält er den Zugriff, so ist der Datendienstanbieter ebenfalls ein Angreifer, falls seine Zugriffskontrolle die zweckentfremdete Nutzung des Credentials bemerkt und er den Zugriff trotzdem zulässt. Da von der internen Zugriffskontrollrichtlinie des Datendienstanbieters abstrahiert wird, wird eine fehlerhafte Konfiguration des Zugriffskontrollmechanismus nicht betrachtet.

Die Aktionen dieses Angriffs beziehen auf den Zeitpunkt nach der erstmaligen Datenerhebung und nachdem der Nutzer die Anfrage zur Ausstellung von Proxy Credentials gestellt hat. Falls der Nutzer mit DREISAM die Zugriffsentscheidungen der CA und des Datendienstanbieters kontrollieren kann, so ist die Regel zur Nachvollziehbarkeit durchgesetzt.

5.1.3 Unbefugte Delegation eines delegierten Zugriffsrechtes

Die Gefährdung *G6.5 Verletzung des Datengeheimnisses bei der Verarbeitung personenbezogener Daten* ist dann eingetreten, wenn ein Diensteanbieter sein erhaltenes Zugriffsrecht weiter delegiert und dessen Empfänger ein entsprechendes anonymisiertes Credential sowie den Zugriff auf die persönlichen Daten des Nutzers erhält. Für die Weitergabe ist wiederum zwischen der Ausstellung des Proxy Credentials und des zugehörigen anonymisierten Credential zu unterscheiden.

Ein weiterer Diensteanbieter erhält mit der **ersten Variante** entgegen der Regeln des Nutzers ein gültiges anonymisiertes Credential, wenn er von der CA ein Proxy Credential zu dem benötigten Zugriffsrecht erhält. Dann hat die CA gegen ihre Zertifizierungsregeln und damit auch gegen die Regel des Nutzers zur Re-Delegation dieses Zugriffsrechtes verstoßen. Sie hat dann ebenfalls die Rolle eines Angreifers eingenommen. Der Datendienstanbieter wird für den Erfolg dieser Angriffsvariante nicht benötigt, da von dem zweiten Diensteanbieter ein syntaktisch gültiges anonymisiertes Einmal-Credential nachgewiesen wurde.

Bei der **zweiten Variante** erhält der zweite Diensteanbieter unbefugt den Zugriff oder das anonymisierte Credential, wenn er sich entweder gegenüber dem Datendienstanbieter oder der CA mit der Identität des autorisierten Diensteanbieters ausweist. In einem Ablauf des Delegationsprotokolls wechseln sich beiden Diensteanbieter ab. Der erste Diensteanbieter ist an den Phasen A und B beteiligt und erhält so ein Proxy Credential. Der zweite Diensteanbieter ist an den Phasen C und D mit dem privaten Schlüssel des ersten Diensteanbieters beteiligt und erhält so ein anonymisiertes Einmal-Credential. Für den Nachweis des Proxy Credentials gegenüber der CA benötigt er den privaten Schlüssel sk des ersten Diensteanbieters. Bei dem erfolgreichen Nachweis wird das resultierende anonymisierte Credential an den geheimen Schlüssel des zweiten Diensteanbieters gebunden. Die CA und der Datendienstanbieter werden für den Erfolg dieser zweiten Variante nicht benötigt, da sie die beiden Diensteanbieter anhand der verwendeten kryptographischen Schlüssel nicht unterscheiden können. Auch kann der erste Diensteanbieter das DREISAM-Delegationsprotokoll verwenden, um das erhaltene Zugriffsrecht an den zweiten Diensteanbieter weiterzugeben.

Bei einer nicht-autorisierten Delegation ist die Einwilligung eines Nutzers bzw.

5.1 Angriffsfälle nach dem IT-Grundschutz 141

dessen Widerruf verletzt. Weiterhin ist der Zweckbezug nicht gegeben, da ein Diensteanbieter ein Zugriffsrecht erhält, obwohl er nicht mit dem Verwendungszweck angegeben ist. Dieser Angriff ist dann abgewehrt, wenn die Regeln zum Zweckbezug, der fallweisen Einwilligung und dem Widerruf einer Einwilligung durchgesetzt werden. Um die Einhaltung der Regeln kontrollieren zu können, muss der Nutzer für die erste Angriffsvariante die Zugriffsentscheidungen der CA kontrollieren können. Ist dies mit DREISAM der Fall, so ist damit auch die Regel zur Nachvollziehbarkeit befolgt worden. Die zweite Angriffsvariante ist ausserhalb der DREISAM-Protokolle, da sich zwei Diensteanbieter in einem Protokollablauf abwechseln und dort als ein Diensteanbieter erscheinen.

5.1.4 Zugriff mit einem ungültigen Credential

Die Gefährdung *G6.12 Unzulässige automatisierte Einzelfallentscheidungen oder Abrufe bei der Verarbeitung personenbezogener Daten* bezieht sich auf den unzulässigen Zugriff auf persönliche Daten. Bei diesem Angriff verwendet ein Diensteanbieter ein Credential nach Abschluss seiner Dienstleistung oder öfters als der Nutzer dazu eingewilligt hat. Somit erhält der Diensteanbieter auch dann noch einen Zugriff auf die Daten des Nutzers, obwohl die Einwilligung des Nutzers nicht mehr vorliegt.

Erhält ein Diensteanbieter mit seinem Proxy Credential ein weiteres anonymisiertes Credential, so hat die CA gegen die Regeln des Nutzers verstoßen. Konkret sind dies die Regeln in Bezug auf die maximale Anzahl der Zugriffe, auf den Gültigkeitszeitraum der Regeln und die Ausstellung eines widerrufenen Zugriffsrechtes. Der Datendienstanbieter wird wiederum nicht für den Angriff benötigt, da von den Attributen des ausgestellten anonymisierten Credentials her dieses syntaktisch korrekt ist.

Wird für den Angriff ein anonymisiertes Credential verwendet, so ist die CA nicht involviert. Dann wird der Angriff durchgeführt, wenn das anonymisierte Credential des Diensteanbieters mehrmals, außerhalb seines Gültigkeitszeitraums oder auch dann verwendet wird, wenn das betreffende Zugriffsrecht oder seine Delegation widerrufen wurde. Ein erfolgreicher Angriff setzt die Kooperation des Datendienstanbieters voraus. Aufgrund seiner Fähigkeit die Mehrfachverwendung anonymisierter Einmal-Credentials zu erkennen, entdeckt er diesen Missbrauch. Ebenso ist ihm der Gültigkeitszeitraum und der evtl. Widerruf des anonymisierten Credentials bekannt.

Dieser Angriff bezieht sich auf die Verletzung der Regeln zum Zweckbezug, zur Einwilligung eines Nutzers und dessen Widerruf als auch auf Regel zur Zurechenbarkeit. Wiederum kann der Nutzer diese Regeln mit seinem Referenzmonitor nicht durchsetzen, da die Aktionen ausserhalb seines Zugriffskontrollbereiches stattfinden. Kann er aber die Einhaltung dieser Regeln kontrollieren, so wurde wiederum die Regel zur Nachvollziehbarkeit befolgt.

5.1.5 Angriffsfälle im Überblick

Für die abgeleiteten Angriffe nehmen Diensteanbieter, die CA und der Datendienstanbieter je nach den folgenden Angriffsszenarien die Rolle eines Angreifers ein:

1. Verkettung der Transaktionen eines Nutzers
2. Zweckentfremdete Nutzung eines gültigen Credentials
3. Unbefugte Delegation eines delegierten Zugriffsrechtes
4. Zugriff mit einem ungültigen Credential

Außerdem unterscheiden sich die Instrumente eines Angriffs. Es werden entweder Proxy oder anonymisierte Credentials verwendet. Aus der Kombination der Rolle des Angreifers mit den Instrumenten ergeben sich die Angriffsfälle zu den obigen Szenarien. Erfolgt ein Angriff mit einem Proxy Credential, so nehmen Diensteanbieter und die CA die Rolle eines Angreifers ein. Erfolgt ein Angriff mit einem anonymisierten Credential eines Diensteanbieters, so nehmen der Diensteanbieter und der Datendienstanbieter die Rolle eines Angreifers ein. Die Ausnahme stellt die CA für das erste Angriffsszenario dar. Sie versucht die Transaktionen des Nutzers anhand des Inhalts seiner anonymisierten Credentials zu verketten. Da die Angriffe vom Typ zwei bis vier jeweils in einer Kombination von Diensteanbieter mit der CA bzw. Diensteanbieter mit dem Datendienstanbieter ausgeführt werden, ergeben sich insgesamt neun Angriffsfälle. Die Kombinationen der Angreifer mit den Instrumenten und damit die identifizierten Angriffsfälle zeigt die Tabelle 5.1.

5.2 Schutzwirkung von DREISAM

Im Folgenden wird für jedes Angriffsszenario die Schutzwirkung von DREISAM gezeigt, indem die zugehörigen Angriffsfälle ausgeführt werden. Die Schutzwirkung von DREISAM wird mit dessen Implementierung für das Fallbeispiel CRM veranschaulicht. Die von IBM idemix verwendeten Protokolle werden nicht untersucht. Der Beweis ihrer Eigenschaften findet sich in [CL01] und der zu den dynamischen Akkumulatoren in [CL02]. Auch werden die Protokolle von DREISAM

5.2 Schutzwirkung von DREISAM

Angreifer	Instrument	
	Proxy Credential	Anonymisiertes Credential
Diensteanbieter	1	1
CA	-	1
Diensteanbieter & CA	2, 3, 4	-
Diensteanbieter & Datendienstanbieter	-	2, 3, 4

Tabelle 5.1: Die Angriffsfälle.

nicht auf die Möglichkeit eines Man-in-the-Middle Angriffs [Eck07] hin evaluiert, da sich die Bedrohungsanalyse ausschließlich auf die Kommunikationspartner des Nutzers bezieht. Durch die Authentifikation der Teilnehmer vor einem Protokollablauf ist sichergestellt, dass der Schlüssel pk_{Proxy_i} zu dem jeweiligen Teilnehmer $Proxy_i$ gehört.

5.2.1 Nicht-Verkettbarkeit der Transaktionen eines Nutzers

Die Angriffsfälle des Szenarios *Verkettung der Transaktionen eines Nutzers* beziehen sich auf die erstmalige Erhebung persönlicher Daten und auf die Delegation eines Zugriffsrechtes für die Weitergabe persönlicher Daten. Ob Diensteanbieter und die CA in der Rolle als Angreifer die Transaktionen des Nutzers verketten können, hängt von der Anzahl der Nutzer und der damit verbundenen Wahrscheinlichkeit ab, dass die anfallenden Daten genau einem Nutzer zugeordnet werden können.

Nach der **erstmaligen Erhebung persönlicher Daten** kennt ein Diensteanbieter *pseudonym(Nutzer, Diensteanbieter)* des Nutzers und die nachgewiesenen Eigenschaften seines anonymisierten Credentials. Falls der Nutzer keine personenbezogenen Daten offen legt und für jede Transaktion ein neues Pseudonym wählt, so ist es einem Diensteanbieter in Abhängigkeit der Anzahl seiner Nutzer schwer, die Transaktionen eines bestimmten Nutzers zu verketten. Für den Beweis wird auf [CL01] verwiesen, da für die erstmalige Erhebung persönlicher Daten ausschließlich die Protokolle für die Erstellung eines Pseudonyms und für den Nachweis eines anonymisierten Credentials unverändert verwendet wird. Damit sind bei der Erhebung persönlicher Daten die Regeln zum Zweckbezug, der fallweisen Einwilligung und zu deren Widerruf als auch zur Zurechenbarkeit erfüllt.

Nach der **Ausführung des Delegations- und Widerrufsprotokolls von DREI-**

SAM sind dem beteiligten Diensteanbieter die folgenden Daten zu dem Nutzer bekannt:

- Aus dem ersten Schritt des Protokolls das *pseudonym(Nutzer, Proxy)*.
- Die Attributwerte des Proxy Credentials aus Protokollschritt 14, wobei sich *pseudonym(Nutzer, CA)* und die TID auf den Eintrag der Delegationsliste beziehen.
- Die Regeln des Nutzers für das delegierte Zugriffsrecht nach Protokollschritt 22, wobei die Regeln sich auf die Datentypen der angefragten persönlichen Daten beziehen.
- Die angeforderten persönlichen Daten des Nutzers aufgrund des Zugriffs nach Protokollschritt 33.

Nach einem Ablauf des Widerrufsprotokolls erhalten Diensteanbieter vom Nutzer nur den aktualisierten Akkumulator, der nach [CL02] keine identifizierenden Daten zum Nutzer veröffentlicht.

Die CA hat nach einem Ablauf des Delegationsprotokolls die folgenden Daten über den Nutzer erhalten:

- *pseudonym(Nutzer, CA)* und die Regeln zur Delegation und Nutzung seines Zugriffsrechtes nach dem vierten Protokollschritt.
- Das Zugriffsrecht des Nutzers, sein anonymisiertes Credential und dessen Zeugenwert nach dem zehnten Protokollschritt.

Nach einem Ablauf des Widerrufsprotokolls lernt die CA vom Nutzer sein Proxy Credential, *pseudonym(Nutzer, CA)*, sein zugehöriges anonymisiertes Credential und dessen Zeugenwert erhalten. Nach dem Inhalt eines Proxy Credentials und dem Widerruf anonymisierter Credentials nach [CL02] fallen keine personenbezogenen Daten an.

Über die TID und das Proxy Credential können Diensteanbieter und die CA ihre Interaktionen mit einem Nutzer für eine Transaktion verketten. Dies ist auch notwendig, um das Zugriffsrecht zu delegieren. Eine Verkettung mehrerer Transaktionen eines Nutzers ist ausschließlich dann ohne zusätzlichen Aufwand möglich, wenn der Nutzer *pseudonym(Nutzer, Proxy)* und *pseudonym(Nutzer, CA)* oder beide in mehreren Transaktionen mit demselben Diensteanbieter bzw. der CA verwendet und personenbezogene Daten bei dem Nachweis seines anonymisierten Credentials aufdeckt sowie mit dem delegierten Recht den Zugriff auf personenbezogene Daten erlaubt. Damit ist die Regel der datensparsamen Delegation von Rechten durchsetzt.

5.2 Schutzwirkung von DREISAM

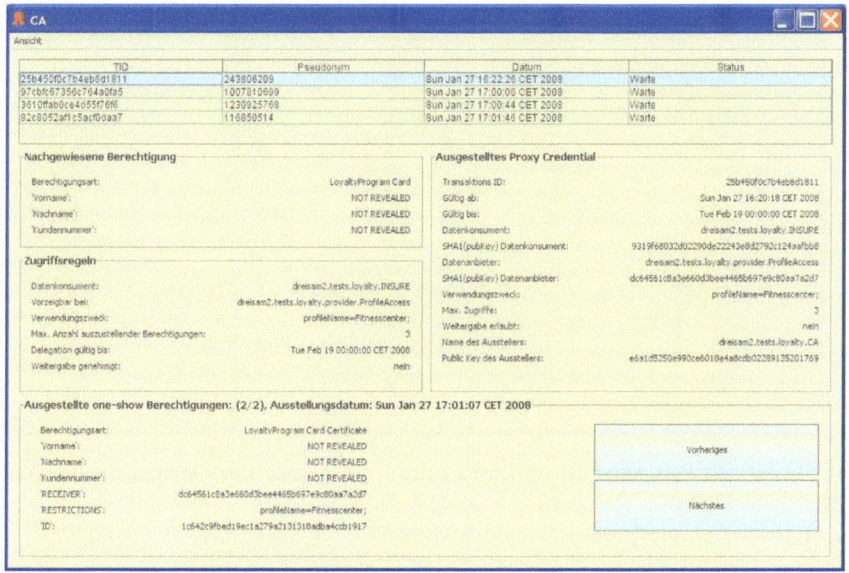

Abbildung 5.1: Mehrere Delegationen desselben Zugriffsrechtes.

Das pseudonyme Auftreten eines Nutzers bei mehreren Delegation eines Zugriffsrechtes veranschaulichen die Abbildungen 5.1 und 5.2. Für das Fallbeispiel CRM zeigt die Abbildung 5.1 beispielhaft, dass vier Delegationen desselben Nutzers unterschiedlich erscheinen und ohne weiteres Wissen in Verbindung zu seiner Person gebracht werden können. Die Spalte *Pseudonym* enthält vier verschiedene Pseudonyme zu denen jeweils dasselbe anonymisierte Credential für dasselbe Zugriffsrecht nachgewiesen wurde. Die Abbildung 5.2 zeigt die erhaltenen Daten des Nutzers und sein Auftreten gegenüber dem Partnerunternehmen *INSURE* mit drei unterschiedlichen Pseudonymen. Dieses Pseudonyme finden sich auch in dem zugehörigen Proxy Credential wieder und sind für jede Transaktion voneinander verschieden.

5.2.2 Zugriffe auf persönliche Daten entsprechend den vereinbarten Regeln

An dieser Stelle werden die Angriffsfälle mit dem Ziel einer zweckentfremdeten Nutzung eines gültigen Credentials auf das System DREISAM ausgeführt. Es ist mit DREISAM zu zeigen, dass (a) Diensteanbieter Rechte vom Nutzer für den Zu-

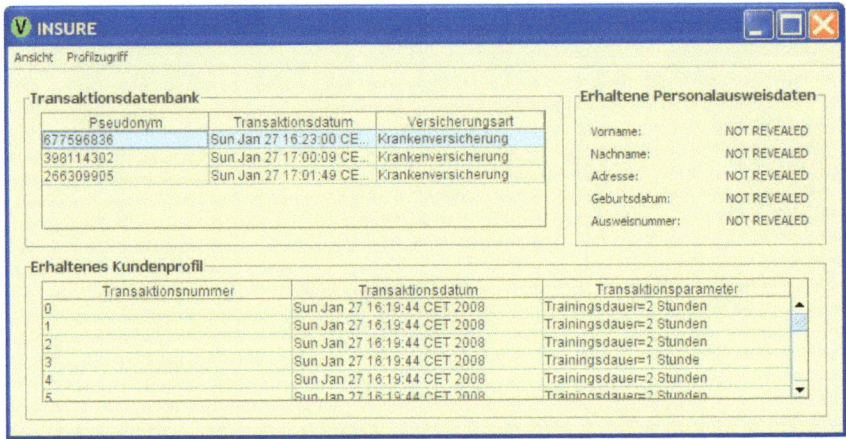

Abbildung 5.2: Pseudonymisierte Daten eines Nutzers nach ihrer Weitergabe durch den Programmbetreiber.

griff auf bestimmte Daten erhalten, (b) eine Änderung der delegierten Rechte und der vereinbarten Regeln nach ihrer Delegation erkannt wird und (c) die Einhaltung der vereinbarten Regeln vom Nutzer kontrolliert werden kann.

Der Empfänger eines Proxy Credentials erhält genau die Zugriffsrechte, die der Nutzer in seiner Policy angegeben und mit seinem anonymisierten Credential gegenüber der CA nachgewiesen hat. Dies entspricht den Angaben von Proxy Credentials und ihrem Einsatz, um die Weitergabe des geheimen Schlüssels k_{Nutzer} zu vermeiden. Die CA überprüft in Schritt 16 des Delegationsprotokolls, ob der anfragende Diensteanbieter mit seinem Proxy Credential für den Erhalt der angefragten Zugriffsrecht autorisiert ist. Die Beziehung zwischen dem Proxy Credential und der erlaubten Delegation wird durch die Verbindung zwischen einem Proxy Credential und dem zugehörigen Eintrag in der Delegationsliste mit der eindeutigen TID erreicht. Die nachträgliche Änderung der TID und damit des Verweises auf einen anderen Eintrag in der Delegationsliste wird vom Nutzer bemerkt, da die Integrität und Authentizität der Attribute eines Proxy Credentials durch dessen digitale Signatur gesichert ist. Zudem beobachtet der Referenzmonitor des Nutzers die Ausstellung von Proxy Credentials, da sie nach dem DREISAM-Delegationsprotokoll an den Nutzer geschickt und er diese dann an den betreffenden Diensteanbieter weiterleitet.

Die **Durchsetzung** dieser Regeln verlangt die Kontrolle der Zugriffsentscheidungen des Datendienstanbieters und der CA. Diese weisen mit der Mitschrift

5.2 Schutzwirkung von DREISAM

ihrer Zugriffsentscheidungen nach, dass sie die vereinbarten Regeln eingehalten haben. Sollte die CA die Regeln aus der Delegationsliste nicht eingehalten haben, so stellt dies ein Verstoß gegen ihre Zertifizierungsrichtlinie und damit gegen das Interesse des Datendienstanbieters an die Authentizität der ausgestellten Credentials dar. Der Datendienstanbieter erkennt den Verstoß durch den Abgleich seiner Regeln mit den Zertifizierungsentscheidungen der CA aus der Delegationsliste. Durch den Einsatz der sicheren Logging-Komponente nach [Acc07] sind die Eigenschaften Integrität und Authentizität der protokollierten Zugriffs- bzw. Zertifizierungsentscheidungen erfüllt. Der Einsatz der attestierten Dienstzugangspunkte nach [Hoh06] sichert, dass der Identitätsmanager mit dem DREISAM-Autorisierungsdienst bzw. der DREISAM-Autorisierungsdienst mit dem DREISAM-Zertifizierungsdienst kommuniziert.

Die Abbildung 5.1 zeigt für das Fallbeispiel CRM beispielhaft die protokollierten Zugriffskontrollentscheidungen der CA. Für jeden Eintrag in der Delegationsliste sind die erfolgten Zugriffe durch einen Diensteanbieter, d.h. die Anfragen zur Ausstellung eines Proxy Credentials und der zugehörigen anonymisierten Credentials, festgehalten. In der Rubrik *Nachgewiesene Berechtigung* ist der Beweis des Nutzers festgehalten, dass er über die Zugriffsrechte, die Teil der Rubrik *Zugriffsregeln* sind, verfügt. Die Rubrik *Zugriffsregeln* zeigt die vereinbarten Regeln zur Delegation und Nutzung dieser Zugriffsrechte. Weiterhin sind die ausgestellten Credentials mit ihren Attributwerten aufgeführt. Fordert ein Diensteanbieter nun ein anonymisiertes Credential mit den Zugriffsrechten an, obwohl er mit seinem Proxy Credential nicht dazu autorisiert ist, so erkennt dies der DREISAM-Zertifizierungsdienst und stellt das Credential nicht aus. Die Abbildung 5.3 zeigt die Meldung des DREISAM-Zertifizierungsdienstes.

Der Missbrauch eines anonymisierten Credentials durch einen Diensteanbieter wird durch den Datendienstanbieter erkannt. In dem Schritt 32 überprüft der Datendienstanbieter, ob dieses anonymisierte Credential widerrufen und schon einmal verwendet wurde sowie ob es den Diensteanbieter für den gewünschten Zugriff autorisiert. Die Regeln des anonymisierten Credentials können nachträglich nicht unbemerkt modifiziert werden, da deren Integrität durch die digitale Signatur der CA geschützt ist. Auch überzeugt sich der Datendienstanbieter über diese digitale Signatur von der Authentizität der Zugriffsrechte und ihrer Obligationen. Die Prüfung des Widerrufs geschieht nach dem Protokoll aus [CL02] und ist damit korrekt. Wurde dieses Credential bereits verwendet, so wird der geheime Schlüssel k_{Proxy_i} des Diensteanbieters $Proxy_i$ aufgedeckt. Dies geschieht nach dem Teil-Protokoll aus [CL01]. Die Prüfung der Autorisierung erfolgt durch den Abgleich des Datendienstanbieters mit seiner Zugriffskontrollliste. Da die Protokollierung der Zugriffsentscheidungen des DREISAM-Autorisierungsdienstes identisch zu

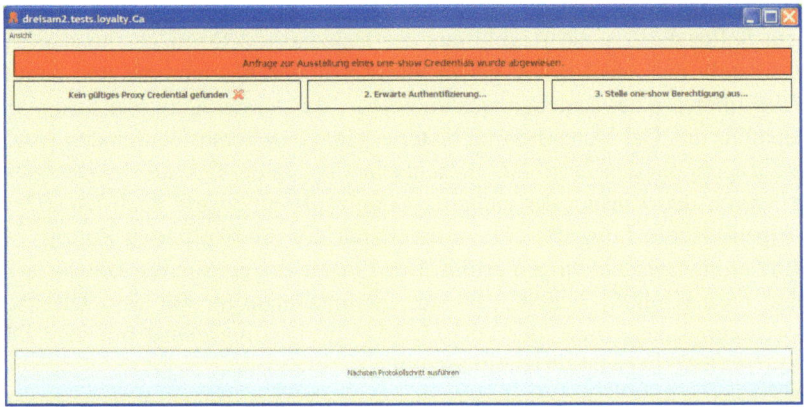

Abbildung 5.3: Die CA weist die Anfrage nach einen anonymisierten Credentials aufgrund eines Regelverstoßes zurück.

der des DREISAM-Zertifizierungsdienstes ist, können Nutzer die Durchsetzung der vereinbarten Regeln nachträglich kontrollieren.

Die Abbildung 5.4 zeigt für das Fallbeispiel CRM die Zugriffsentscheidungen des DREISAM-Autorisierungsdienstes. Für jeden Zugriff werden die Attributwerte des nachgewiesenen Credentials, der auftraggebende Nutzer und seine weitergegebenen persönlichen Daten angezeigt. Nachdem das Partnerunternehmen *INSURE* ein anonymisiertes Einmal-Credential zum zweiten Mal verwendet hat, erkennt der DREISAM-Autorisierungsdienst diese Mehrfachverwendung. Folglich wird der Zugriff verweigert und der geheime Schlüssel von *INSURE* aufgedeckt, so dass dessen Identität in der Rubrik *Datenkonsument* angezeigt wird. Möchte ein Partnerunternehmen mit einem gültigen anonymisierten Credential Daten zugreifen, für die es nicht autorisiert ist, so wird auch dieser Zugriff abgewiesen und die Identität des Partnerunternehmens aufgedeckt. Die Abweisung dieser beiden Zugriffsanfragen aufgrund der Regelverletzungen des Partnerunternehmens zeigt die Abbildung 5.5.

5.2.3 Kontrollierbare Delegation von Zugriffsrechten

Die im Folgenden gezeigte Funktionalität bezieht auf das Angriffszenario der unbefugten Delegation eines delegierten Zugriffsrechtes. Die Abwehr der ersten Variante dieses Angriffs erfolgt wiederum durch die Kontrolle der CA und damit der von dem DREISAM-Zertifizierungsdienst getroffenen Zugriffsentscheidun-

5.2 Schutzwirkung von DREISAM

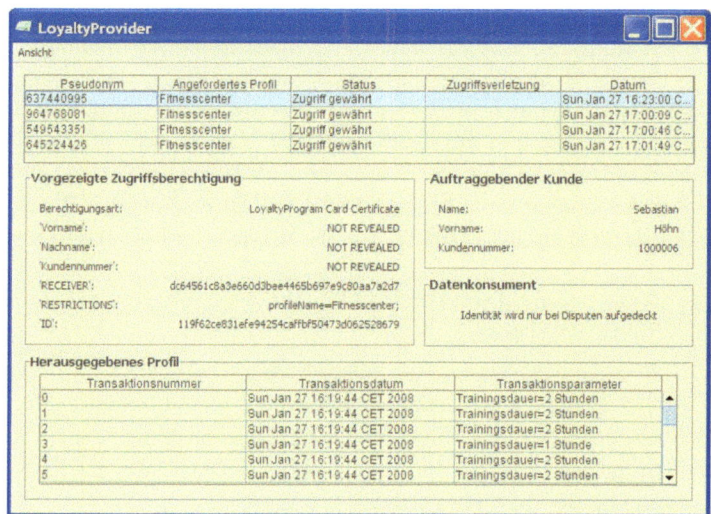

Abbildung 5.4: Die Protokollierung der Zugriffsentscheidungen des DREISAM-Autorisierungsdienstes.

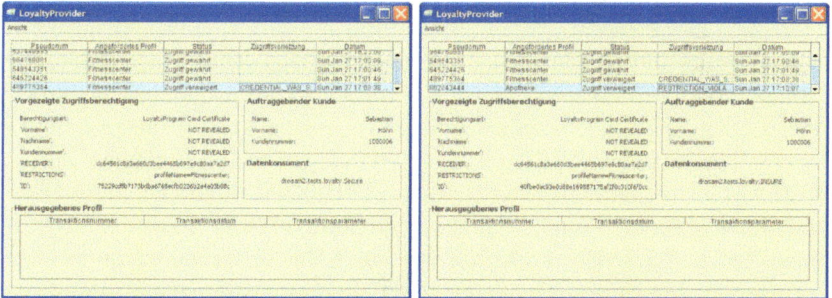

Abbildung 5.5: Die Protokollierung der Regelverletzungen.

gen. Der DREISAM-Zertifizierungsdienst überprüft, ob der Nutzer den Diensteanbieter für die transitive Delegation des vorliegenden Zugriffsrechtes an den angegebenen Diensteanbieter autorisiert hat. Eine nicht-autorisierte Delegation eines delegierten Zugriffsrechtes wird erkannt, da entweder

- der Nutzer den booleschen Eintrag zu Re-Delegation mit dem Wert *false* belegt hat oder

- der Empfänger des zu delegierenden Zugriffsrechtes nicht in der Liste des Nutzers für die Empfänger seines Zugriffsrechtes eingetragen ist.

Beide Regeln finden sich in der Delegationsliste wieder. Sollte die CA gegen diese Regeln verstoßen und trotzdem das Recht weitergeben, so erkennt der Datendienstanbieter und der Nutzer die erfolgte Delegation durch den Eintrag in der Delegationsliste. Ist dies der Fall, so stellt die CA für den zweiten Diensteanbieter das anonymisierte Einmal-Credential aus. Ansonsten wird die Anfrage zurückgewiesen.

Die zweite Variante wird von DREISAM nicht erkannt, da die beiden angreifenden Diensteanbieter aus Protokollsicht als ein Diensteanbieter auftreten. Sie verwenden beide dieselben kryptographischen Schlüssel. Dieser Angriff kann nachträglich erkannt werden, wenn persönliche Daten eines Nutzers von einem Diensteanbieter verwendet werden, obwohl dieser das Zugriffsrecht auf diese Daten nicht erhalten hat. Dazu ist der Informationsfluss dieser Daten nachzuvollziehen. Dies wird von DREISAM nicht betrachtet.

5.2.4 Nachvollziehbarkeit der Zugriffsentscheidungen

Um die Nachvollziehbarkeit der Zugriffe zu erreichen, müssen (a) die Zugriffsanfragen nicht-abstreitbar der anfragenden Partei zugeordnet werden können, (b) die Anonymität der anfragenden Partei ist im Betrugsfall aufzudecken und (c) der Nutzer muss die Zugriffsentscheidungen kontrollieren können. Der Nachweis der Zugriffsentscheidungen nach den delegierten Rechten und Obligationen erfolgt wiederum in der Kombination der protokollierten Zugriffsentscheidungen durch den DREISAM-Zertifizierungsdienst bzw. dem DREISAM-Autorisierungsdienst. Die Voraussetzung für die Protokollierung ist die Integrität und Authentizität der delegierten Rechte. Diese Eigenschaften sind durch die Verwendung von Credentials als Träger der delegierten Rechte und durch die digitale Signatur gesichert.

Zusätzlich sichert DREISAM die Zurechenbarkeit der Transaktionen zu dem Anfragesteller. Dies ist in einem Disputfall notwendig, um den Verursacher eines Betrugs zu identifizieren. Dispute zwischen einem Nutzer und einem Diensteanbieter beziehen sich auf die Nutzung eines anonymisierten Credentials und können in zwei Fällen auftreten. Im ersten Fall streitet ein Diensteanbieter die Nutzung eines anonymisierten Credentials mit dem Zugriffsrecht des Nutzers ab, obwohl er es verwendet hat. Im zweiten Fall ist es der Nutzer, der die Verwendung eines seiner anonymisierten Credentials abstreitet und behauptet, dass es ein Diensteanbieter verwendet hat. Diese beiden Arten eines Disputs werden mit Hilfe der De-Anonymisierungseigenschaft gelöst. Dem Datendienstanbieter liegt die Mitschrift des Protokollablaufs für den Nachweis des betreffenden anonymisierten Credentials vor. Da er die Credentials für seine Nutzer aber nicht für Diensteanbieter ausstellt, kann er ohne Mithilfe der CA die Identität des Nutzers aufdecken. Ist dies der Fall, so ist der Nutzer der Verursacher des Betrugs und das Ergebnis der Aufdeckung von *pseudonym(Nutzer, Datendienstanbieter)*, d.h. im Fallbeispiel CRM die eindeutige Kundennummer. Im anderen Fall benötigt der Datendienstanbieter von der CA den Wert *Y(U,O)* aus dem Protokollablauf zur Credentialausstellung für den Diensteanbieter (s. die Untersuchung von IBM idemix in Kapitel 3). Damit deckt er den geheimen Schlüssel k_{Proxy_i} des Diensteanbieters $Proxy_i$ auf.

5.3 Ergebnis

Das Ziel dieser Arbeit war es, ein Sicherheitswerkzeug zu entwickeln, mit dem Nutzer vereinbarte Regeln zur fallweisen Erhebung und Weitergabe persönlicher Daten durchsetzen und kontrollieren können, ohne dass sie Diensteanbietern vertrauen müssen. Gleichzeitig sollte ein Interessenausgleich mit den Diensteanbieter erfolgen, so dass die Transaktionen der Nutzer ihnen eindeutig zugeordnet werden können.

Dies ist für die identifizierten Angriffsszenarien nach dem Baustein *Datenschutz* des IT-Grundschutz-Katalogs mit dem Identitätsmanagementsystem DREISAM erreicht worden. Die DREISAM-Protokolle eignen sich für den Aufbau einer pseudonymisierten PKI mit einer Delegation von Rechten. Die Anforderungen des mehrseitigen CRM erfüllt DREISAM durch seine Konstruktion. Die verwendeten Mechanismen erfüllen die Anforderungen für die identifizierten Angriffsfälle. Die Tabelle 5.2 fasst die Mechanismen im Vergleich zusammen und zeigt damit den Mehrwert von DREISAM gegenüber den betrachteten Identitätsmanagementsystemen aus Kapitel 3. Durch das pseudonymisierte Auftreten von Nutzern ist auch die Forderung des Bundesdatenschutzgesetz nach der Gestaltung von Datenverarbeitungssystemen und dem Gebrauch der Anonymisierung und Pseudonymisierung personenbezogener Daten (s. §3a aus [Bun01]) erfüllt.

Der CA und dem Datendienstanbieter müssen die Nutzer nicht vertrauen. Gleiches gilt für das Vertrauen des Datendienstanbieters in die CA und in die Diensteanbieter. Die CA und die Diensteanbieter erhalten keine persönlichen Daten des Nutzers und können deren Transaktionen nicht ohne zusätzliche Information des Nutzers verketten. Des Weiteren werden die Angriffe mit Beteiligung der CA mit Hilfe der Zugriffskontrollentscheidungen des Datendienstanbieters in Abgleich mit der Delegationsliste der CA erkannt. Die Einträge in der Delegationsliste können von der CA nicht manipuliert werden, da das sichere Logging nach

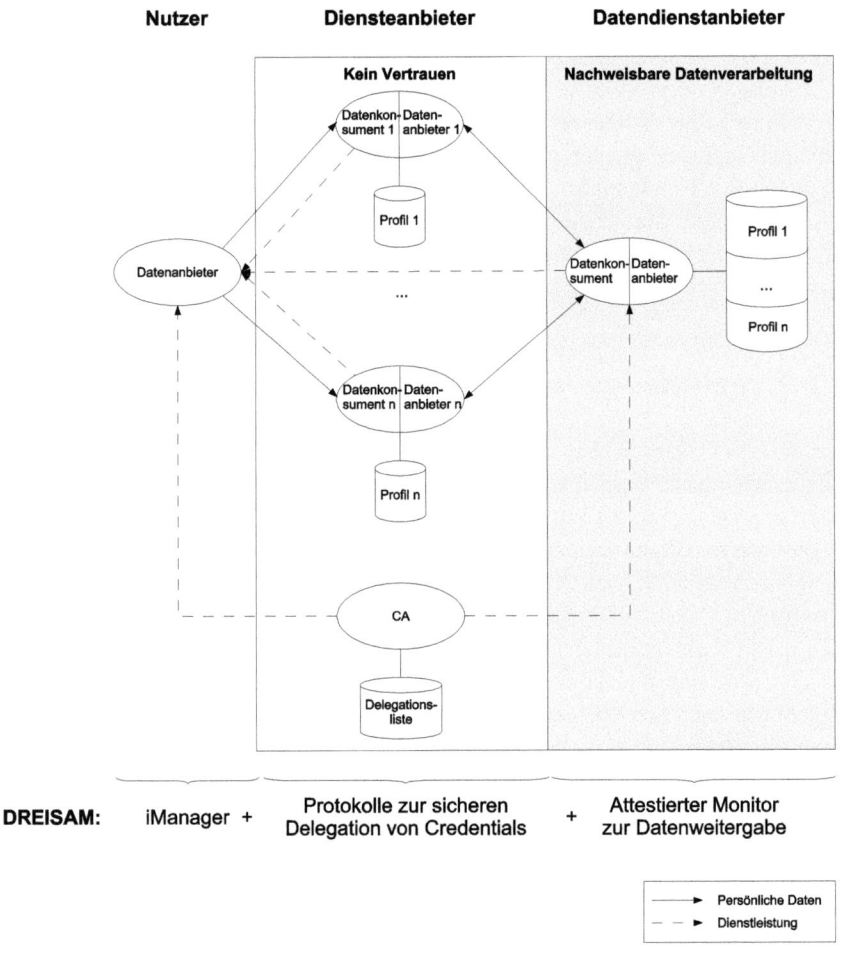

Abbildung 5.6: Das mit DREISAM realisierte Vertrauensmodell.

[Acc07] verwendet wird. Mit dem DREISAM-Zertifizierungsdienst in Anlehnung an [Acc07] weist die CA gegenüber dem Datendienstanbieter die Einhaltung ihrer Zertifizierungsregeln nach und rechtfertigt damit das in sie gesetzte Vertrauen des Datendienstanbieters. Die Abbildung 5.6 zeigt das mit DREISAM realisierte Vertrauensmodell.

DREISAM stößt an seine Grenzen, falls eine Dienstleistung personenbezogene

Daten eines Nutzers benötigt. Sind personenbezogene Daten zu erheben bzw. weiterzugeben, so ist der Nutzer eindeutig identifiziert. Die beteiligten Diensteanbieter können dann diese Transaktionen des Nutzers eindeutig auf ihn zurückführen und folglich ihre Profile über ihn zusammenlegen.

Anforderungen	Shibboleth	Liberty Alliance	iManager	IBM idemix	DREISAM
Zweckbezug	Policy / -	Policy / Credential	Teil-Identität / -	Commitment / -	Teil-Identität & Commitment / Teil-Identität & Credential
Fallweise Einwilligung	Credential / -	Credential / Credential	Credential / -	Credential / -	Credential / Credential
Widerruf einer Einwilligung	-	-	-	Dynamischer Akkumulator	Dynamischer Akkumulator / CRL & dynamischer Akkumulator
Datensparsame Delegation von Rechten	-	Credential	-	-	ZKP & Credential
Zurechenbarkeit	Pseudonym & Authentifikationsgeheimnis / -	Pseudonym & Authentifikationsgeheimnis / Pseudonym & Authentifikationsgeheimnis	Pseudonym & digitale Signatur	Pseudonym & ZKP	Pseudonym, ZKP & digitale Signatur
Nachvollziehbarkeit	-	Audit	-	-	Audit

Tabelle 5.2: DREISAM erfüllt die Anforderungen des mehrseitigen CRM.

6 Potentiale von DREISAM

Zusätzlich zu dem gezeigten Einsatz für CRM ermöglicht DREISAM eine Gewährleistung der informationellen Selbstbestimmung generell in sämtlichen Arten von Geschäftsprozessen, in denen Nutzerdaten extern verwaltet und mehreren Diensteanbietern entlang einer Geschäftsprozesskette für personalisierte Dienstleistungen zur Verfügung gestellt werden. Beispiele für weitere Anwendungsbereiche sind in Abschnitt 6.1 mit der *JobCard*[1] [SH04], der *Bürgerkarte*[2] und Erhebung und Weitergabe von Gesundheitsdaten im Rahmen der elektronischen Gesundheitskarte und Patientenakte[3] [Hor05] aufgeführt. Der Abschnitt 6.2 zeigt den Einsatz von DREISAM für den Anwendungsbereich *Digital Rights Management* und der Delegation von Lizenzen und damit von Nutzungsrechten für digitale Inhalte.

6.1 Behördliche und medizinische Dienstleistungen

Mit dem *JobCard*-Verfahren des Bundesministeriums für Wirtschaft und Technologie (BMWi) soll ein elektronischer Zugriff auf die Daten aller Arbeitnehmer erreicht werden. Das Ziel ist es, die Verwaltungsabläufe der Arbeitsagenturen, der Sozialversicherungsträger und der Kommunen effizienter zu gestalten, so dass u.a. die Bearbeitung und Genehmigung von Leistungen schneller erfolgen kann. In Unternehmen soll das *JobCard*-Verfahren die Ausstellung von Verdienstbescheinigungen in Papierform und die dezentrale Archivierung der Bescheinigungen ersetzen. Die zentrale Stelle soll u.a. Beschäftigungszeiten, die Höhe von Entgeltzahlungen und die Auflösung von Beschäftigungsverhältnissen von Arbeitnehmern speichern. Arbeitnehmer erhalten zu ihrer Authentifikation eine elektronische *JobCard*. Sie ist eine digitale Signaturkarte und beinhaltet die Identitätsnummer ihres Besitzers. Die Verknüpfung der Identitätsnummer mit dem Eintrag in der zentralen Stelle soll über die Sozialversicherungsnummer hergestellt werden. Um zu verhindern, dass Unbefugte Zugriff auf die Daten erlangen, ist vorgesehen, dass der Arbeitnehmer jede Datenabfrage einer Arbeitsagentur mit seiner *JobCard* explizit

---

[1] http://www.projekt-jobcard.de
[2] http://www.buergerkarte.at/
[3] http://www.die-gesundheitskarte.de

genehmigen muss. Erst dann kann der Arbeitsvermittler mit seiner eigenen Signaturkarte die Arbeitsbescheinigung von der zentralen Speicherstelle abrufen und weiterverarbeiten [SH04].

Mit DREISAM wird die Sozialversicherungsnummer gegenüber den Diensteanbietern, d.h. den Arbeitsagenturen, der Sozialversicherungsträgern und der Kommunen durch ein anonymisiertes Credential ersetzt und dadurch die Kennzeichnung der Arbeitnehmer pseudonymisiert. Die zentrale Stelle übernimmt die Rolle des Datendienstanbieters. Die Autorisierung eines Datenabfrage erfolgt mit der Delegation des entsprechenden Zugriffsrechtes von dem Nutzer an den jeweiligen Diensteanbieter. Die Signaturkarte eines Arbeitnehmers muss die kryptographischen Protokolle zur Delegation von anonymisierten Credentials und für deren Widerruf ausführen können. Weiterhin benötigen Arbeitnehmer ein Endgerät, mit dem sie mit den Diensteanbietern die Regeln für einen Zugriff vereinbaren und entsprechend ihr DREISAM-Teilsystem für die Signaturkarte konfigurieren.

Um eine medizinische Behandlung zu verbessern und Kosten zu reduzieren, sollen **elektronische Patientenakten** bzw. ausgewählte Patientendaten jederzeit den behandelnden Ärzten und medizinischen Dienstleistern zur Verfügung stehen. Kosten werden reduziert, wenn mehrfache, identische Untersuchungen, z.B. Röntgenaufnahmen, durch den allzeitigen Zugriff auf Patientendaten vermieden werden. Zu diesem Zweck wurde eine Arbeitsgemeinschaft für Aufgaben der Datentransparenz gegründet, die sich in einer Vertrauensstelle und eine Datenaufbereitungsstelle aufteilt [Bun04]. Krankenkassen, medizinische Leistungserbringer und u.a. Hochschulen sollen Zugriff auf Leistungs- und Abrechnungsdaten erhalten, um ihre eigene Dienstleistung optimieren zu können. Als Zwecke der Datenverarbeitung sind u.a. die Planung von Leistungsressourcen und Analysen von Behandlungsabläufen genannt. Diese Daten sind von der Vertrauensstelle zu pseudonymisieren. Dienstleister wie z.B. Anbieter zur Verwaltung elektronischer Patientenakten[4] könnten die Dienstleistung der Datenaufbereitungsstelle und der Abrechnung von Dienstleistungen anbieten sowie mit dem DREISAM-System einen pseudonymisierten Zugriff erlauben. Zur Abrechnung der Dienstleistungen muss die Datenaufbereitungsstelle den Dienstleister identifizieren können. Der pseudonymisierte Zugriff hat für die Dienstleister den Vorteil, dass sie die Zugriffsrechte pseudonymisiert an externe elektronische Dienste delegieren können, ohne dass ihre Konkurrenten Kenntnisse über eine eventuelle Reorganisation des Dienstleisters oder über eine Erschließung neuer Geschäftsfelder erhalten.

---

[4] s. http://www.factis.de

6.2 Digital Rights Management

Digital Rights Management (DRM) ist eine Technologie zur Nutzung elektronischer Inhalte nach bestimmten Regeln. Es findet Anwendung für den Vertrieb elektronischer Medien[5] über das Internet. Nach dem DRM-Referenzmodell [RTM01] nehmen an einem DRM-System ein Inhaltsanbieter, ein Lizenzanbieter und Kunden teil. Der Inhaltsanbieter stellt seine elektronischen Inhalte aus seiner Datenbank zur Verfügung und definiert die Regeln zu deren Nutzung über Bedingungen und Obligationen. Die Integration der Regeln in den elektronischen Inhalt erfolgt mit der Systemkomponente *DRM Packager* und dem Einsatz von Kryptographie. Die Bindung der Regeln an die Identität der Nutzer erfolgt über die Ausstellung einer Lizenz. Dies ist Aufgabe des Lizenzanbieters und dessen Systemkomponente *DRM License Generator*. Optional übernimmt er die finanzielle Abrechnung. Kann diese Identität vom Nutzer nicht geändert werden, so können der Lizenz- und der Inhaltsanbieter ein Profil über den Nutzer erstellen, wenn er elektronische Inhalte kauft und nutzt. Das System des Nutzers verfügt über einen *DRM Controller*, der die Einhaltung der Lizenz und damit der Regeln für die Nutzung des elektronischen Inhalts durchsetzt bzw. überwacht. Die Abbildung 6.1 zeigt das DRM-Referenzmodell. Das DRM-Referenzmodell unterstützt nicht die Weitergabe elektronischer Inhalte, z.B. wenn ein Nutzer ein erworbenes digitales Musikstück pseudonymisiert weiterverkaufen oder Unternehmen elektronische Dokumente an interne Organisationseinheiten oder ihre Partner weitergeben möchten.

Hier setzt DREISAM an. Als Gegenmaßnahme für eine Verkettung der Transaktionen eines Nutzer mit Inhaltsanbietern eignen sich für die Autorisierung eines Nutzers zur Nutzung elektronischer Inhalte anonymisierte Credentials. Der Lizenzanbieter bindet die entsprechenden Rechte mit einem anonymisierten Credential an ein Pseudonym und den kryptographischen Schlüssel k_{Nutzer} des Nutzers. Dieser weist seine Identität gegenüber dem Lizenzanbieter mit einem anonymisierten Credential nach. Für die finanzielle Abrechnung wird ein CRM-System vorgeschlagen, das die Pseudonymität des Nutzers aufheben kann. Hierzu eignet sich das De-Anonymisierungsverfahren für anonymisierte Credentials. Für diesen Zweck gibt der Lizenzanbieter die Protokollmitschrift von dem Nachweis eines anonymisierten Credentials mit einem Nutzer an den Betreiber des CRM-Systems weiter.

Mit dem DREISAM-Delegationsprotokoll gibt ein Verkäufer beim Verkauf eines elektronischen Inhalts seine Rechte an diesem Inhalt an den Käufer weiter. Dies geschieht, indem der Verkäufer ein Proxy Credential beim Lizenzanbieter

---

[5] z.B. für Musikdateien, Bezahlfernsehen, elektronische Dokumente und Präsentationen

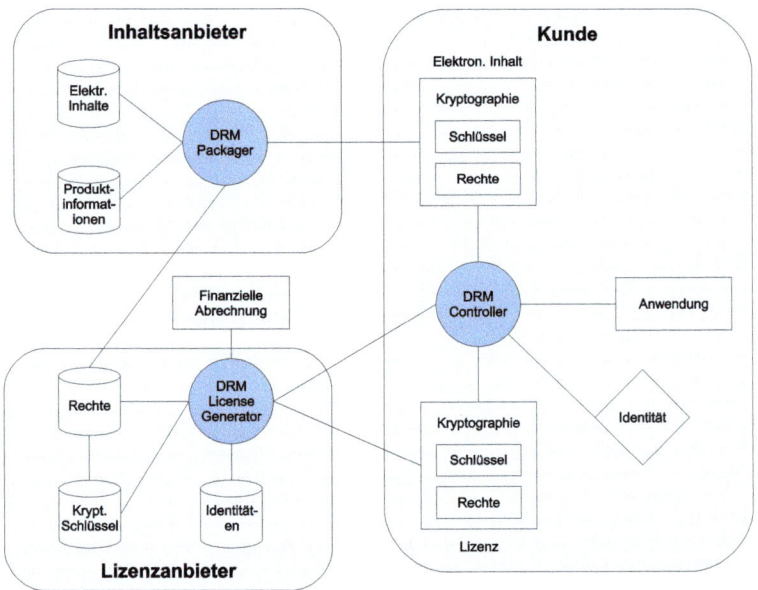

Abbildung 6.1: Das DRM-Referenzmodell [RTM01].

für den Käufer anfordert und dieses an ihn weitergibt. Es wird die Phase B des DREISAM-Delegationsprotokolls zwischen dem Verkäufer und dem Lizenzanbieter ausgeführt. Der Lizenzanbieter widerruft nach Ausstellung des Proxy Credentials die Autorisierung des Verkäufers und damit dessen anonymisiertes Credential. Mit dem Proxy Credential fordert der Käufer dann die erworbenen Rechte an dem elektronischen Inhalt beim Lizenzanbieter an. Dieser überprüft seine Identität und stellt ihm bei einem erfolgreichen Identitätsnachweis und Autorisierungsnachweis mit einem Proxy Credential die Nutzungsrechte in Form eines anonymisierten Credentials aus. Dies entspricht der Ausführung der Phase C des DREISAM-Delegationsprotokolls. Die Ausführung der Phase D entspricht der abschließenden Nutzung des elektronischen Inhalts durch den Käufer. Der Käufer weist sich gegenüber seinem DRM Controller mit dem erhaltenen anonymisierten Credential aus. Da Verkäufer gegenüber dem Lizenzanbieter und dem Käufer ausschließlich mit Pseudonymen und anonymisierten Credentials auftreten und damit keine identifizierenden Daten über sie anfallen, können sie sein Transaktionen nicht verketten. Die Abbildung 6.2 zeigt den Einsatz der Phasen B, C, und D des DREISAM-Delegationsprotokolls.

6.2 Digital Rights Management

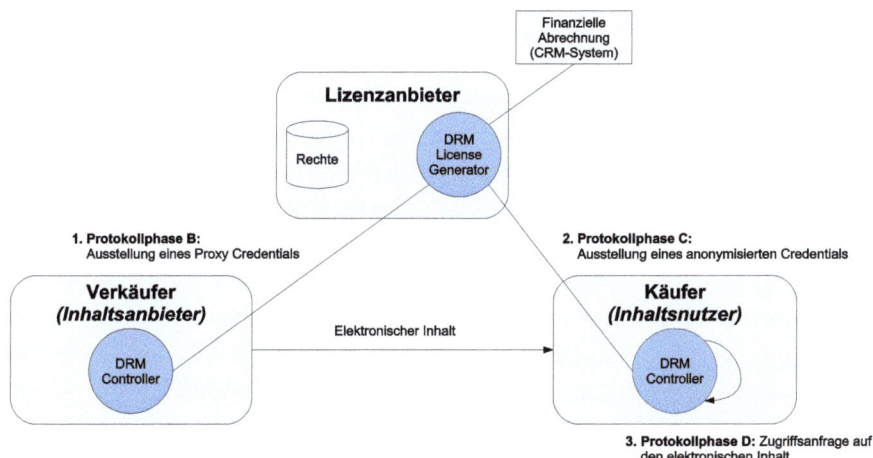

Abbildung 6.2: Die Anwendung des DREISAM-Delegationsprotokolls für den pseudonymisierten Weiterverkauf elektronischer Inhalte.

Dieselbe Anwendung des DREISAM-Delegationsprotokolls findet sich in der Weitergabe eigener elektronischer Inhalte und der damit verbundenen Zugriffsrechte. Es wird angenommen, dass ein Unternehmen die Dienste eines Lizenzanbieters in die eigenen Geschäftsprozesse integriert. Sein Ziel ist es, elektronische Dokumente intern an Organisationseinheiten des Unternehmens und extern an seine Partner weiterzugeben und die Verwendung dieser Dokumente durch Regeln zu kontrollieren. In diesem Anwendungsfall sind zusätzlich delegierte Rechte zu widerrufen, wenn z.B. ein Mitarbeiter das Unternehmen verlassen hat und eine Kooperation mit externen Partnern beendet ist. Mit den üblichen DRM-Verfahren besteht die Gefahr, dass der Lizenzanbieter durch die Ausstellung der Lizenzen an die Organisationseinheiten und Partner des Unternehmens Kenntnis über dessen Geschäftsprozesse und Kooperationen erhält. Ein Beispiel für die Integration eines DRM-Systems ist das System *Microsoft Windows Rights Management Services* [Mic04] für *Microsoft Office Dokumente*. Der DRM Controller wird in die Anwendungen von *Microsoft Office* integriert.

Die Anwendung des DREISAM-Delegationsprotokolls auf diesen Anwendungsfall zeigt die Abbildung 6.3 mit der Delegation von Nutzungsrechten an einen Partner. Tritt das Unternehmen gegenüber dem Lizenzanbieter mit Transaktionspseudonymen auf und lassen sich dessen Weitergabe von Dokumenten durch die Dokumentbezeichnungen nicht eindeutig auf das Unternehmen zurückführen, so

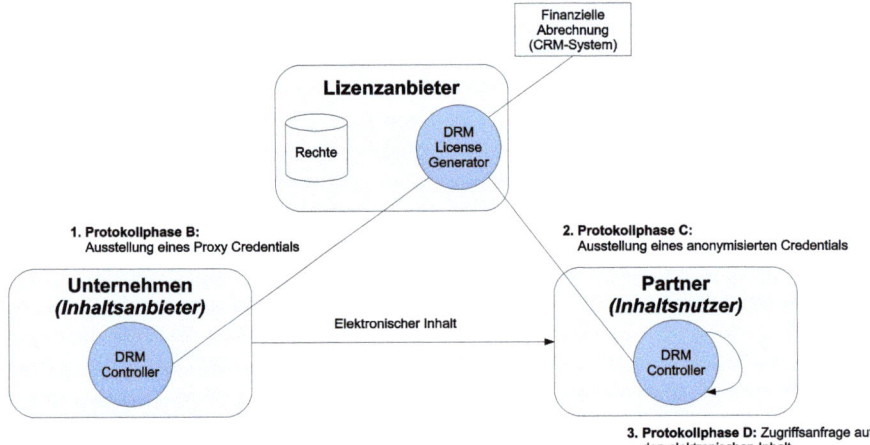

Abbildung 6.3: Die Anwendung des DREISAM-Delegationsprotokolls für die pseudonymisierte Weitergabe von Nutzungsrechten zu eigenen Inhalten.

erhält der Lizenzanbieter keine identifizierenden Daten über die Organisationseinheiten bzw. Partner des Unternehmens und kann folglich dessen Transaktionen mit einer Weitergabe von elektronischen Dokumenten und Regeln nicht verketten. Auch die Partner des Unternehmens können durch die Anwendung des DREISAM-Delegations- und Widerrufsprotokolls die Kooperationen des Unternehmens über die Delegation von Nutzungsrechten für elektronische Dokumente nicht verketten.

Anhang

A Public-Key Infrastruktur (PKI)

Mit der Einführung der Public-Key Kryptographie [DH76] ist es möglich geworden, kryptographische Schlüssel in zwei Teile zu zerlegen. Mit dem privaten Schlüsselteil *sk* kann der Eigentümer Nachrichten entschlüsseln und digital signieren. Durch die digitale Signatur wird die Integrität und Authentizität der signierten Nachricht garantiert. Der andere Schlüsselteil *pk* ist öffentlich. Er wird für die Verschlüsselung einer Nachricht und für die Verifizierung einer digitalen Signatur benötigt.

Die Public-Key Kryptographie hat für den breiten Einsatz in Rechnernetzen den Vorteil, dass deren Anwender nicht schon im vor hinein Informationen über einen sicheren Kanal ausgetauscht haben müssen, um die o.a. Operationen ausführen zu können. Eine Anwenderin Alice erhält den öffentlichen Schlüssel pk_{Bob} einer anderen Person namens Bob, indem sie ihn entweder von Bob bekommt oder auf eine zuverlässige Art aus einem Verzeichnisdienst (vgl. den Standard *Lightweight Directory Access Protocol - LDAP* [Fou99]), das Teil des Netzes ist, holt. Um zu klären, was zuverlässig in diesem Kontext bedeutet, müssen die Fragen betrachtet werden, die sich Alice stellt, wenn sie pk_{Bob} erhalten hat und benutzen will. Wenn sie ihn für die Verschlüsselung einer Nachricht verwenden möchte, dann stellt sie sich die Frage, ob pk_{Bob} der echte Schlüssel von Bob ist. Ein Angreifer könnte pk_{Bob} durch seinen eigenen Schlüssel $pk_{Angreifer}$ ausgetauscht haben (vgl. [Sch96]). Die gleiche Frage stellt sich Alice, wenn sie eine von Bob erstellte digitale Signatur verifizieren möchte. In diesem Fall ist es zudem noch relevant, ob sie im Falle eines Disputes beweisen kann, dass Bob diese Signatur erstellt hat. Das gleiche Authentizitätsproblem stellt sich in Rechnernetzen, wenn Zugriffsrechte bzw. i.A. Attribute zu einem öffentlichen Schlüssel pk_{Bob} oder einem Namen Bob vorgelegt werden, um einen bestimmten Zugriff auf Dienstleistungen oder Ressourcen von Alice zu erlangen (vgl. die credential-basierte Zugriffskontrolle in Kapitel 3).

Alice hat im wesentlichen zwei Möglichkeiten, sich von der Authentizität von pk_{Bob} bzw. seinen Attributen zu überzeugen. Sie überprüft die Beziehung von pk_{Bob} bzw. den Attributen zu Bob, indem sie von ihm eine schriftliche Aussage besitzt, die besagt, dass der Schlüssel pk_{Bob} bzw. die vorgelegten Attribute einer Person mit Namen Bob gehören. Dadurch, dass sie sich von Bob seinen Personalausweis zeigen lässt, stellt sie seine Identität persönlich fest. Diese Überprüfungsmethode ist nur für eine geringe Anzahl von öffentlichen Schlüsseln und Teilnehmer praktikabel. Eine andere Möglichkeit bieten Schlüssel- bzw. Attributzertifikate. Ein Schlüsselzertifikat beinhaltet die Informationen, die Bob gegenüber Alice als Person identifizieren, den ihm zugeordneten Schlüssel pk_{Bob}, den Zeitraum, in dem das Zertifikat gültig ist, den Namen des Zertifikatausstellers und seine digitale Signatur. Außerdem kann in einem Schlüsselzertifikat der Verwendungszweck angegeben sein, zu dem der Schlüsselinhaber mit diesem Schlüssel befugt ist (vgl. [AF99]). Sind diese

Angaben vor Ablauf der Gültigkeitsdauer des Zertifikates nicht mehr korrekt oder wurde der zertifizierte Schlüssel kompromittiert, dann widerruft der Aussteller sein Zertifikat. Der Aussteller muss sich nun an Alice statt von der Echtheit von pk_{Bob} überzeugen. Ein Schlüsselzertifikat bescheinigt somit die Beziehung zwischen einem kryptographischen Schlüssel und einer Person. Um die Authentizität von einem zertifizierten Schlüssel festzustellen, muss nun dessen Schlüsselzertifikat gültig sein und Alice dem Zertifizierer bzgl. seinen Angaben zu seiner Zertifizierungstätigkeit vertrauen. Ein Schlüsselzertifikat ist genau dann gültig, wenn die digitale Signatur stimmt und das Zertifikat noch nicht abgelaufen ist oder widerrufen wurde. In diesem Fall reicht es aus, wenn Alice nur die Authentizität des öffentlichen Schlüssels des Zertifizierers nach dem Vorgehen der ersten Möglichkeit überprüft hat. Äquivalent verhält es sich mit Attributzertifikaten. Der Unterschied besteht darin, dass nicht ein Name an einen kryptographischen Schlüssel bzw. Namen, sondern an dessen Stelle Attribute bzw. Zugriffsrechte in dem Zertifikat stehen.

In der Praxis ist es allerdings nicht möglich, dass ein Zertifizierer allein alle Schlüssel zertifiziert. Dies ist zum einen technisch bedingt, und zum anderen wird damit das unterschiedliche Vertrauen der einzelnen Anwender in den Zertifizierer berücksichtigt. Dies führt dazu, dass ein Anwender nur einige Zertifizierer kennt. Alice möchte beispielsweise ein Schlüsselzertifikat überprüfen, das von einem für sie unbekannten Zertifizierer ausgestellt wurde. Dazu konstruiert sie von ihm ausgehend solange einen Zertifizierungspfad, bis sie zu einem Zertifizierer gelangt, dem sie vertraut und dessen kryptographischen Schlüssel sie für authentisch hält. Die Knoten des Pfades sind die Zertifizierer, und die Kanten des Pfades sind Schlüsselzertifikate. Den Pfad wertet sie aus, indem sie die vorkommenden Schlüsselzertifikate in umgekehrter Reihenfolge auf ihre Gültigkeit hin überprüft. Die Zertifizierer, ihre Beziehungen untereinander und zu den Anwendern, sowie Bedingungen an die Auswertung von Zertifizierungspfaden sind in einer Public-Key Infrastruktur zusammengefasst (vgl. [FB97]).

So wird eine hierarchische Anordnung von Zertifizieren und Nutzern in einer Public-Key Infrastruktur von dem Informations- und Kommunikationsdienstegesetz [mZdB97] vorgeschrieben. An der Wurzel des Baumes steht die Regulierungsbehörde für Telekommunikation und Post (RegTP), die in die Bundesnetzagentur[1] übergegangen ist. Sie allein führt eine Zertifizierungsinstanz durch ein Schlüsselzertifikat ein. Eine Zertifizierungsinstanz wird auch als Zertifizierungsstelle (CA) bezeichnet. Die Zertifizierungsstellen werden durch die Kinderknoten der Bundesnetzagentur im Baum dargestellt. Sie dürfen nur die Anwender der PKI zertifizieren. Diese werden durch die Blätter des Baumes repräsentiert. Durch die hierarchische Struktur gibt es für jedes Zertifikat genau einen Pfad. Daraus folgt, dass ein Anwender bei der Auswertung jeder auftretenden *CA* implizit vertrauen muss. Jeder Pfad beginnt bei der Auswertung an der Baumwurzel. Deshalb muss er der Bundesnetzagentur vertrauen und ihren Schlüssel für authentisch halten. Dies entspricht jedoch nicht der Realität. Falls eine andere *CA** mit Absicht falsche Zertifikate ausstellt, so wird dies von dem Anwender nicht bemerkt. Das Problem kann gelöst werden, indem der Anwender der betrügerischen *CA** sein Vertrauen nicht ausspricht.

---

[1] http://www.bundesnetzagentur.de

B Commitments (Festlegschema)

Commitments werden für eine manipulationssichere und vertrauliche Festlegung auf einen Wert verwendet (vgl. [Pfi98]). So eignen sie sich für den Nachweis von Eigenschaften, die gegenüber dem Empfänger eines Commitments vertraulich bleiben sollen und zugleich vom Sender des Commitments nicht nachträglich geändert werden können. Commitmentschemen sind ein interaktives 2-Parteienprotokoll und bestehen aus zwei Teilprotokollen: einem *Commit-* und einem *Opening*-Protokoll. Mit dem *Commit*-Protokoll legt sich ein *Committer* gegenüber einem *Recipient* auf einen Wert fest, der nachträglich nicht geändert werden kann (Commitment). Mit dem *Opening*-Protokoll wird der festgelegte Wert nachgewiesen, d.h. das Commitment wird geöffnet. Die Abbildung B.1 zeigt das Prinzip eines Commitmentschemas für die Festlegung und des Nachweises eines Wertes m unter Verwendung eines geheimen kryptographischen Schlüssels zur Aufdeckung des Commitments. Commitmentschemata verfügen über zwei Sicherheitseigenschaften, für deren Nachweis auf [Pfi98] verwiesen sei:

- **Bindend (binding):** Der *Committer* kann den Wert nach dem *Commit*-Teilprotokoll nicht mehr ändern.

- **Versteckend (hiding):** Der *Recipient* erhält beim *Commit*-Teilprotokoll keine Information über den festgelegten Wert.

Commitmentschemata sind entweder informations-theoretisch bindend oder vertraulich. Sie finden ihre Anwendung z.B. bei anonymisierten Credentialssystemen (vgl. Kapitel 3).

Die Abbildung B.2 zeigt ein konkretes Commitmentschema, das auf diskrete Logarithmen basiert und informations-theoretisch versteckende Commitments erzeugt. Das Schema verfügt über zwei Sicherheitsparameter l^* und l, die den Nachrichtenraum bzw. die Größe der Primzahlen q und p für die Erstellung der Generatoren g und h der Gruppe $G_{q,p}$, in der die diskreten Logarithmen berechnet werden, bestimmen.

Zu Beginn des *Commit*-Protokolls generiert der *Recipient* den kryptographisch öffentlichen Schlüssel $pk_{Rec} := (p,q,g,h)$. Dazu wählt er zufällig eine l^*-bit große Primzahl q und eine l-bit große Primzahl p mit $q|(p-1)$, d.h. q ist Teiler von $p-1$. Die Untergruppe von Z_p mit q Elementen ist letztendlich die Gruppe $G_{q,p}$, zu der die Generatoren g und h gewählt werden. Nachdem der *Recipient* den Schlüssel pk_{Rec} an den *Committer* geschickt hat, überzeugt er sich, dass q und p Primzahlen sind, $g,h \in G_{q,p}$ und $h \neq 1$. Der Wert, auf den sich der *Committer* festlegt ist die Nachricht $m \in 0,1^{l^*-1}$ mit m modulo q. Ferner wählt er zufällig einen geheimen Wert $k \in Z_q$. Mit diesen beiden Werten berechnet der *Committer* das Commitment $commit(m) := g^m h^k \mod p$ und sendet es als Ergebnis des Commit-Protokolls an den *Recipient*.

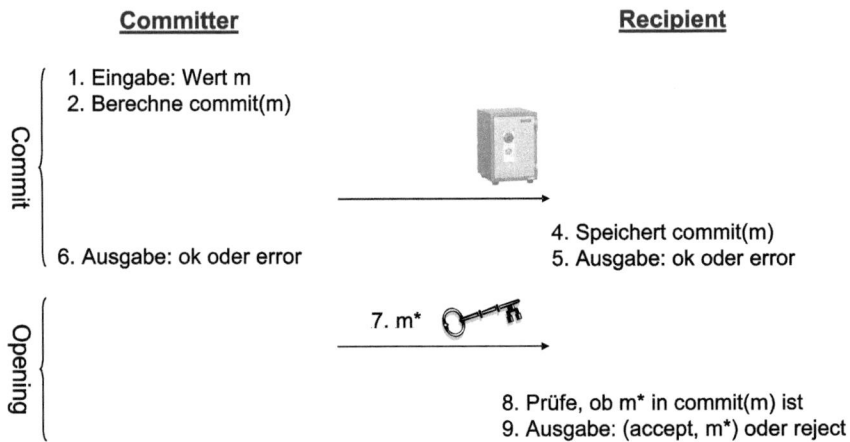

Abbildung B.1: Der prinzipielle Ablauf der beiden Teilprotokolle eines Commitmentschemas und ihre Ergebnisse.

Für die Aufdeckung eines Commitments sendet der *Committer* im *Opening*-Protokoll den Wert m, auf den er sich festgelegt hat, und den geheimen Schlüssel k zum Öffen des Commitments $commit(m)$. Abschließend prüft der *Recipient*, ob das erhaltene Commitment mit dem von ihm selbst berechneten Commitment übereinstimmt, d.h. ob $g^m h^k \bmod p = commit(m)$ ist.

Die Multiplikation mit $h^k \bmod p$ ist ein One-Time Pad, da h ein Generator von $G_{q,p}$ und mit der Zufallszahl k zufällig gleich verteilt ist. Durch die Verschlüsselung von m durch diese Multiplikation ist eine informations-theoretisch sichere Verschlüsselung erreicht [Pfi98].[1]

---

[1] Ein One-Time Pad ist ein informations-theoretisch sicheres symmetrisches Verschlüsselungsverfahren [MvOV96].

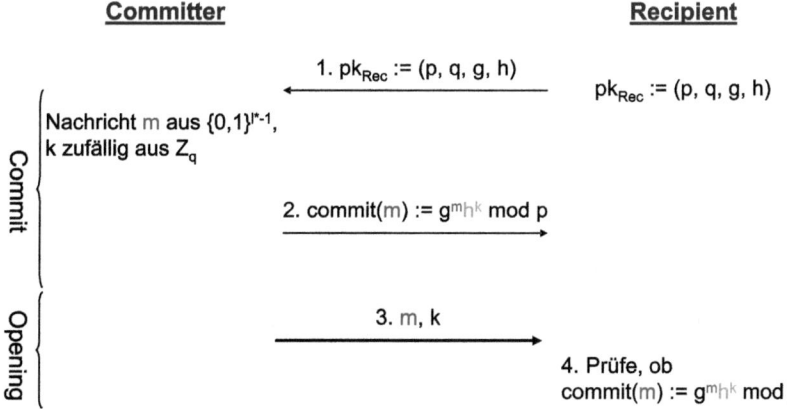

Abbildung B.2: Ein Commitmentsschema für informations-theoretisch versteckende Commitments.

C Zero-Knowledge Beweissystem (ZKP)

Ein Zero-Knowledge Beweissystem ist im Prinzip ein Challenge-Response-Protokoll zwischen einem *Prover* und einem *Verifier*. Dessen Ziel ist es, dass der *Prover* gegenüber dem *Verifier* seine Kenntnis über ein Geheimnis beweist, ohne dieses Geheimnis aufzudecken und dem *Verifier* kein zusätzliches Wissen zu geben (Zero-Knowledge Eigenschaft). Zum Beispiel weist ein Nutzer eines anonymen Credentialsystems gegenüber einem Diensteanbieter nach, dass er den geheimen Schlüssel zu einem bestimmten anonymisierten Credential besitzt, wobei er den Schlüssel nicht aufdeckt (s. Kapitel 3). Der Nutzer nimmt die Rolle des *Prover* und der Diensteanbieter die des *Verifier* ein. Ein Zero-Knowledge Beweissystem erfüllt die folgenden Eigenschaften [Pfi98]:

- **Vollständigkeit:** Ein *Prover* kann gegenüber einen *Verifier* korrekte Aussagen nachweisen.

- **Korrektheit:** Selbst ein unehrlicher *Prover* kann einen ehrlichen *Verifier* nicht von falschen Aussagen überzeugen.

Ein Zero-Knowledge Beweis erfolgt mit mehreren Beweisen, d.h. durch mehrere Protokollabläufe. Dies ist darin begründet, dass ein unehrlicher *Prover*, d.h. er hat kein Wissen über die zu beweisende Aussage, einen ehrlichen *Verifier* mit einer Wahrscheinlichkeit von 50% die korrekte Antwort in dem Protokoll raten kann. An dem Beispiel von *Ali Babas Höhle* zeigt sich diese Möglichkeit (vgl. [Sta03]). *Ali Babas Höhle* besteht aus einem Vorraum und einer Gabelung, deren Abzweigungen sich kreisförmig zusammenschließen, aber an der Rückseite durch eine abgeschlossene Tür voneinander getrennt sind. Die Tür ist vom Vorraum aus nicht sichtbar (s. Abbildung C.1). Das Ziel des *Provers* ist es, eine der Abzweigung zu gehen, ohne dass der *Verifier* über diese Wahl in Kenntnis gesetzt ist, und nach Aufruf des *Verifiers* in der geforderten Abzweigung zu erscheinen. Der Ablauf eines Protokolldurchlaufes besteht aus vier Schritten:

1. Der *Prover* geht in die Höhle. Der *Verifier* bleibt zunächst vor der Höhle.

2. Der *Prover* geht zufällig entweder in die linke (L) oder rechte (R) Abzweigung. In Abbildung C.2 hat der die rechte Abzweigung gewählt.

3. Der *Verifier* betritt anschließend den Vorraum der Höhle und ruft dem *Prover* zufällig L oder R zu.

4. Der *Prover* öffnet ggf. das Schloss der Tür mit seinem Schlüssel und erscheint auf der gewünschten Seite.

Die Wahrscheinlichkeit, dass der *Prover* im zweiten Schritt die gewünschte Abzweigung, hier die rechte Abzweigung, gewählt hat und somit auch im Besitz des Schlüssels zu sein auf

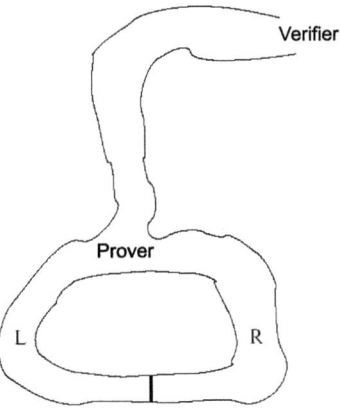

Abbildung C.1: Schritt 1 des prinzipiellen Beweisprotokolls.

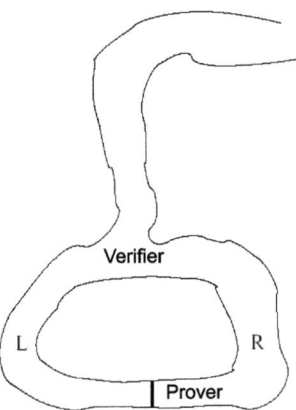

Abbildung C.2: Schritt 3 des prinzipiellen Beweisprotokolls.

der gewünschten Seite erscheint liegt bei 50%. Die Betrugswahrscheinlichkeit wird durch mehrere Abläufe des Protokolls gesenkt.

Ein konkretes Zero-Knowledge Beweisprotokoll für den Nachweis der Kenntnis eines diskreten Logarithmus zeigt die Abbildung C.3 [Pfi98]. Der *Prover* will den *Verifier* davon überzeugen, dass er einen Wert m kennt, so dass $g^m = h$ ist. Die Werte g und h sind auch dem *Verifier* bekannt. Der *Prover* erzeugt die Werte (p,q,g,h) mit den Primzahlen p und q zur Erstellung der Gruppen $G_{q,p}$ und Z_q. Diese Werte sind auch dem *Verifier* bekannt. Zur

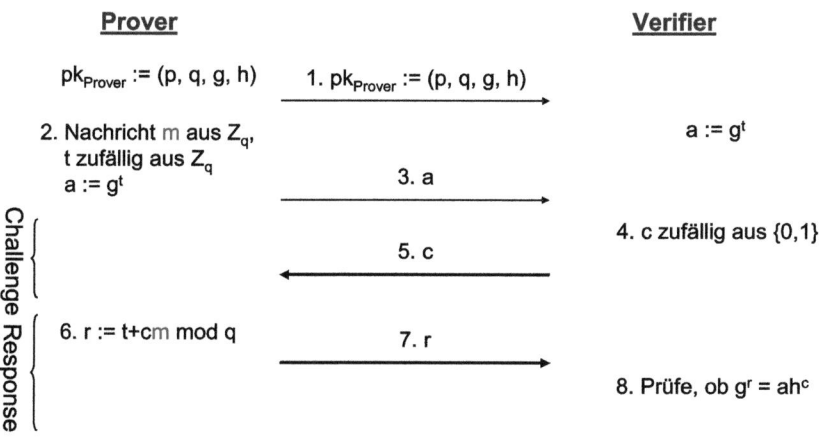

Abbildung C.3: Ein Protokollablauf für den Nachweis der Kenntnis eines diskreten Logarithmus.

Durchführung des Challenge-Response-Protokolls wählt er zufällig den Wert $t \in Z_q$ und berechnet $a := g^t$, den er an den *Verifier* sendet. Der Wert t wird für die One-Time-Pad Verschlüsselung der *Challenge* im dritten Schritt gebraucht. Der Wert a ist für die Verifikation der *Response* des *Prover* notwendig, so dass der Verifier kein Wissen über t erhält. Sonst könnte er die One-Time-Pad Verschlüsselung des geheimen Wertes m aus der *Challenge* berechnen und die Zero-Knowledge-Eigenschaft würde nicht bestehen. Die Betrugswahrscheinlichkeit von 50% ist in dem Protokoll durch die Wahl der zufällig gewählten *Challenge* $c \in 0, 1$ gegeben. Ein unehrlicher *Prover* kann mit dieser Wahrscheinlichkeit die korrekte *Response* ohne Wissen von m raten.

Tabellenverzeichnis

2.1 Einseitiges und mehrseitiges CRM im Vergleich. 29

3.1 Die Belegungen des Attributwertes *RECIPIENT* [CLM$^+$02]. 46
3.2 Identitätsmanagementsysteme und ihre Eignung für das mehrseitige CRM. . 77

5.1 Die Angriffsfälle. 143
5.2 DREISAM erfüllt die Anforderungen des mehrseitigen CRM. 154

Abbildungsverzeichnis

1.1	Modell der Erhebung und Weitergabe persönlicher Daten in Anlehnung an [PHB06]	2
1.2	Das aktuelle, einseitige Vertrauensmodell zum Erhalt der informationellen Selbstbestimmung.	3
1.3	Das Vertrauensmodell, welches mit dem geforderten Identitätsmanagementsystem DREISAM realisiert werden soll.	5
2.1	Profilbildung bei der Erhebung von persönlichen Daten eines Nutzers in Kundenbindungsprogrammen ohne Partnerprogramm.	14
2.2	Profilbildung bei der Erhebung von persönlichen Daten eines Nutzers in einem Kundenbindungsprogramm mit einem Partnerprogramm.	15
2.3	Profilbildung bei der Weitergabe persönlicher Daten.	17
2.4	Das einseitige Vertrauensmodell der Praxis.	19
2.5	Unerwünschte Profilbildung durch eine Verkettung der Transaktionen eines Nutzers.	20
2.6	Unerwünschte Profilbildung durch eine unbefugte Weitergabe persönlicher Daten.	21
2.7	Vertrauensmodell für die Delegation von Rechten.	23
2.8	Die Architektur des Zugriffskontrollmodells für die Erhebung und Weitergabe persönlicher Daten.	25
2.9	Die Beziehungen der Subjekte, Rechte und Objekte nach [PS04] für die Erhebung und Weitergabe persönlicher Daten.	26
3.1	Phase A: Ausstellung eines Ticket Granting Ticket.	34
3.2	Phase B: Ausstellung eines Service Ticket.	35
3.3	Phase C: Nutzung eines Service Ticket.	36
3.4	Dienstbezogene Delegation eines Service Ticket.	38
3.5	Das Vertrauensmodell von Kerberos für dessen Einsatz im CRM.	39
3.6	Das Vertrauensmodell der SPKI bei ihrem Einsatz im CRM.	43
3.7	Erstmalige Erhebung persönlicher Daten mit Shibboleth nach [CEH$^+$05].	51
3.8	Authentifikation des Datenkonsumenten mit dem Geheimnis des Nutzers.	52
3.9	Das Vertrauensmodell von Shibboleth bei dessen Einsatz für CRM.	54
3.10	Authentifikation eines Nutzers gegenüber einem Parterunternehmen mit Liberty Alliance [Lib05].	55
3.11	Indirekte Anfrage über einen Interaktionsdienst [KMSW05].	57

3.12 Transitive Delegation eines Credentials nach [ACVC+05]. 59
3.13 Das Vertrauensmodell der Liberty Alliance für dessen Einsatz im CRM. . . 61
3.14 Erstmalige Erhebung persönlicher Daten mit dem iManager. 63
3.15 Delegation eines Credentials für die Weitergabe persönlicher Daten unter Verwendung des iManager. 64
3.16 Der Einsatz des iManager in CRM führt zu einem einseitigen Vertrauensmodell. 65
3.17 Erstmalige Erhebung von persönlichen Daten bei Verwendung von IBM idemix. 69
3.18 Weitergabe von k_{Nutzer} bei der Weitergabe eines anonymisierten Credentials mit IBM idemix. 71
3.19 Nutzer müssen mit IBM idemix allein dem Programmbetreiber vertrauen. . 72
3.20 Das mit IBM idemix realisierte Vertrauensmodell für die Delegation von Rechten mit anonymisierten Credentials. 73

4.1 Die Protokollphasen der Delegation eines Zugriffsrechts mit DREISAM. . . 83
4.2 Die Protokollphasen des Widerrufs eines delegierten Zugriffsrechtes mit DREISAM. 83
4.3 Phase A: Datenanfrage eines Diensteanbieters. 85
4.4 Phase B: Ausstellung eines Proxy Credentials. 87
4.5 Phase C: Ausstellung eines anonymisierten Credentials. 89
4.6 Phase D: Zugriff auf persönliche Daten. 91
4.7 Phase A: Initiierung des Widerrufs. 92
4.8 Phase B: Widerruf der Credentials. 94
4.9 Phase C: Veröffentlichung der Ergebnisse des Widerrufs. 95
4.10 Die Anwendungsfälle von DREISAM. 96
4.11 Aktivitäten und Systemkomponenten zur Feststellung der Identität eines Nutzers. 97
4.12 98
4.13 Aktivitäten und Systemkomponenten für die erstmalige Erhebung von persönlichen Daten. 99
4.14 Die Aktivitäten für die Weitergabe persönlicher Daten durch die Delegation von Rechten. 100
4.15 Aktivitäten und Systemkomponenten für die Zuordnung eines delegierten Zugriffsrechtes. 101
4.16 Aktivitäten und Systemkomponenten für die Prüfung der Zugriffsentscheidungen. 102
4.17 Der Widerruf von delegierten Zugriffsrechten. 103
4.18 Systemarchitektur des erweiterten iManager. 104
4.19 Systemarchitektur der CA. 105
4.20 Systemarchitektur der Diensteanbieter. 106
4.21 Systemarchitektur des Datendienstanbieters. 108

4.22 Teil-Protokolle für die Delegation und die involvierten Komponenten der Teil-Systeme. 109
4.23 Die Schnittstellendefinition der Teil-Protokolle zur Delegation. 109
4.24 Einbettung des Protokolls *PseudonymIssuance*. 111
4.25 Die `IServiceRequirements`-Schnittstelle teilt dem Nutzer die benötigten Zugriffsrechte sowie die vom Diensteanbieter verwendeten Dienste mit. ... 112
4.26 Die Implementierung des *RootServiceProtocol*-Clients verwendet die Schnittstelle `IServiceRequirementsRequestHandler` zur Auswahl der benötigten Credentials. 114
4.27 Schematischer Ablauf des *ProxyCredentialIssuanceProtocols*. 117
4.28 Die Realisierung der Delegationsliste durch eine Liste von Delegationsobjekten. 118
4.29 Protokollablauf des *DelegationIssuanceProtocols* unter der Verwendung der Schnittstellenimplementierung. 129
4.30 Die Zustände der *DelegationIssuanceProtocol*-Implementierung. 130
4.31 Die Implementierung der `ISubServiceProtocol`-Schnittstelle verwendet die `ISubServiceHandler`-Schnittstelle. 131
4.32 Das DREISAM-Metamodell. 132
4.33 Die Adapterschnittstellen des DREISAM-Metamodells. 132
4.34 Die Schnittstelle `IUserAgent` zum Identitätsmanager. 133
4.35 Der Datenfluss in dem mit DREISAM implementierten Fallbeispiel. 134
4.36 Die Konfiguration der Regeln einer Delegation mit dem iManager. 134
4.37 Der Eintrag der Delegationsliste für die Delegation eines Zugriffsrechtes an das Partnerunternehmen *INSURE*. 135
4.38 Das Partnerunternehmen *INSURE* hat die persönlichen Daten des Nutzers erhalten. 135
4.39 Die Logdaten zu der Zugriffsentscheidung des Programmbetreibers. 136

5.1 Mehrere Delegationen desselben Zugriffsrechtes. 145
5.2 Pseudonymisierte Daten eines Nutzers nach ihrer Weitergabe durch den Programmbetreiber. 146
5.3 Die CA weist die Anfrage nach einen anonymisierten Credentials aufgrund eines Regelverstoßes zurück. 148
5.4 Die Protokollierung der Zugriffsentscheidungen des DREISAM-Autorisierungsdienstes. 149
5.5 Die Protokollierung der Regelverletzungen. 149
5.6 Das mit DREISAM realisierte Vertrauensmodell. 152

6.1 Das DRM-Referenzmodell [RTM01]. 158
6.2 Die Anwendung des DREISAM-Delegationsprotokolls für den pseudonymisierten Weiterverkauf elektronischer Inhalte. 159

6.3	Die Anwendung des DREISAM-Delegationsprotokolls für die pseudonymisierte Weitergabe von Nutzungsrechten zu eigenen Inhalten.	160
B.1	Der prinzipielle Ablauf der beiden Teilprotokolle eines Commitmentschemas und ihre Ergebnisse.	166
B.2	Ein Commitmentsschema für informations-theoretisch versteckende Commitments.	167
C.1	Schritt 1 des prinzipiellen Beweisprotokolls.	170
C.2	Schritt 3 des prinzipiellen Beweisprotokolls.	170
C.3	Ein Protokollablauf für den Nachweis der Kenntnis eines diskreten Logarithmus.	171

Literaturverzeichnis

[Acc06] ACCORSI, RAFAEL: *On the Relationship of Privacy and Secure Remote Logging in Dynamic Systems*. In: FISCHER-HÜBNER, SIMONE, KAI RANNENBERG, LOUISE YNGSTRÖM und STEFAN LINDSKOG (Herausgeber): *Security and Privacy in Dynamic Environments, Proceedings of the IFIP TC-11 21st International Information Security Conference (SEC 2006), 22-24 Mai 2006, Karlstad, Schweden*, Band 201 der Reihe *IFIP*, Seiten 329–339. Springer, 2006.

[Acc07] ACCORSI, RAFAEL: *Automated Privacy Audits to Complement the Notion of Control for Identity Management*. In: LEEUW, ELISABETH DE, SIMONE FISCHER-HÜBNER und JIMMY TSENG (Herausgeber): *Policies and Research in Identity Management*, IFIP International Federation for Information Processing. Springer-Verlag, 2007.

[ACF+05] ANGAL, RAJEEV, CONOR CAHILL, ANDY FENG, GAEL GOURMELEN, LENA KANNAPPAN, SAMPO KELLOMAKI, JOHN KEMP und JONATHAN SERGENT: *Liberty ID-WSF Data Services Template Specification Version: v1.1*. http://www.projectliberty.org/specs/liberty-idwsf-dst-v1.1.pdf, November 2005. Letzter Zugriff am 15. Februar 2006.

[ACVC+05] AARTS, ROBERT, CAROLINA CANALES-VALENZUELA, SCOTT CANTOR, FREDERICK HIRSCH, JEFF HODGES, JOHN KEMP, JOHN LINN, PAUL MADSEN, JONATHAN SERGENT und GREG WHITEHEAD: *Liberty ID-WSF Security Mechanisms Version: 1.2*. http://www.projectliberty.org/specs/liberty-idwsf-security-mechanisms-v1.2.pdf, 2005. Letzter Zugriff am 15. Februar 2006.

[AF99] ADAMS, C. und S. FARRELL: *Internet X.509 Public Key Infrastructure Certificate Management Protocols*. Internet Request for Comments 2510, März 1999.

[AH06] ACCORSI, RAFAEL und ADOLF HOHL: *Delegating Secure Logging in Pervasive Computing Systems*. In: CLARK, JOHN A., FIONAL A. C. POLACK und RICHARD PAIGE (Herausgeber): *Proceedings of the 3rd International Conference on Security in Pervasive Computing*, Band 3934 der Reihe *Lecture Notes in Computer Science*, Seiten 58–72. Springer-Verlag, 2006.

[AHK+03a] ASHLEY, PAUL, SATOSHI HADA, GÜNTER KARJOTH, CALVIN POWERS und MATTHIAS SCHUNTER: *Enterprise Privacy Authorization Language (EPAL)*. http://www.zurich.ibm.com/security/enterprise-privacy/epal/specification, 2003. Letzter Zugriff am 21. Mai 2007.

[AHK+03b] ASHLEY, PAUL, SATOSHI HADA, GÜNTER KARJOTH, CALVIN POWERS und MATTHIAS SCHUNTER: *Enterprise Privacy Authorization Language (EPAL 1.2)*. http://www.w3.org/Submission/EPAL/, 2003.

[AKW05] AARTS, ROBERT, BRONISLAV KAVSAN und THOMAS WASON: *Liberty ID-FF Bindings and Profiles Specification Version: 1.2-errata-v2.0*. http://www.projectliberty.org/specs/draft-liberty-idff-bindings-profiles-1.2-errata-v2.0.pdf, November 2005. Letzter Zugriff am 15. Februar 2006.

[Aur99] AURA, TUOMAS: *Distributed Access-Rights Managements with Delegations Certificates*. In: *Secure Internet Programming*, Seiten 211–235, 1999.

[BFL96] BLAZE, MATT, JOAN FEIGENBAUM und JACK LACY: *Decentralized Trust Management*. In: *Symposium on Security and Privacy*, Seiten 164–173, Los Alamitos, 1996. IEEE Computer Society Press.

[BGH+00] BELLARE, MIHIR, JUAN A. GARAY, RALF HAUSER, AMIR HERZBERG, HUGO KRAWCZYK, MICHAEL STEINER, GENE TSUDIK, ELS VAN HERREWEGHEN und MICHAEL WAIDNER: *Design, implementation, and deployment of the iKP secure electronic payment system*. IEEE Journal on Selected Areas in Communications, 18(4):611–627, 2000.

[BS05] BANGE, CARSTEN und HEIKO SCHINZER: *Rentablere Kundenbeziehungen durch automatisierte Analyse und Personalisierung*. In: THOME, RAINER, HEIKO SCHINZER und MARTIN HEPP (Herausgeber): *Electronic Commerce und Electronic Business - Mehrwert durch Integration und Automation*, Band 3, Seiten 53–79. Franz Vahlen GmbH, München, 2005.

[Bun83] BUNDESVERFASSUNGSGERICHT: *Volkszählungsurteil*, 1983. Urteil vom 15.12.1983; Az.: 1 BvR 209/83; NJW 84, 419.

[Bun97] BUNDESTAG MIT ZUSTIMMUNG DES BUNDESRATES: *Teledienstedatenschutzgesetz*, Juli 1997. Artikel 2 G 9020-6/1 v. 22.7.1997 I 1870 (IuKDG).

[Bun01] BUNDESTAG MIT ZUSTIMMUNG DES BUNDESRATES: *Bundesdatenschutzgesetz (BDSG), Stand: 23.05.2001*, Mai 2001.

[Bun03] BUNDESTAG MIT ZUSTIMMUNG DES BUNDESRATES: *Bundesdatenschutzgesetz (BDSG), Stand: 14.01.2003*. http://www.gesetze-im-internet.de/bdsg_1990/BJNR029550990.html, Januar 2003.

[Bun04] BUNDESTAG MIT ZUSTIMMUNG DES BUNDESRATES: *Gesetz zur Modernisierung der gesetzlichen Krankenversicherung (GKV-Modernisierungsgesetz - GMG)*. http://217.160.60.235/BGBL/bgbl1f/bgbl103s2190.pdf, November 2004.

[Bun06] BUNDESAMT FÜR SICHERHEIT IN DER INFORMATIONSTECHNIK: *IT-Grundschutz-Katalog Baustein B1.5 Datenschutz*, November 2006. Letzter Zugriff vom 18. Oktober 2007.

Literaturverzeichnis 181

[CEH+05] CARMODY, STEVEN, MARLENA ERDOS, KEITH HAZELTON, WALTER HOEHN, RL "BOB"MORGAN, TOM SCAVO und DAVIS WASLEY: *Shibboleth Architecture Protocols and Profiles*, September 2005.

[CFN90] CHAUM, DAVID, AMOS FIAT und MONI NAOR: *Untraceable electronic cash*. In: *CRYPTO '88*, Band 403 der Reihe *LNCS*, Seiten 319–327. Springer-Verlag, 1990.

[CH02] CAMENISCH, JAN und ELS VAN HERREWEGHEN: *Design and Implementation of the idemix Anonymous Credential System*. In: *9th ACM Conference on Computer and Communications Security*, Seiten 21–30. ACM Press, November 2002.

[Cha85] CHAUM, DAVID: *Security without Identification: Transaction Systems to make Big Brother Obsolete*. Communications of the ACM, 28(10):1030–1044, Oktober 1985.

[CHKT05] CANTOR, SCOTT, JEFF HODGES, JOHN KEMP und PETER THOMPSON: *Liberty ID-FF Architecture Overview Version: 1.2-errata-v1.0*. http://www.projectliberty.org/specs/liberty-idff-arch-overview-v1.2.pdf, November 2005. Letzter Zugriff am 15. Februar 2006.

[CL01] CAMENISCH, JAN und ANNA LYSYANSKAYA: *Efficient non-transferable anonymous multi-show credential system with optional anonymity revocation*. In: *EUROCRYPT 2001*, Band 2045, Seiten 91–118. Springer Verlag, 2001.

[CL02] CAMENISCH, JAN und ANNA LYSYANSKAYA: *Dynamic Accumulators and Application to Efficient Revocation of Anonymous Credentials*. In: YUNG, MOTI (Herausgeber): *CRYPTO 2002*, Band 2442 der Reihe *Lecture Notes in Computer Science*, Seiten 61–76. Springer, 2002.

[CLM+02] CRANOR, LORRIE, MARC LANGHEINRICH, MASSIMO MARCHIORI, MARTIN PRESLER-MARSHALL und JOSEPH REAGLE: *The Platform for Privacy Preferences 1.0 (P3P1.0) Specification*. http://www.w3.org/TR/P3P, April 2002. Letzter Zugriff am 12. Dezember 2007.

[CSS+05] CAMENISCH, JAN, ABHI SHELAT, DIETER SOMMER, SIMONE FISCHER-HÜBNER, MARIT HANSEN, HENRY KRASEMANN, GERARD LACOSTE, RONALD LEENES und JIMMY TSENG: *Privacy and identity management for everyone*. In: *DIM '05: Proceedings of the 2005 workshop on Digital identity management*, Seiten 20–27, New York, NY, USA, 2005. ACM Press.

[DH76] DIFFIE, WHITFIELD und MARTIN E. HELLMANN: *New Directions in Cryptography*. IEEE Transactions on Information Theory, 22(6):644–654, 1976.

[Dor05] DORS, NATHAN: *Shibboleth Architecture Technical Overview*, Juni 2005. Letzter Zugriff am 4. Februar 2006.

[Eck07] ECKERT, CLAUDIA: *IT-Sicherheit*. Oldenbourg, 2007.

[Ecl07]   ECLIPSE: *Eclipse Modeling Framework*. http://www.eclipse.org/emf, 2007. Letzter Zugriff am 11. Januar 2008.

[EFL+99]   ELLISON, C., B. FRANTZ, B. LAMPSON, R. RIVEST, B. THOMAS und T. YLONEN: *SPKI Certificate Theory*. Internet Request for Comments 2693, September 1999.

[Emn03]   EMNID, TNS: *Bonusprogramme in Deutschland*. http://www.loyaltypartner.com/de/download/TNS_Emnid_-Studie_Bonusprogramme.pdf, 2003. Letzter Zugriff am 20. Mai 2007.

[Eur95]   EUROPÄISCHES PARLAMENT UND EUROPÄISCHER RAT: *Richtlinie 95/46/EG des Europäischen Parlaments und des Rates vom 24. Oktober 1995 zum Schutz natürlicher Personen bei der Verarbeitung personenbezogener Daten und zum freien Datenverkehr*. Amtsblatt der Europäischen Gemeinschaften, L 281(395L0046):31–50, Dezember 1995.

[Eur02]   EUROPÄISCHES PARLAMENT UND EUROPÄISCHER RAT: *Richtlinie 2002/58/EC des Europäischen Parlaments und des Rates vom 12. Juli 2002 über die Verarbeitung personenbezogener Daten und den Schutz der Privatsphäre in der elektronischen Kommunikation (Datenschutzrichtlinie für elektronische Kommunikation)*. Amtsblatt der Europäischen Gemeinschaften, L 201:37–47, Juli 2002.

[FB97]   FORD, WARWICK und MICHAEL S. BAUM: *Secure Electronic Commerce*. Prentice-Hall, Inc., New Jersey, 1997.

[FH02]   FARRELL, S. und R. HOUSLEY: *An Internet Attribute Certificate Profile for Authorization*. Internet Request for Comments 3281, April 2002.

[Fou99]   FOUNDATION, THE OPENLDAP: *OpenLDAP - an open source implementation of the Lightweight Directory Access Protocol*. http://www.openldap.org, 1999.

[FS03]   FERGUSON, NIELS und BRUCE SCHNEIER: *Practical Cryptography*. Wiley Publishing, Inc., 2003.

[Gar03]   GARMAN, JASON: *Kerberos: The Definitive Guide*. O'Reilly, 2003.

[GHHF05]   GOMI, HIDEHITO, MAKOTO HATAKEYAMA, SHIGERU HOSONO und SATORU FUJITA: *A delegation framework for federated identity management*. In: *DIM '05: Proceedings of the 2005 workshop on Digital identity management*, Seiten 94–103, New York, NY, USA, 2005. ACM Press.

[GMW07]   GILLIOT, MAIKE, GÜNTER MÜLLER und SVEN WOHLGEMUTH: *Abschlussbericht des DFG-Schwerpunktprogramms Sicherheit in der Informations- und Kommunikationstechnik SPP 1079*. http://www.telematik.uni-freiburg.de/spps, 2007. Institut für Informatik und Gesellschaft, Abteilung Telematik, Albert-Ludwigs-Universität Freiburg.

Literaturverzeichnis

[HBP05] HILTY, MANUEL, DAVID BASIN, und ALEXANDER PRETSCHNER: *On obligations*. In: VIMERCATI, SABRINA DE CAPITANI DI, PAUL SYVERSON, und DIETER GOLLMANN (Herausgeber): *10th European Symposium on Research in Computer Security (ESORICS 2005)*, Band 3679 der Reihe *LNCS*, Seiten 98–117. Springer-Verlag, September 2005.

[Hen99] HENDERSON, HARRY: *Privacy in the Information Age*. Facts on File, New York, 1999.

[HLZ01] HU, XIAORUI R., ZHANGXI X. LIN, und HAN ZHANG: *Myth or reality: effect of trustpromoting seals in electronic markets*. In: *Proceedings of the Eleventh Annual Workshop on Information Technologies and Systems (WITS)*, Seiten 65–70, 2001.

[HLZ05] HOHL, ADOLF, LUTZ LOWIS, und ALF ZUGENMAIER: *Look who's talking - authenticating service access points*. In: HUTTER, DIETER und MARKUS ULLMANN (Herausgeber): *Proceedings of the 2nd International Conference of Ubiquitous Computing 2005*, Band 3450 der Reihe *Lecture Notes in Computer Science*, Seiten 151–162. Springer, 2005.

[Hoh06] HOHL, ADOLF: *Vertrauliche und nachvollziehbare Verarbeitung von Nutzerdaten in Informationsdiensten auf der Basis von TCG*. Albert-Ludwigs-Universität Freiburg, Fakultät für Angewandte Wissenschaften, 2006.

[Hor05] HORNUNG, GERRIT: *Die digitale Identität – Rechtsprobleme von Chipkartenausweisen: Digitaler Personalausweis, elektronische Gesundheitskarte, JobCard-Verfahren*. Nomos, 2005.

[HRU76] HARRISON, MICHAEL A., WALTER L. RUZZO, und JEFFREY D. ULLMAN: *Protection in operating systems*. Communications of the ACM, 19(8):461–471, 1976.

[Jen03] JENDRICKE, UWE: *Sichere Kommunikation zum Schutz der Privatsphäre durch Identitätsmanagement*. RHOMBOS Verlag, Berlin, 2003.

[JtM00] JENDRICKE, UWE und DANIELA GERD TOM MARKOTTEN: *Usability meets security - the Identity-Manager as you rpersonal security assistant for the Internet*. In: *16th Annual Computer Security Applications Conference (ACSAC'00) 2000*, Seite 344, 2000.

[KAB[+]05] KEMP, JOHN, ROBERT AARTS, NICK BONE, DAVID CASTELLANOS-ZAMORA, JEAN-MICHEL CROM, LENA KANNAPPAN, ANDREW LINDSAY-STEWART, KENICHI MAEDA, MIKE MEYERSTEIN, ALAIN NOCHIMOWSKI, ALFREDO GONZALEZ, ALAIN POIGNET, XAVIER SERRET, JAMES VANDERBEEK, JULIETTE VITTU, ALEX WALTER, JONATHAN SERGENT, PAUL MADSEN, CONOR CAHILL, JOHN LINN, SUSAN LANDAU, und PAULE SIBIETA: *Liberty ID-FF Implementation Guidelines Version 1.2*. http://www.projectliberty.org/specs/liberty-idff-guidelines-v1.2.pdf, 2005. Letzter Zugriff am 15. Februar 2006.

[KMSW05] KEMP, JOHN, PAUL MADSEN, JONATHAN SERGENT, und GREG WHITEHEAD: *Liberty ID-WSF Interaction Service Specification Version: v1.1*. http://www.projectliberty.org/specs/liberty-idwsf-interaction-svc-v1.1.pdf, 2005. Letzter Zugriff am 15. Februar 2006.

[KN93] KOHL, JOHAN T. und B. CLIFFORD NEUMAN: *The Kerberos Network Authentication Service (V5)*. Request for Comments 1510, September 1993.

[KNT94] KOHL, JOHN T., B. CLIFFORD NEUMAN, und THEODORE Y. T'SO: *The evolution of the kerberos authentication system*. Distributed Open Systems, Seiten 79–94, 1994.

[KSW02] KARJOTH, GÜNTER, MATTHIAS SCHUNTER, und MICHAEL WAIDNER: *Privacy-enabled Services for Enterprises*. In: *International Workshop on Trust and Privacy in Digital Business (Trustbus 2002)*, Seiten 483–487, 2002.

[KSW03] KARJOTH, GÜNTER, MATTHIAS SCHUNTER, und MICHAEL WAIDNER: *Platform for Enterprise Privacy Practies: Privacy-enabled Management of Customer Data*. In: *2nd Workshop on Privacy Enhancing Technologies (PET 2002)*, Band 2482 der Reihe *LNCS*, Seiten 69–84. Springer Verlag, 2003.

[Lam71] LAMPSON, BUTLER: *Protection*. 5th Princeton Symposium on Information Science and Systems, Seiten 437–443, 1971. Reprinted in ACM Operation Systems Review 8(1):18–24), 1974.

[Lan05] LANGHEINRICH, MARC: *Personal Privacy in Ubiquitous Computing – Tools and System Support*. Doktorarbeit, ETH Zurich, Zurich, Switzerland, Mai 2005.

[Lau04] LAUER, THOMAS: *Bonusprogramme - Rabattsysteme für Kunden erfolgreich gestalten*. Springer, 2004.

[Lib05] LIBERTY ALLIANCE PROJECT: *Specifications Version 1.2*. http://www.projectliberty.org/specs/liberty-20051121.zip, November 2005. Letzter Zugriff am 15. Februar 2006.

[Lig03] LIGGESMEYER, PETER: *Testen sicherheitskritischer software zwischen theorie und praxis: Eine bestandsaufnahme*. it - Information Technology, Methoden und innovative Anwendungen der Informatik und Informationstechnik, 45(1):39–45, 2003.

[LW06] LITFIN, THORSTEN und GERD WOLFRAM: *New Automated Checkout Systems*. In: KRAFFT, MANFRED und MURALI K. MANTRALA (Herausgeber): *Retailing in the 21st Century: Current and Future Trends*, Seiten 143–159, Berlin Heidelberg, 2006. Springer.

[Man01] MANTEL, HEIKO: *Information Flow Control and Applications – Bridging a Gap*. In: OLIVERA, JOSE NUNO und PAMELA ZAVE (Herausgeber): *FME 2001: Formal Methods for Increasing Software Productivity, International*

Literaturverzeichnis 185

	Symposium of Formal Methods Europe, LNCS 2021, Seiten 153–172, Berlin, Germany, March 12-16 2001. Springer.
[MEK02]	MÜLLER, GÜNTER, TORSTEN EYMANN, und MICHAEL KREUTZER: *Telematik- und Kommunikationssysteme in der vernetzten Wirtschaft*. Oldenbourg Wissenschaftsverlag, 2002.
[Mic03]	MICROSOFT CORPORATION: *Microsoft .NET Passport Review Guide*. http://www.microsoft.com/net/services/passport/review_guide.asp, Juni 2003.
[Mic04]	MICROSOFT CORPORATION: *Windows rights management services (rms) for windows server 2003*. http://www.microsoft.com/windowsserver2003/techinfo/overview/rmenterprisewp.mspx, 2004. Letzter Zugriff am 20. März 2008.
[MvOV96]	MENEZES, ALFRED J., PAUL C. VAN OORSCHOT, und SCOTT A. VANSTONE: *Handbook of APPLIED CRYPTOGRAPHY*. CRC Press, Oktober 1996.
[Mye82]	MYERS, GLENFORD J.: *Methodisches Testen von Programmen*. Oldenbourg Wissenschaftsverlag GmbH, München, 1982.
[mZdB97]	BUNDESRATES, BUNDESTAG MIT ZUSTIMMUNG DES: *Gesetz zur regelung der rahmenbedingungen für informations- und kommunikationsdienste (informations- und kommunikationsdienste-gesetz - iukdg)*, 1997. BGBl. I.
[Nec97]	NECULA, GEORGE C.: *Proof-carrying code*. In: LEE, PETER, FRITZ HENGLEIN, und NEIL D. JONES (Herausgeber): *POPL '97: Proceedings of the 24th ACM SIGPLAN-SIGACT symposium on Principles of programming languages*, Seiten 106–199, New York, NY, USA, 1997. ACM Press.
[Neu93]	NEUMAN, B. CLIFFORD: *Proxy-Based Authorization and Accounting for Distributed Systems*. In: *Proceedings of the 13th International Conference on Distributed Computing Systems, Pittsburgh*, Seiten 283–291, Mai 1993.
[NS78]	NEEDHAM, ROGER M. und MICHAEL D. SCHROEDER: *Using encryption for authentication in large networks of computers*. Communications of the ACM, 21(12):993–999, 1978.
[Org80]	ORGANISATION FOR ECONOMIC CO-OPERATION AND DEVELOPMENT: *OECD Guidelines on the Protection of Privacy and Transborder Flows of Personal Data*. http://www.oecd.org/document/18/0,2340,en_2649_34255_1815186_1_1_1_1,00.html, 1980. Letzter Zugriff am 16. November 2006.
[Pfi98]	PFITZMANN, BIRGIT: *Higher cryptographic protocols*, 1998. Vorlesungsskript Sommersemester 1998, Universiät des Saarlandes.
[PH06]	PFITZMANN, ANDREAS und MARIT HANSEN: *Anonymity, Unlinkability, Unobservability, Pseudonymity, and Identity Management - A Con-*

	solidated Proposal for Terminology, version v0.28. http://dud.inf.tu-dresden.de/Anon_Terminology.shtml, Mai 2006. Letzter Zugriff am 04. Januar 2007.
[PHB06]	PRETSCHNER, ALEXANDER, MANUEL HILTY, und DAVID BASIN: *Distributed usage control.* Communications of the ACM, 49(9):39–44, 2006.
[PS04]	PARK, JAEHONG und RAVI SANDHU: *The $UCON_{ABC}$ usage control model.* ACM Transactions on Information and System Security, 7(1):128–174, Februar 2004.
[RSA78]	RIVEST, RON L., ADI SHAMIR, und LEONARD ADLEMAN: *A method for obtaining digital signatures and public-key cryptosystems.* Communications of the ACM, 21(2):120–126, 1978.
[RTM01]	ROSENBLATT, BILL, BILL TRIPPE, und STEPHEN MOONEY: *Digital Rights Management: Business and Technology.* John Wiley & Sons, 2001.
[Sch96]	SCHNEIER, BRUCE: *Applied Cryptography: Protocols, Algorithms, and Source Code in C (2nd ed.).* John Wiley & Sons, 1996.
[SdCdV01]	SAMARATI, PIERANGELA und SABRINA DE CAPITANI DI VIMERCATI: *Access Control: Policies, Models, and Mechanisms.* Lecture Notes in Computer Science, 2171:137–196, 2001.
[SH04]	SCHULZKI-HADDOUTI, CHRISTIANE: *Alles auf eine Karte – Die JobCard in schwerem Fahrwasser*, 2004.
[Smi93]	SMITH, ROBERT ELLIS: *The law of privacy in a nutshell.* Privacy Journal, 19(6):50–51, 1993.
[SS05]	SACKMANN, STEFAN und JENS STRÜKER: *Electronic Commerce Enquête 2005 - 10 Jahre Electronic Commerce: Eine stille Revolution in deutschen unternehmen.* Technischer Bericht, Institut für Informatik und Gesellschaft, Telematik, Freiburg i.Br., 2005.
[SSA06]	SACKMANN, STEFAN, JENS STRÜKER, und RAFAEL ACCORSI: *Personalization in Privacy-Aware Highly Dynamic Systems.* Communications of the ACM, 49(9):32–38, 2006.
[Sta03]	STAMER, HEIKO: *Zero-knowledge-beweise und ihre anwendung in der kryptographie*, 2003.
[tMWM03]	MARKOTTEN, DANIELA GERD TOM, SVEN WOHLGEMUTH, und GÜNTER MÜLLER: *Mit Sicherheit zukunftsfähig.* PIK Sonderheft *Sicherheit 2003*, 26(1):5–14, 2003.
[Tru03]	TRUSTED COMPUTING GROUP: *Tpm specification version 1.2*, 2003. Letzter Zugriff am 14. November 2007.
[Uni74]	UNITED STATES DEPARTMENT OF JUSTICE: *The privacy act of 1974.* http://www.usdoj.gov/oip/privstat.htm, 1974. Letzter Zugriff am 14. Dezember 2007.

Literaturverzeichnis 187

[VEH+05] VENEZUELA, CAROLINA CANALES, GARRY ELLISON, JEFF HODGES, SAMPO KELLOMÄKI, JOHN KEMP, JOHN LINN, und PETER THOMPSON: *Liberty ID-WSF Security and Privacy Overview Version: 1.0*. http://www.projectliberty.org/specs/liberty-idwsf-security-privacy-overview-v1.0.pdf, 2005. Letzter Zugriff am 15. Februar 2006.

[WB90] WARREN, SAMUEL D. und LOUIS D. BRANDEIS: *The right to privacy*. 4 Harvard Law Review 193, 1890.

[Wes67] WESTIN, ALAN F.: *Privacy and Freedom*. Atheneum, New York, NY, 1967.

[WJGtM+04] WOHLGEMUTH, SVEN, UWE JENDRICKE, DANIELA GERD TOM MARKOTTEN, FELIX DORNER, und GÜNTER MÜLLER: *Sicherheit und Benutzbarkeit durch Identitätsmanagement*. In: SPATH, D und K HAASIS (Herausgeber): *Tagungsband zum doIT Software-Forschungstag 2003*, Aktuelle Trends in der Softwareforschung, Seiten 241–260, Stuttgart, 2004. IRB Verlag.

[WM06] WOHLGEMUTH, SVEN und GÜNTER MÜLLER: *Privacy with Delegation of Rights by Identity Management*. In: MÜLLER, GÜNTER (Herausgeber): *Emerging Trends in Information and Communication Security, International Conference, ETRICS 2006, Freiburg, Germany, June 6-9, 2006*, Band 3995 der Reihe *Lectures Notes in Computer Science*, Seiten 175–190, Heidelberg, 2006. Springer.

[Woh00] WOHLGEMUTH, SVEN: *Schlüsselverwaltung - Objektorientierte Entwurf und Implementierung*. Diplomarbeit, Universität des Saarlandes, Saarbrücken, 2000.

[WtMJM03] WOHLGEMUTH, SVEN, DANIELA GERD TOM MARKOTTEN, UWE JENDRICKE, und GÜNTER MÜLLER: *DFG-Schwerpunktprogramm* Sicherheit in der Informations- und Kommunikationstechnik. it - Information Technology, Methoden und innovative Anwendungen der Informatik und Informationstechnik, 45(1), 2003.

Sachverzeichnis

Alles-oder-nichts Nicht-Transferierbarkeit, 70
Anonymisiertes Credential, 66
Attributzertifikat, 40, 48
Authentication Service, 31
Authenticator, 33, 34

Basisdaten, 13
Bedrohungsanalyse, 18
Berechtigung, 56
Bundesdatenschutzgesetz, 10

CA, 48
Commitment, 67, 165
Credential, 24, 48
CRL, 41
CRM, 11
Customer Relationship Management, 11

Datenanbieter, 1, 15, 16
Datendienst, 53, 54
Datenkonsument, 1, 14–16
Datenschutzbeauftragter, 11, 18, 21
Datenschutzdirektive der Europäischen Union, 10
Datenschutzerklärung, 14, 18
Datenschutzrichtlinie, 46
Datensparsame Delegation von Rechten, 27
Datensparsamkeit, 11
Datenvermeidung, 11
De-Anonymisierungsdienst, 66
Delegationskette, 58
Delegationsliste, 84
Delegationsmechanismus, 35

Digital Rights Management, 157
DREISAM, 4
DREISAM-Authentifikationsdienst, 106
DREISAM-Autorisierungsdienst, 107
DREISAM-Metamodell, 124
DREISAM-Zertifizierungsdienst, 105
DRM, 157
DRM-Referenzmodell, 157
Dynamischer Akkumulator, 68

Einseitiges CRM, 22
Elektronische Patientenakte, 156
Enterprise Privacy Authorization Language, 46
EPAL, 3, 46

Fair Information Practices, 8
Fallweise Einwilligung, 27

Gefährdung, 18

IBM idemix, 3, 66
Identität, 31, 32, 40, 48, 54, 66
Identitätsdienst, 49
Identitätsdienstanbieter, 48
Identitätsmanagement, 47
iManager, 3, 60
Informationelle Selbstbestimmung, 1, 7
informationelle Selbstbestimmung, 21
IT-Grundschutz-Katalog, 18, 137

JobCard, 155

KDC, 32
Kerberos, 3, 31
Key Distribution Center, 32
Kundenbindungsprogramm, 12

Liberty Alliance, 3, 53

Mehrseitiges CRM, 22

Nachvollziehbarkeit, 27
Nutzungskontrolle, 25

Obligationen, 24, 26, 47, 56

P3P, 3, 44
Partnerunternehmen, 12
Persönliche Daten, 13
PKI, 40, 48, 163
PKI-basierte Nicht-Transferierbarkeit, 70
Platform for Privacy Preferences, 44
Policy, 44, 46, 49, 54, 74
Privacy, 7
Profil, 15
Profilbildung, 13, 14, 18
Programmbetreiber, 12
Proxy, 36
Proxy Credential, 79
Public-Key Infrastruktur, 40, 164
Public-Key Kryptographie, 163

Rabattdaten, 13
Referenzmonitor, 23

Schlüsselzertifikat, 40
Service Ticket, 32, 34
Shibboleth, 3, 48
Simple Public Key Infrastructure, 40
SPKI, 4, 40

Sticky Policy, 46

Teil-Identität, 60
Teledienstedatenschutzgesetz, 10
TGT, 32
Ticket Granting Service, 32
Ticket Granting Ticket, 31, 33
Trust Management, 24
Trust Seal, 43

US Privacy Act, 8

Verkettung, 20, 47
Vertrauensmodell, 2, 22, 39, 42, 59, 65, 152
Vertrauenssiegel, 43
Volkszählungsurteil, 1, 7

Widerruf einer Einwilligung, 27
Widerrufsliste, 41

Zero-Knowledge Beweissystem, 169
Zero-Knowledge-Beweis, 67
Zertifikat, 40
Zeugenwert, 68
ZKP, 67, 169
Zugriffsentscheidung, 25
Zugriffskontrollbereich, 24
Zugriffskontrolle, 22
Zugriffskontrollmatrix, 24
Zugriffskontrollmodell, 23
Zurechenbarkeit, 27
Zweckbezug, 27

MIX
Papier aus verantwortungsvollen Quellen
Paper from responsible sources
FSC® C105338

If you have any concerns about our products,
you can contact us on
ProductSafety@springernature.com

In case Publisher is established outside the EU,
the EU authorized representative is:
**Springer Nature Customer Service Center GmbH
Europaplatz 3, 69115 Heidelberg, Germany**

Printed by Libri Plureos GmbH
in Hamburg, Germany